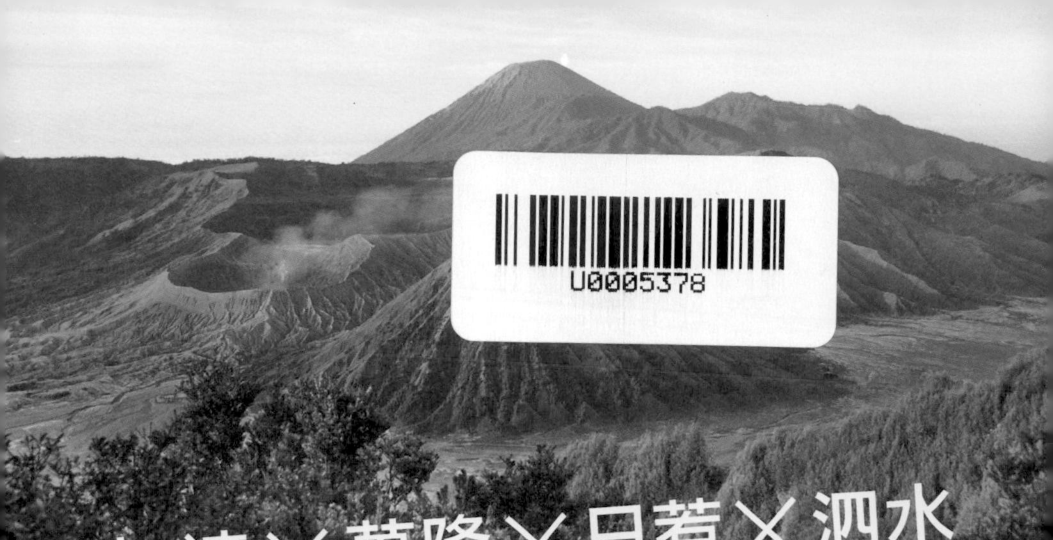

雅加達×萬隆×日惹×泗水

印尼爪哇

作者◎陳怜朱(PJ大俠)

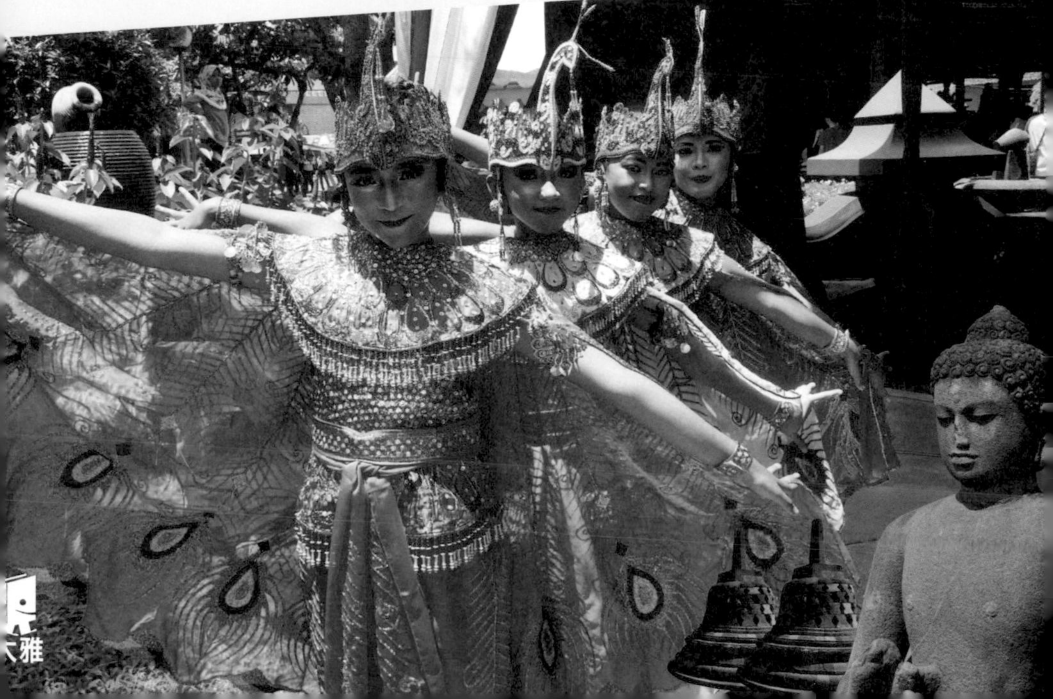

大雅

目錄

精采深度特寫

地圖速覽

作者序

旅遊是一種無法消停的癮，印尼的美，見仁見智，若遇見伯樂，應可知其精華。印尼由多個島嶼組成，雅加達、萬隆、日惹與泗水等位於爪哇島，此4座城市國人較為熟悉之餘，更蘊含繁盛的自然奇景與文化風華，等待揭曉。

或許爪哇旅遊有點難度，語言與交通需克服，正因如此，自我探索與旅程經歷卻更為精采。對於擅長自助旅行，喜愛規畫探險的旅遊者來說，爪哇旅遊難度應不高；然而以前大多跟團的旅人，想要挑戰，我也不會勸退你，不過請做好心理準備，並將行程規畫完整。

說說寫書的歷程，坦白說，4座城市有些距離，親自一一體驗活動、景點以及食物，需要不少時間奔波，工程浩大，然而為了讓更多旅人認識印尼，終將爪哇四城之價值匯集。而時間是一直流逝的，近期的印尼，交通與城市發展變動大，若是資訊有所異動，歡迎到作者部落格留言告知。

非常感謝一路支持的朋友與家人，以及出版社願意給予機會，讓第二本書順利誕生，也感謝我的另一半Percy，沒有你，我是絕對沒有辦法完成的。最後，感謝購買此書的讀者們，跟作者一起感受此書的生命，也期待爪哇旅遊為你的人生畫上獨特色彩。

PJ大俠Jawa

作者簡介

喜愛旅行也喜愛分享，2012年起經營部落格——PJ大俠愛旅行。深活，已累積760萬人次，旅遊版圖擴及歐、美、亞洲以及加勒比海等地，將自助旅遊資訊與心得直率地抒發於部落格中。曾獲香港旅遊局肯定，文章置入於旅遊局官網中；也曾受到自由時報青睞而刊登文章，更接受自由時報記者採訪旅遊經驗。

2014年來到印尼，開啟旅居爪哇島生活至今，喜愛自助旅遊的天性絲毫不抹滅，足跡涵蓋爪哇的雅加達、萬隆、日惹與泗水，以及峇里島、民丹島、龍目島等。其中，由於多數時間生活於爪哇島，因此接觸本書四城的一景一物時，血液裡兼具是旅人也是居民的角色定位，同時發揮效果，使所獲之凝視與感動更為深刻全面。2017年著有《峇里島》個人旅行一書後，趁勢出版爪哇，真摯地提供旅遊資訊，減少訪印旅人的疑惑與不便。

編輯室提醒

出發前，請記得利用書上提供的Data再一次確認

每一個城市都是有生命的，會隨著時間不斷成長，「改變」於是成為不可避免的常態，雖然本書的作者與編輯已經盡力，讓書中呈現最新最完整的資訊，但是，我們仍要提醒本書的讀者，必要的時候，請多利用書中的電話、網址，再次確認相關訊息。

資訊不代表對服務品質的背書

本書作者所提供的飯店、餐廳、商店等等資訊，是作者個人經歷或採訪獲得的資訊，本書作者盡力介紹有特色與價值的旅遊資訊，但是過去有讀者因為店家或機構服務態度不佳，而產生對作者的誤解。敝社申明，「服務」是一種「人為」，作者無法為所有服務生或任何機構的職員背書他們的品行，甚或是費用與服務內容也會隨時間調動，所以，因時因地因人，可能會與作者的體會不同，這也是旅行的特質。

新版與舊版

太雅旅遊書中銷售穩定的書籍，會不斷再版，並利用再版時做修訂工作。通常修訂時，還會新增餐廳、店家，重新製作專題，所以舊版的經典之作，可能會縮小版面，或是僅以情報簡短附錄。不論我們作何改變，一定考量讀者的利益。

票價震盪現象

越受歡迎的觀光城市，參觀門票和交通票券的價格，越容易調漲，但是調幅不大(例如倫敦)，若出現跟書中的價格有微小差距，請以平常心接受。

謝謝眾多讀者的來信

過去太雅旅遊書，透過非常多讀者的來信，得知更多的資訊，甚至幫忙修訂，非常感謝你們幫忙的熱心與愛好旅遊的熱情。歡迎讀者將你所知道的變動後訊息，善用我們提供的「線上讀者情報上傳表單」或是直接寫信來taiya@morningstar.com.tw，讓華文旅遊者在世界成為彼此的幫助。

太雅旅行作家俱樂部

本書所有內容，作者皆以平心且尊重當地的態度為原則，提供實用資訊，並不妄加評論，所有內容純粹讓讀者擁有初步的禮節與認知，敬請包涵。

如何使用本書
How to use

精采專題

關於印尼爪哇的生活、節慶、信仰、藝術、飲食、以及消費，讓你在暢遊爪哇島前有初步的認識，在一同揭開四城的旅遊序幕。

交通祕技

提供當地的交通方式，教你如何搭乘客運、火車如何購票、搭乘以及讀懂火車票，詳細解說讓你在陌生的城市不迷路，也不有冤枉路！

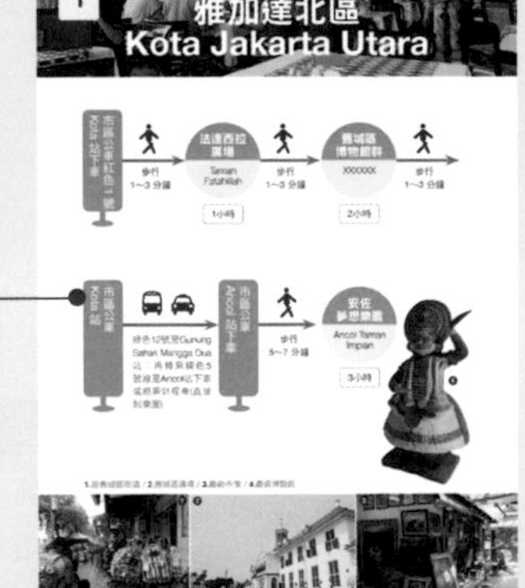

路線規畫

針對爪哇四城，規畫5天4夜或是3天2夜旅遊行程，讓你直接照著玩，易於掌握方向，節省不必要的交通時間。

景點、店家資訊

提供詳盡的地址、電話、營業時間、價錢與注意事項等實用資訊。

旅遊知識家

什麼是五功呢？

念誦(Shahadat)：誦讀清真言。

禮拜(Salat)：每日禮拜五次，分別於日出、中午、下午、日落與晚上。

齋戒(Shaum)：伊斯蘭曆每年9月齋戒一個月。

天課(Zakat)： 義務性或出於自願地施捨財物。

朝覲(Hajj)：一生至少去一次麥加朝聖。

玩家提醒

別再購買觀光簽證

先前網路上有旅人分享因為不確定是否需要簽證，而跑去簽證櫃檯購買，結果承辦人員也沒有告知已不需要簽證，所以一時繁忙也會照單全收。建議出發前可到外交部領事局網站確認最新資訊。也有旅人分享在入境或海關被暗示給小費的情況，這真的是看運氣，有些人出入多次也沒遇過，若真遇到，不要惡言相向，只要問心無愧，就隨機應變。

玩樂攻略

新奇有趣的體驗

當開車進入的那一剎那，將會感到不可思議，原以為動物會遠在一方讓我們觀賞，出乎意料地竟是超級近距離，而每車準備的蔬果，吸引無數動物前來「打招呼」；整個過程儘管是大人也會感到興奮，心中孩子氣的那一面將會表露無遺。整趟遊園路線顛覆過往對動物園的認知，跋山涉水的造景，精彩無比。

| 旅人手帳 |

世上罕有的絕美奇景

牛奶湖有著與世隔絕般的夢幻神秘，艷陽天與陰雨天的美景都作者都碰過，艷陽高照時，全景一覽無遺，湛藍天空與湖水呼應，襯托出牛奶湖水的獨特；陰雨天湖面瀰漫山嵐，那若隱若現的湖面，十分詩情畫意。然而，對於一生可能僅來一次的讀者來說，預祝來的時節為晴天，才能一覽清晰風光。

實用資訊專欄

透過玩家提醒、旅人手帳、旅遊知識家及玩樂攻略等專欄，讓你的旅行更貼近當地生活、以及解決行程中的不便，讓旅行更有趣。

實用地圖

將各區的景點、地標、飯店、餐飲及購物等標地詳列，一目了然。

本書icon說明

地址　交通　營業時間　電話
票價　網址　注意事項　地圖

圖例

地標　景點　城市
餐廳、飯店　住宿
巴士　火車站　機場

泰國
Thailand
寮國
Laos
緬甸
Myanmar
柬埔寨
Cambodia
越南
Vietnam
南海
泰國灣
馬六甲海峽
馬來西亞
Malaysia
汶萊
Brunei
新加坡
Singapore
馬來西亞
Malaysia
加里曼丹
Kalimantan
蘇門答臘
Sumatera
爪哇海
爪哇島
Jawa
印度洋
西努沙登加拉
Nusa Tenggara Barat

印尼全圖

菲律賓海
菲律賓
Philippines
蘇拉維西
Sulawesi
巴布亞
Papua
班達海
東帝汶
Timor-Leste
東努沙登加拉
Nusa Tenggara Timur
澳洲
Australia

當地標誌

每一個國家的語言、環境與文化都擁有不同風采，包括標誌也具有別於他國的特點，印尼文字雖與英文字母一樣，但字母組在一起時，沒有學過印尼文的人可是難以猜測的。此外，印尼為伊斯蘭教國家，存有許多相關標誌，以下整理當地標誌，一起了解異國特色。

交通標誌

■路標

JL.為印尼文Jalan縮寫，JL.後方為路名。

■出口

Keluar，有時也會寫Pintu Keluar。

■啟程／出發

KEBERANGKATAN，有時也會小寫Keberangkatan。

■入口

PINTU MASUK，有時也會縮寫為Masuk。

■抵達

KEDATANGAN，有時也會小寫Kedatangan。

■公車專用道

Busway，其他車輛與路人請勿進入。

❋伊斯蘭教相關標誌

■清真寺

Masjid標誌，表示附近有清真寺。

■清真認證

HALAL標誌，若餐廳標示此圖案，意謂供應清真餐點。

■禱告室

Mushola標示，表示這裡是穆斯林的禱告空間，通常男女會分開。

❋其他標誌

■藥局

Apotek與Apotik這兩個單字，皆有藥局的意思。

■診所

KLINIC與CLINIC這兩個單字，皆有診所的意思。

■郵局

KANTOR POS標誌表示郵局即在附近。

■醫院

RUMAH SAKIT標誌表示醫院，圖案為一張床與十字。

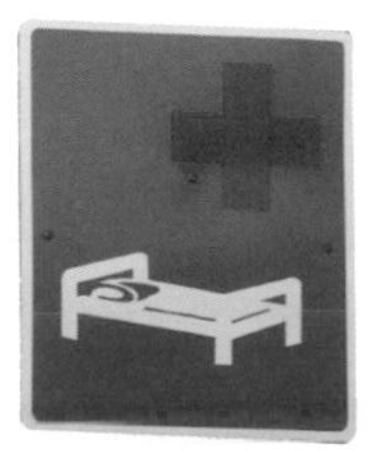

■男女廁

Wanita為女性的意思，Toilet Wanita表示女廁；Pria為男性的意思，Toilet Pria表示男廁。

■廁所

若寫TOILET GRATIS為免費廁所。

旅遊用語

印尼爪哇觀光產業仍有發展空間，在飯店、高級餐廳或是熱門景點，使用英文沒有太大的問題，但大多數民眾英文程度普通，所以造訪爪哇多懂一點印尼文，配合幾個關鍵字，能夠更順利地遊玩。印尼有一些外來語，發音與英文差不多，學起來也較為輕鬆，以下配合類似發音，可以表達得更準確，供各位參考。

常用單字

單字	類似發音	單字	類似發音
先生 Bapak	把拔	是 Ya	呀
小姐 Ibu	依不	不是 Tidak	低瘩（瘩為清音）
這個 Ini	依ㄋㄧˊ	會（可以）Bisa	逼撒
那個 Itu	依督	不會（不可以）Tidak bisa	低瘩 逼撒
我 Saya	撒壓	有 Ada	阿瘩
你 Anda	安瘩	沒有 Tidak ada	低瘩 阿瘩
他 Dia	低壓	已經 Sudah	蘇瘩
我們 Kami	嘎咪	還沒 Belum	波論
所有 Semua	ㄙㄜ木阿	幾乎 Kebanyakan	歌半壓幹
一點點 Sedikit	ㄙㄜ低ㄍㄧˊ	如果 Kalau	嘎撈
請 Tolong	德弄	★如果大聲喊著請 (Tolong) 時，在印尼為求救訊號	
恭喜 Selamat	ㄙㄜ拉嘛	很差 Buruk	補入ㄎ
要 Mau	貓屋	很好／很棒 Bagus	吧固斯
不要 Tidak mau	低瘩 貓屋	但是 Tapi	瘩逼
賣光／沒了 habis/kosong	哈畢斯／溝送	也許／或許 Mungkin	ㄇㄨㄣ ㄍㄧㄣ

飲食用語

飲食句子	類似發音
好（形容餐點好吃）Enak	ㄝ那
去冰／不要冰塊 Tidak pakai es	低瘩 八蓋 ㄝ斯
冰塊一點點 Es sedikit	ㄝ斯 奢弟ㄍㄧ ˋ
不要太鹹 Jangan terlalu asin .	降安 德拉嚕 阿信
我不吃牛肉 Saya tidak makan sapi.	撒壓 低瘩 嘛幹 撒必
我是素食者 Saya vegetarian.	撒壓 沒哥大利安
我要熱茶 Saya mau teh panas.	撒壓 貓屋 ㄉㄟ ˋ 八那斯
再來一／兩份 Satu/Dua lagi .(Lagi 為再次)	撒度／度挖 拉ㄍㄧ ˋ
我沒有點這個 Saya tidak memesan ini.	撒壓 低瘩 ㄇㄜㄇㄜ散 依尼
我要在這吃 Saya makan di sini.	撒壓 嘛幹 低 西尼
我要結帳 Saya mau bayar.	撒壓 貓屋 八軋

食物單字

單字	類似發音	單字	類似發音
小店 Warung	哇弄	丸子 Baso	巴ㄙㄛˊ
餐廳 Restoran	瑞斯豆濫	雞蛋 Telur	得露
飯館 Rumah Makan	嚕嘛 嘛幹	燒賣 Siomai/Siomay	消賣依
菜單 Menu	沒路	春捲 Lumpia	潤ㄅㄧㄤ、(與臺語相似)
飲品 Minuman	咪嚕慢	水餃 Suikiaw	水ㄍㄧㄠ、(與臺語相似)
雞 Ayam	阿樣	鍋貼 Kuotie	鍋貼(與國語相似)
鴨 Bebek	杯被	豆腐 Tahu	瘩戶
豬 Babi	八必	豆餅 Tempe	顛被
牛 Sapi	撒必	蔬菜 Sayur	撒 U
羊 Kambing	剛恩並	炒什錦蔬菜 Capcay	雜菜(與臺語相似)
魚 Ikan	依幹	空心菜 Kangkung	剛共
蝦 Udang	無盪	油菜 Caisim	菜心(與臺語相似)
螃蟹 Kepiting	格逼定	大白菜 Sawi	撒ㄨㄧ、
白飯 Nasi Putih	ㄋㄚ系 晡弟	花椰菜 Brokoli	波囉扣立(與英文類似)
薑黃飯 Nasi Kuning	ㄋㄚ系 姑濘	玉米 Jagung	甲共
麵 Mie	迷伊(與臺語相似)	香菇 Jamur	甲木兒(木有點捲舌)
粿條 Kwetiau	規ㄉㄧㄠˊ(與臺語相似)	辣椒醬 Sambal	桑報
米粉 Bihun	迷混(與臺語相似)	綜合菜飯 Nasi Campur	ㄋㄚ系 髒不
粥 Bubur	ㄅㄨ不	巴東餐 Masakan Padang	馬莎乾 八盪
湯Sup／Kuah	素P／姑阿	巽達菜 Rasa Sunda	拉撒 孫瘩
炸或炒 Goreng	溝練	Goreng 泛指炸的；但用在麵食、米飯類，則為炒	
烤 Bakar	拔尬	沙嗲 Sate	撒ㄉㄟ
熱的 Panas	八那斯	炸雞 Ayam Goreng	阿樣ㄣ 溝練
冷的 Dingin	叮印	花生醬沙拉 Gado-Gado	嘎兜 嘎豆
溫的 Hangat	夯盎	印尼米糕 Nasi Tim	ㄋㄚ系 定
辣的 Pedas	ㄅㄜ瘩斯	印尼炒飯 Nasi Goreng	ㄋㄚ系 溝練
甜的 Manis	媽逆斯	印尼酸湯 Sayur Asam	撒 U 阿桑ㄣ
糖 Gula	姑啦	牛尾湯 Sop Buntut	蘇 P ㄅㄨㄣ度
甜醬油 Kecap Manis	歌雜 媽尼絲	梭多湯 Soto	搜ㄉㄡˊ
鹽巴 Garam	剛浪ㄣ	拉甕湯 Rawon	拉甕
醋 Cuka	租尬	叻沙 Laksa	拉薩
酸 Asam	阿桑ㄣ	隆東米糰 Lontong	龍洞
糖醋 Manis dan asam	媽逆斯 但 阿桑ㄣ	糯米糕捲 Lemper	藍ㄅㄜ、
蝦醬 Terasi	德拉系	珍多冰 Es Cendol	ㄟ斯 珍多
茶 Teh	ㄉㄟ、	果汁 Jus	啾斯
咖啡 Kopi	溝ㄅㄧˊ	牛奶 Susu	蘇素
白開水 Air Putih	啊依兒 晡弟		

交通、住宿與其他用語

住宿與交通句子	類似發音
歡迎光臨 Selamat datang	奢拉嘛 搭盪
早餐幾點供應 Sarapan jam berapa siap.	撒拉班 降 ㄅㄜ拉吧 西阿
請給我毛巾 Tolong berikan saya handuk.	德弄 ㄅㄜ哩甘 撒亞 韓杜
沒有肥皂 Tidak ada sabun.	低瘩 阿瘩 撒ㄇㄨㄣ ˊ
我要換房間 Saya mau pindah kamar.	撒壓 貓屋 賓搭 嘎嘛
我要去旅館 Saya mau ke hotel.	撒壓 貓屋 哥 hotel
多久會到那裡？ Berapa lama sampai sana ？	ㄅㄜ拉吧 拉嘛 桑掰 撒那？
在這停車 Mau turun di sini.	貓屋 督論 低 西尼
廁所在哪？ Toilet di mana ？	偷依列 低 嗎那？
我感覺不舒服 Saya tidak enak badan.	撒壓 低瘩 せ那 吧但

交通、住宿與其他單字

單字	類似發音	單字	類似發音
牙刷 Sikat gigi	系嘎 ㄍㄧㄍㄧ˙	當地小巴 Angkot	安夠
衛生紙 Tissue	踢秀	計程車 Taksi	他客西
肥皂 Sabun	撒ㄇㄨㄣ ˊ(與臺語類似)	汽車 Mobil	摩必喔
毛巾 Handuk	韓杜	摩托車 Motor	摩豆
枕頭 Bantal	ㄅㄢ ˊ 到	摩托計程車 Ojek	喔傑克
棉被 Selimut	奢哩木	公車 Bus/Bis	巴士 / 畢思
號碼 Nomor	農莫	火車 Kereta Api	哥勒大 阿必
房間 Kamar	嘎嘛	加油站 Pom Bensin	崩 扁新
感冒 Flu	夫路	車站 Stasiun	斯大遜
頭痛 Sakit Kepala	撒ㄍㄧ ˋ 歌八啦	入口 Pintu Masuk	賓度 嘛素
拉肚子 Diare	低阿咧	出口 Pintu Keluar	賓度 哥路瓦
肚子痛 Sakit Perut	撒ㄍㄧ ˋ ㄅㄜ路	售票櫃檯 Loket	樓ㄍㄟ ˋ
發燒 Demam	德ㄇㄤ ˋ	卡片 Kartu	嘎勒度
租 Sewa	奢襪	票 Tiket	低ㄍㄟ ˋ
租車 Sewa Mobil	奢襪 摸比歐	月臺 Peron	杯弄
套裝行程 Paket	八給	車道 Jalur	甲路
司機 Sopir	搜必而	位置 Posisi	波西系
時數 / 時間 Jam	醬恩	目的地 Tujuan	督啾案
一天／天 Per Hari	ㄅㄜ 哈哩	出發 Keberangkatan	哥ㄅㄜ浪嘎但
在這裡 Di sini	低 西尼	抵達 Kedatangan	哥搭盪案
在那裡 Di sana	低 撒那	離開 Berangkat	ㄅㄜ浪尬
左 Kiri	ㄍㄧ立	地圖 Peta	杯瘩 / ㄅㄜ瘩
右 Kanan	咖難	對面 Seberang	奢ㄅㄜ濫
回 Pulang	補浪	時刻表 Jadwal	加襪
路徑 Rute	路特	結餘 / 餘額 Saldo	搔豆
檢查 Cek	卻科	費用 Tarif	搭立
查驗 Pemeriksaan	ㄅㄜ ㄇㄜ 立薩案	方向 Arah	阿辣
姓名 Nama	拿嘛	窗戶 Jendela	珍ㄉㄟ ˋ 啦
電話號碼 Nomor Telepon	農莫 ㄊㄟ勒鳳	走道 Gang	槓
即將停靠 Menuju Halte	ㄇㄜ努啾 蒿德	未停靠(某車站) Tidak berhenti	低瘩 奔恨第
資訊臺 / 服務臺 Layanan Pelanggan	拉壓南 ㄅㄜ藍幹	卡片感應這裡 Tempel kartu di sini	登杯 嘎勒度 低 西尼

物品單字

單字	類似發音	單字	類似發音
商店 Toko	兜溝	咖啡 Kopi	溝ㄅ一˙
市場 Pasar	巴薩	麝香貓 Luwak	魯襪
伴手禮 Oleh-Oleh	喔雷 喔類	蠟染衣 Baju Batik	巴啾 巴蒂克
買 Beli	ㄅㄜ立	辣椒醬 Sambal	桑ㄅ報
賣 Jual	啾阿	炒麵 Mie Goreng	迷 溝練
免費 Gratis	格拉替斯	巧克力 Coklat	走歌辣
折扣 Diskon	迪斯控	樹薯片 Keripik Singkong	歌哩必 新共
嘗試 Coba	鄒吧	豆餅片 Keripik Tempe	歌哩必 顛被
太 / 非常 Terlalu	德拉路	香蕉片 Keripik Pisang	歌哩必 比喪
貴 Mahal	嘛ㄏㄚ丶	口味 Rasa	拉撒
便宜 Murah	ㄇㄨ辣	起司 Keju	ㄍㄟ啾
多 Banyak	八釀	咖哩 Kari	嘎立
少 (一點點)Sedikit	奢弟ㄍ一丶	印尼鳳梨酥 Nastar	納斯大
大的 Besar	ㄅㄜ薩	椰糖糕 Dodol	兜豆
小的 Kecil	歌ㄐ一ㄜ丶	印尼千層糕 Kue Lapis	貴 拉畢斯
結帳 Bayar	八軋	戲偶 Wayang	哇樣
結帳櫃檯 Kasir	嘎系爾	竹製安格龍 Angklung	安格龍
現金 kas	卡司	去角質產品 Lulur	盧路

購物用語

購物句子	類似發音
多少錢 Berapa harganya ? (也可簡稱 Berapa)	ㄅㄜ拉吧 哈了嘎釀 ?
可以試嗎 ? Boleh coba ?	波咧 鄒吧 ?
太貴了 Terlalu mahal.	德拉嚕 嘛哈
可以便宜一點嗎 ? Bisa kurang ?	逼撒 辜啷 ?
我要這個 Saya mau ini.	撒壓 貓屋 依尼
買一送一 Beli 1 Gratis 1	ㄅㄜ哩 撒度 格拉替斯 撒度
我要付錢 Saya mau bayar.	撒壓 貓屋 八軋
必須先付錢嗎 ? Harus bayar dulu ?	哈露絲 八呀 督路 ? ?

問候語

常用句子	類似發音
你好嗎 Apa kabar ?	阿巴 嘎爸 ?
我很好 Saya kabar baik.	撒壓 嘎爸 拜
謝謝 Terima kasih.	德哩嘛 嘎系
早安 Selamat pagi.	奢拉嘛 八ㄍ一ˊ
晚安 Selamat malam.	奢拉嘛 嘛浪
借過／請問 Permisi (類似 excuse me)	ㄅㄜ咪西
請等一下 Tolong tunggu sebentar.	德弄 敦姑 ㄙㄜ奔瘩
抱歉 Maaf	媽阿芙
沒關係 Tidak apa apa.	低瘩 阿爸 阿爸
再見 Sampai jumpa lagi.	桑拜 啾爸 拉ㄍ一丶
我不知道 Saya tidak tahu.	撒壓 低瘩 搭呼
你從哪裡來呢 ? Anda dari mana ?	安瘩 瘩立 嘛那 ?
我從臺灣來 Saya dari Taiwan.	撒壓 瘩立 臺灣
我不會印尼語 Saya tidak bisa bahasa Indonesia.	撒壓 低瘩 逼薩 吧哈撒 Indonesia
祝你一路順風 Selamat jalan.	奢拉嘛 加濫

爪哇生活民情

轉動地球儀看向東南亞，一個距離臺灣直飛只要 5 小時的國家——印尼 Indonesia，對國人來說，熟悉卻又陌生，大多數人對於印尼旅遊的印象，多半停留在峇里島，那對整個印尼，又有何印象與認識呢？其實印尼的種族多元，單單了解峇里島文化是絕對不夠的，綜觀印尼擁有的人文生活、地理歷史、相處禮節、當地禁忌潛規則等，與國內截然不同。身為旅人們都應進一步了解，注意細節與風俗，旅遊體驗也會更為深刻。

印尼基本介紹

印度尼西亞，簡稱印尼，位於東南亞，處於赤道兩側，因此氣候炎熱，四季如夏。由大大小小1萬多個島嶼組成，大島嶼主要有加里曼丹(Kalimantan)、蘇門答臘(Sumatera)、蘇拉維西(Sulawesi)以及爪哇(Java/ Jawa)等，每一座島嶼各有不同特色，其中爪哇島雖不是最大的島嶼，但為印尼人口密度最高的島嶼，富含多樣的天然資源與人文藝術，匯集出的旅遊價值不容小覷，正是此書撰寫之因。值得一提的是，當你置身於爪哇島時，已經來到南半球囉。

印尼國旗

爪哇島雖不是最大島，但人口密度最高

印尼簡史

印尼爪哇曾歷經多個王朝，如 Mataram 王朝、Sriwijaya 王朝以及 Majapahit 王朝，其中以 Majapahit 王朝最為輝煌，又稱為滿者伯夷，出現於中國歷史。

↓

13 世紀
伊斯蘭教由阿拉伯以及印度商人傳入印尼。

↓

16 世紀末
荷蘭人進入印尼，1602 年建立東印度公司，殖民長達將近 350 年。

↓

1945 年
蘇加諾代表印尼發表獨立宣言。

↓

1955 年
於印尼萬隆召開亞非會議。

↓

2004 年
首次總統民選。

印尼基本資料

國名：印度尼西亞
(The Republic of Indonesia)
首都：雅加達(位於爪哇島)
面積：印尼約1,919,317平方公里；爪哇島約為128,297 平方公里
宗教：主要為伊斯蘭教
語言：印尼語
時區：印尼各島時區不同；爪哇島為GMT+7小時(比臺灣慢1小時)
氣候：11月～3月雨季；4月～10月乾季

爪哇各城可見英雄紀念碑

印尼人重視天倫樂

人民的個性與休閒生活

印尼目前人口排名世界第4，由120幾個民族組成，其多元性可想而知，造就印尼的豐富文化。大部分為爪哇人與馬來人，華人為少部分，不管是哪一個種族，印尼人普遍個性和善謙遜，與人相處重視禮節，不輕易將負面情緒帶到公共場合。平日生活簡單隨和，假日逛市集商場、放風箏、打球等休閒活動外，野餐是印尼常見的休閒，特別是假日的公園以及廣場，總是有許多居民聚集鋪毯野餐，加上印尼人重視家庭與親友的關係，普遍開著休旅車，載著一家老小，出遊野餐享受天倫樂。

相處禮節與招呼

不同國度有不一樣的特色，印尼的相處禮節，針對同性與異性有明顯的區分，而慣用手勢有些也與臺灣不同，初來乍到的我們，多一分認識即能多一分禮節，以下針對穆斯林的相處禮節加以介紹，然而，當對方若是知道我們從外地來旅遊，通常也會以我們習慣的握手作為打招呼方式。

常用手勢與動作

大拇指比讚多

為正向意涵，隨著情況與事件通常有很讚很好、可以、Okay、謝謝等含義。

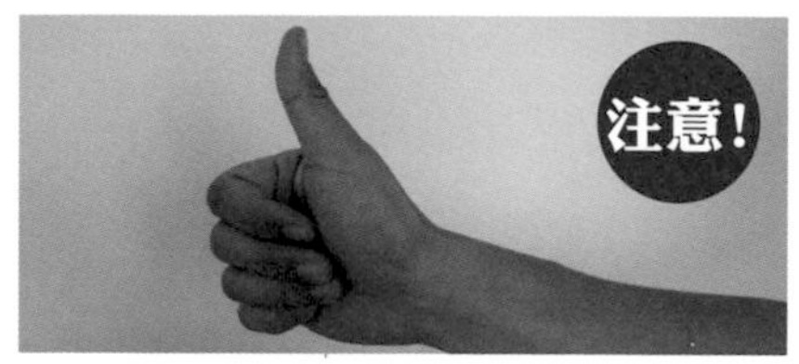

大拇指橫著比東西

多有「請」的意涵，如請坐、請進、請享用。

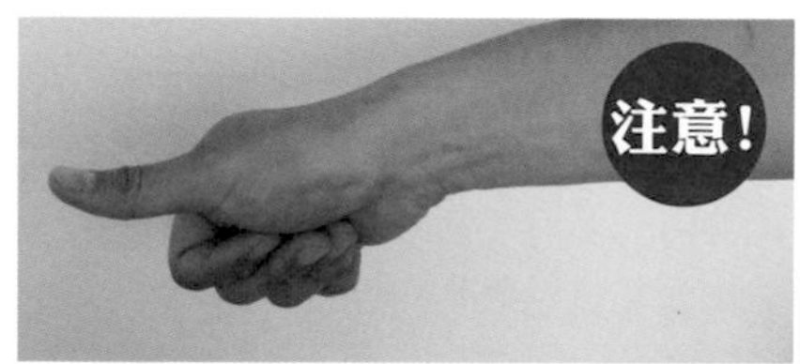

不知道／不可以

與臺灣類似，手比出5，搖晃即可。

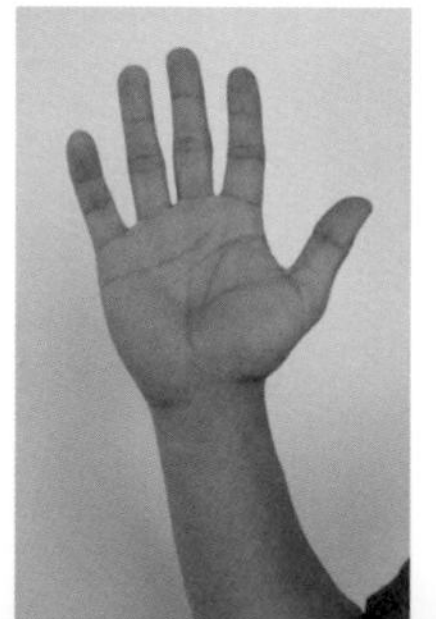

打招呼的學問

男性打招呼

男生之間較熟識者，雙手合十輕輕交錯對方指節，更熟一點的則會深握雙方手掌。

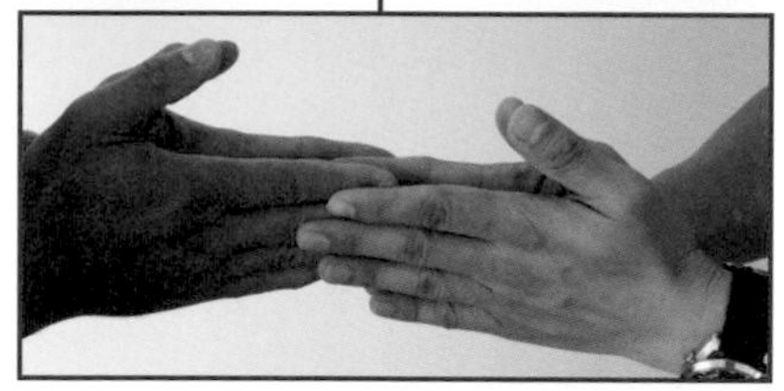

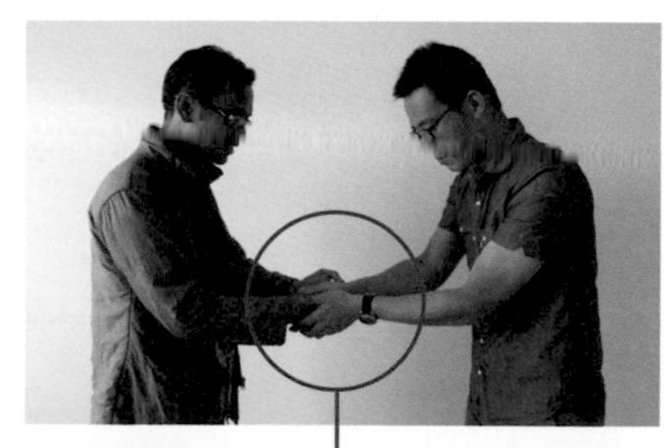

女性打招呼

女生之間較熟識者，握手後並貼左右臉夾，先貼右臉頰再貼左臉頰。

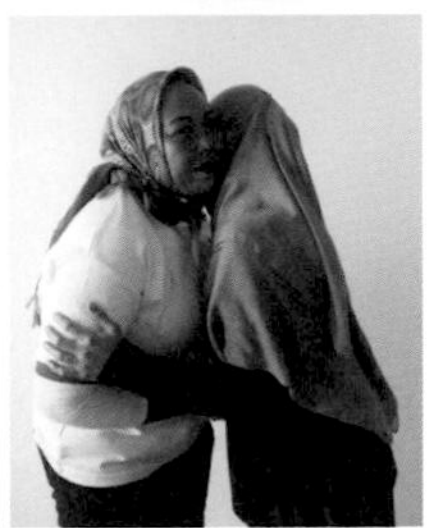

異性打招呼

異性之間或不熟第一次見面者，雙手合十稍微頓一下，沒有碰觸，特別注意穆斯林異性之間盡量不要肢體接觸。

晚輩對長輩打招呼

晚輩對長輩、父母或尊敬的人，握手後將長輩或尊敬的人的手，放到額頭、鼻子、右邊臉頰或人中，擇一即可，以示重視。

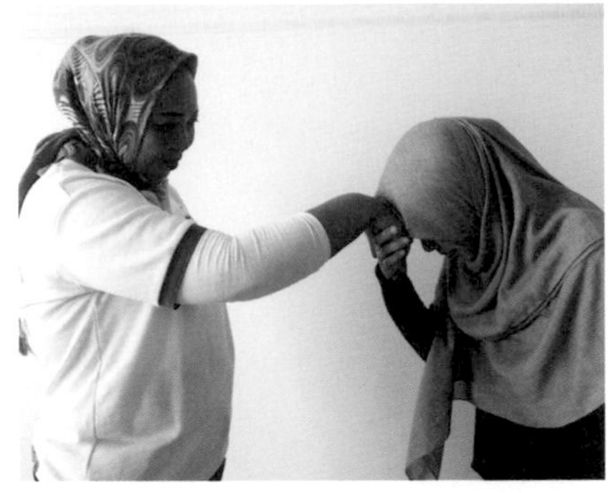

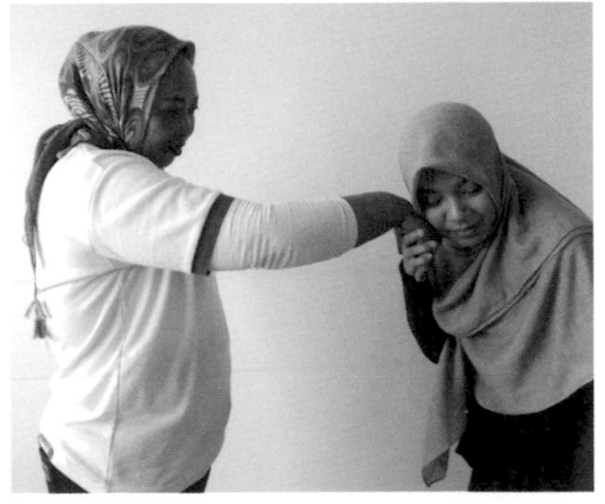

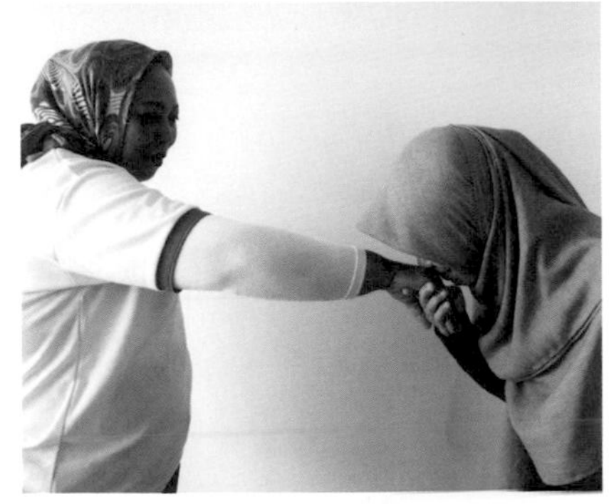

國定假日與重要節慶

國定假日

印尼政府尊重各種宗教，所以每個宗教(伊斯蘭教、基督教、儒教、印度教等)的重要節日大都為國定假日，其中開齋節假期長，是民眾返鄉的重要時節，若想在那時來印尼玩，記得提前預訂各種票券。

日期	印尼常見國定節日
1/1	西元元旦
5/1	勞動節
8/17	印尼國慶日
12/25	聖誕節
無固定	中國新年、印度涅匹日、耶穌受難日、復活節、伊斯蘭教開齋節、伊斯蘭教宰牲節、伊斯蘭教新年(隨著各宗教計算年的方式不同，每年有所變動)

(製表／PJ大俠)

印尼國慶日

西元1945年8月17日印尼宣布獨立，至今這個日子，依然是個重要且值得慶祝的日子，邁入8月份時，印尼各地紛紛出現布置，插上國旗、牆面塗上國旗色彩，白色與紅色交織在此期間，國慶日帶來的過節氛圍，走在路上都能略知一二。

除了政府舉辦的大型慶祝活動外，社區或鄰里的國慶日活動，競賽活動最為普遍，邀請居民共襄盛舉，從中聯繫感情。小型社區舉辦的國慶日活動，大部分為團康類型，包含袋鼠跳、兩人三腳、接力賽等，也有將參賽者手部綁起，僅用頭部將咬蝦餅吃完或是將東西咬下，畫面逗趣。規畫爪哇行程與前往月份時，可考慮在這獨特節日抵達，感受不一樣的國慶氛圍。

鄉下社區舉辦國慶日活動

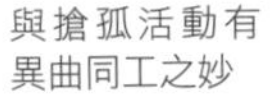

與搶孤活動有異曲同工之妙

誰先爬至頂端即為勝利

旅人手帳

搶孤活動，居然有印尼版？

國慶日活動裡，作者認為最亮眼的特殊活動，應屬爬竹竿比賽，當時看到此番場景，不免聯想到臺灣的搶孤活動，性質相似程度高。

爬竹竿競賽由居民自行組隊參賽，只要哪一隊最先爬到頂端，將物品取下，就算勝出。如此的規則看似簡單，然而難度頗高，每一組人馬，身上皆被塗上黑黑的一層油，滑下來的機率比堆疊上去來得容易發生。

整個過程在旁觀者眼裡，大家看似淡定，其實緊張程度不小於參賽者，每次眼見著辛苦堆疊成的聳立人塔，即將拔得頭籌，卻因為重心不穩再次坍塌墜落，我們心也跟著激盪了一回。整個競賽過程，彷彿欣賞國際賽事般的刺激，有機會別錯過觀賞印尼國慶活動。

齋戒月與開齋

齋戒與開齋，每年在伊斯蘭教國家上演，是印尼眾所皆知的大日子，來到當地旅遊若碰上齋戒月，應會發現晚上特別熱鬧，特別是鄉村，齋戒月的氛圍越發明顯，一起來認識這陌生的重大節日吧。

認識齋戒月

齋戒月為穆斯林一生中隆重的里程碑，為五功之一，每年一次。而齋戒月，又稱為Bulan Puasa、Bulan Shaum或Ramadhan等；為期1個月的齋戒，除了老弱婦孺以及重度勞力者等，一般穆斯林皆須從日出到日落前(約04:30～17:30)不能進食飲水、抽菸以及有性行為，藉由齋戒過程反省悔過，進而淨化心靈，啟發自我與獲得領悟。

齋戒月的時間調整

如此克制己身的精神，作者十分敬重。部分公司或公家單位，會提前上下班，讓民眾早些時間回家準備開齋。一些餐廳索性改為晚上營業，而白天繼續營業的餐廳會用布條將餐廳圍起或是大門開口小一些，盡量避免引發齋戒人進食的慾望。

若是恰巧在齋戒月來到印尼，不用過於擔心沒有餐廳可覓食，只要是觀光景點，基本上仍可以覓得食物，在此也提醒各位在齋戒月請保持同理心，白天可在餐廳內部用餐，但不要刻意帶到公共場合吃給大家看。

1.齋戒月期間街上會出現販售開胃甜品的攤位 / **2.**鞭炮小販也趁過節時分加強促銷 / **3.4.**開齋節餐敘活動 / **5.6.**齋戒月去賣場可見多種年節禮品

齋戒的一天

晚上5點多，當穆斯林即將完成當天的齋戒，做完禱告後，會先享用開齋點心Kolak或是椰棗Kurma，適度暖胃保持體力，迎接當晚的開齋餐點，由於是當天的第一餐，齋戒月的晚上總是特別熱鬧，會有穆斯林帶著一家老小到外享用大餐。時間來到約凌晨4點，鄉村開始出現敲鑼打鼓或是開啟廣播，要各位進食，為白天的齋戒做準備。

開齋節(Idul Fitri)到來

一整個月的齋戒結束後，開齋節到來，也就是一切恢復平日生活，解除齋戒。開齋節又稱為Lebaran，類似臺灣過新年，會有較長的假期，往往有3～4天以上的連假，民眾也會趁此時返鄉或拜訪親友。部分公司會舉辦慶祝活動Halal Bil Halal，讓員工餐敘並互相寒暄，口中會說著Mohon Maaf Lahir Batin(有著盡釋前嫌之意)，過程熱鬧親切。對身為外地的我們來說，有幸參與這樣的節日可說是趣味十足。

傳統婚禮

印尼婚禮具有鮮明特色，雖然婚禮屬於私人慶祝活動，但婚宴異國色彩濃厚，決定讓讀者一睹風采。

婚宴舉辦地點

舉辦地點多元，飯店、婚宴會館與家中外、亦可辦在清真寺附設的場地舉辦，不管哪一種，婚宴典禮與酒席那天，是最為精華的一天。

婚宴布置與賓客服裝巧思

婚宴入口處，伴娘們聚集於此迎賓，簽名並發放小禮物。婚宴場地大量採用布條與鮮花，色彩繽紛亮麗；舞臺主要是提供新人的迎賓空間，用心一點的新人，會在場地布置放上婚紗照片，供賓客欣賞。前來參加婚宴的賓客服裝，大都會選擇搭配蠟染服飾Batik，蠟染是當地人在重要聚會或場合所穿著的服飾，部分女性會選擇粉色或鮮豔的頭巾與長裙，搭配華麗衣裳Kebaya，是一種類似蕾絲花邊的紗質服飾。

新人裝扮華麗典雅

新婚夫婦忙著迎接各位賓客

Nasi Tumpeng為祝賀之用

花牌也經常用於祝賀上

新人迎賓招呼

新婚夫婦坐於舞臺上，等待著賓客到來，握手寒暄祝賀，並合影留戀。各位應該會想知道禮金怎麼給？用信封將禮金裝好寫上姓名，來到伴娘迎賓處簽到時，一旁的箱子即為禮金箱，投入即可。隨著場地與交情，禮金價格約Rp.50,000～150,000元不等。

餐點與活動

餐飲大多採用百匯方式，讓賓客自行盛裝菜肴，部分婚宴會請來駐唱樂團，歌手大多演唱噹嘟歌曲Lagu Dangdut，節奏強烈，歌手載歌載舞，炒熱氣氛。

行前問與答

印尼，一個陌生卻又熟悉的國家，未前往時，對印尼或許保有迷思，其實，書中4個城市的發展具有一定程度，作者將常見的疑惑列出一一解答。

Q1當地治安如何？

爪哇治安整體不錯，光天化日的偷拐搶騙情況不多，且發展不會過於落後，更有24小時的便利商店呢！但不管去哪個國家，貴重物品不要露白，深夜避免在外逗留，隨時注意安全。

Q2當地衛生程度如何？

醫療衛生部分，4個城市皆有大型醫院、診所與藥局，相當普遍。用餐部分，店面式餐廳衛生程度OK，但一般路邊攤規格較不一致，部分攤位沒有水源與冰箱，是否適合食用請自行評估。

Q3溝通會有問題嗎？

當地人以印尼文為母語，不過一些景點或是餐廳可用簡單英文溝通，當地華人由於過往的政策影響，會說中文的華人不多，儘管會也只是一點點。

Q4餐點都是辣的嗎？

的確，當地餐點往往都會加入辣椒調味，甚至吃飯時會直接配上一坨辣椒醬，飲食重口味與油炸居多，腸胃不好人的建議攜帶腸胃藥，以備不時之需。

街邊小吃請自行評估是否可以食用

印尼美食幾乎不離辣味

人潮多的地方留意自身物品

Q5爪哇島的天氣很熱嗎？

書中介紹的4個城市除了山區較為涼爽之外，常年溫度高，屬於悶熱氣候，蚊子也多，請帶合適的衣物與防蚊用品。

Q6網路普遍嗎？

4個城市網路普及性高，手機也可使用行動上網，網路速度雖然沒有臺灣的快速，但看網路影片或是傳訊息還是可以的，不用太擔心。

Q7換錢是否方便？

印尼換錢的地方相對較不常見，建議可先在臺灣換一些錢，到當地後，部分景點附近有換錢所，一些大型百貨也有進駐。

一些大景點可找到換錢的商店

印尼亦有質感佳的餐廳環境

Q8自來水可以生喝嗎？

當地一般水龍頭的水為生水，請勿直接生飲，也不要拿來煮沸後喝，建議飲用罐裝水或白開水。

Q9印尼伊斯蘭教有何特色？

每個國家的伊斯蘭教都存有不同特色，以印尼來說，穆斯林不吃豬肉，四處可見清真寺，禮拜時間喚拜廣播會響起，公共場所提供禮拜室，穆斯林男性日常穿著與臺灣差不多，然而穆斯林部分女性會包裹頭巾。

Q10旅遊印尼建議自駕嗎？

建議各位旅遊時的交通工具選擇，優先考慮大眾交通、計程車或包車，因為當地為右駕，與臺灣相反，加上機車可以進入內車道，開車時常有機車穿梭，倘若發生事故，溝通不易，因此旅遊期間不建議在印尼自駕。

當地潛規則

每一個國家都存有當地潛規則，印尼也不例外，這些規則並非明文或政策規定，而是久而久之所產生的慣性。熟悉潛規則入境隨俗，可以減少對當地的陌生感與衝突感。

小費文化

在當地餐廳消費，不需要特別給小費，但停車、上廁所、指揮倒車小弟等，需要給約Rp.2,000～5,000元不等的小費，若是廁所標示TOILET GRATIS，表示可免費使用。

民風保守

印尼民風保守，因此異性盡量避免有太多肢體接觸，女性穿著也要避免過於曝露。付錢或是拿東西給人時，也盡量使用右手為佳。

尊重不同種族

印尼種族多元，然而目前整體沒有太大的種族問題，和平共處，尊重彼此，不過私底下仍無法避免少部分人存有種族意識，這樣的情況其實不管哪個國家都有可能存在，因此身為遊客的我們，應避免挑起種族意識，保持友好態度。

一年一度的齋戒月

長達1個月的齋戒，穆斯林基本上白天不會進食飲水，不過遊客也不用過於擔心用餐問題，儘管是齋戒月，依然有不需要齋戒或是不同宗教信仰的居民會

旅遊時我們應該尊重當地文化

齋戒月期間許多餐廳圍起布條為常態

外出覓食，因此白天仍舊有餐廳營業，只是會在用餐區周圍圍起布條或是木板，以尊重齋戒者的心情。

另外，齋戒月每天黎明之前，除了有例行喚拜廣播外，居民可能聚集於街上發出聲響，以喚醒其他教徒準備齋戒，甚至敲鑼打鼓場面喧嘩，鄉村或山區情況更為明顯，也請做好心理準備。

時間請抓寬鬆

或許是塞車影響，當地無法準時抵達或交通工具誤點的情況不少，因此安排行程時，請將時間抓鬆一些。

塞車現象已是印尼普遍現象

走路讓路請靠左邊

印尼為右駕，因此開車方向與臺灣相反，行人走在路上時，也是靠左邊行走，就連閃邊去，也要記得閃左邊，尤其是與別人擦身而過時，往左邊讓路才能減少碰撞喔！

每個國家有不同的潛規則

趣味觀察

作者喜愛觀察，每到一個國家，總會特別留意有哪些趣味現象，待在印尼多年來，獲得各種心得，現在濃縮經典部分給讀者，旅遊時不妨也觀察觀察，感受風土民情。

百萬富翁換你當

這是作者來到印尼第一個認為有趣的地方，當地幣值大，每張鈔票皆是千與萬起跳，隨便集結10來張的10萬紙鈔，瞬間你也成為百萬富翁。也因為幣值相差大，結帳時務必再次確認自己給的金額，以免多給了錢還渾然不知喔。

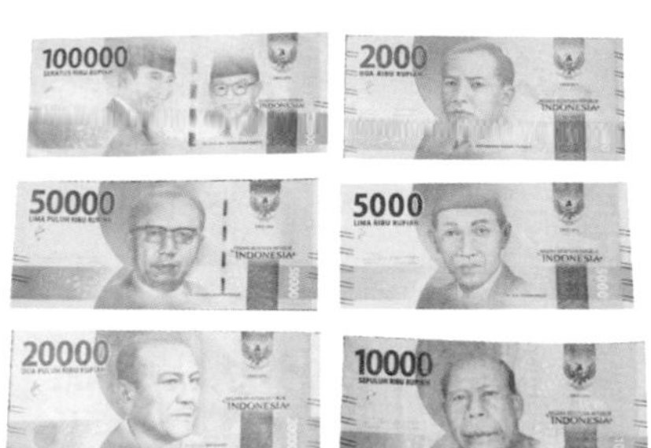

當地幣值大

有貓沒有狗

伊斯蘭教聖訓中提到狗是不潔的動物，穆斯林養狗的人少，因此印尼的狗狗不常見；反倒貓不少，路上走來走去的多為流浪貓，當地人也有養貓的習慣，去一趟賣場會發現貓飼料比狗飼料多。

在印尼流浪貓比狗多出許多

菜單什麼都有，但點了不一定有賣

爪哇要覓食並非難事，餐廳隨處可見，然而看完菜單決定要點菜時，可不是什麼都可點到，作者曾經在餐廳連點4樣餐都說賣光了，甚至主打招牌也賣光，若你來到印尼也碰巧感受到，別太意外。

大型餐廳較不會有餐點賣光的情況

廁所小文化

印尼加油站、百貨商場以及部分便利商店有提供廁所，廁所的馬桶旁總會有個水管，不然就是會有一桶水，主要是因為部分當地人上廁所後，有用水清潔的習慣，所以廁所有時會是濕的。建議當你有些感覺時就要把握上廁所的機會，不要到膀胱滿了才去上，因為當地人需要一些時間清潔，故等廁所要等上一會兒時間。

加油站普遍附設廁所

五花八門的小販群

印尼有許多被作者稱為微型創業的小人物，行動餐車最為普遍，只要有一點點積蓄，買上一臺四輪餐車，放上食材與烹煮工具，即可開始推著餐車沿街叫賣，數量有限售完為止。有些連餐車都免了，小

表演者將全身塗成銀色希望獲得小費

販售飲料的行動小販

販們直接穿梭於車陣，跟著紅綠燈一起流動，一見紅燈揭曉，吃的、玩的、表演的輪番上陣，甚至連高速公路塞車時也來販售，不會放過賺錢的機會。

男女空間劃分明顯

男女空間分界的情況，以大眾交通、清真寺、禮拜室最為明顯，舉例而言，部分公車前方座位為女性專用空間、禮拜室亦是男女分開，初來乍到的旅客要特別注意喔。

特別是清真寺禮拜區以及大眾交通，有不少男女分開的規定

爪哇
信仰與藝術

伊斯蘭教是印尼的重要信仰，印尼街頭包裹頭巾的女性們隨處可見，鄉村密集度更高，在我國信仰伊斯蘭教的人口並不多，介紹是必然的，能降低陌生感外，更能掌握基本禮節。另一方面，印尼的藝術文化，以爪哇島最為蓬勃發展，不論是音樂、舞蹈、戲劇以及蠟染技藝，皆是標竿，如果你已去過峇里島，那對印尼舞蹈音樂應該留下深刻印象，若沒去過峇里島，也不用著急，爪哇島的藝術領域，一樣能讓你探究印尼的傳統之美。

認識伊斯蘭教

印尼早期歷經印度教以及佛教，曾興盛一時，然而13世紀伊斯蘭教傳入後，信徒增加，逐漸地，伊斯蘭教成為主流，至今印尼有80%以上的人口信仰伊斯蘭教，成為目前印尼的主要宗教。

伊斯蘭教，教徒稱為穆斯林(Muslim)，信奉真主阿拉(Alah)，穆罕默德為先知。五功是穆斯林一生內需要完成的事情。

穆斯林需要每日完成禮拜

旅遊知識家

什麼是五功呢？

念誦(Shahadat)：誦讀清真言。

禮拜(Salat)：每日禮拜5次，分別於日出、中午、下午、日落與晚上。

齋戒(Shaum)：伊斯蘭曆每年9月齋戒1個月。

天課(Zakat)：義務性或出於自願地施捨財物。

朝覲(Hajj)：一生至少去一次麥加朝聖。

印尼人多數信仰伊斯蘭教

萬隆清真寺為圓頂設計

部分清真寺擁有漂亮的花窗設計

清真寺建築

清真寺(Masjid)是伊斯蘭教重要建築，為穆斯林做禮拜的地點之一，在印尼與其他伊斯蘭教興盛的國家中，清真寺可說是比比皆是。每天都會有穆斯林前往，其中每個禮拜五，清真寺會舉辦聚禮日(Jumat'an)，這也是為何禮拜五看似比平日更多穆斯林前去清真寺的原因。

清真寺內沒有形體式的雕像或照片，禁止偶像崇拜，僅需禮拜時面向麥加方向，是伊斯蘭教一大特色。清真寺建築元素中，圓頂、喚拜樓(宣禮塔)、禮拜區以及淨水房最為常見。

喚拜樓外觀多為尖柱造型

旅遊知識家

清真寺常見元素

圓頂：是清真寺顯眼的指標，圓頂花樣大都繽紛，有設計圖案或花紋。
喚拜樓：聳立於圓頂旁，以前是為了讓喚拜者至高處喚拜，而今大多改為廣播。
禮拜區：男女分開不同區域，禮拜區會鋪上地毯，方便穆斯林朝麥加方向做禮拜。
淨水房：一樣是男女分開，禮拜之前先將頭部、臉、手腳等部位洗淨，並脫去鞋子，方能入內進行禮拜。

喚拜廣播

當你來到印尼，發現廣播聲音此起彼落時，別以為是哪家在唱歌或是造勢活動，這些廣播聲來自各個清真寺，象徵著準備做禮拜了，也是印尼的鮮明意象，而Mushola是單純的禮拜室，與清真寺不同，沒有圓頂與喚拜樓等。

穆斯林禮拜方式

禮拜(Salat/Sholat)是穆斯林的每日基本，早已融入生活當中，不論你當時在工作、上學、家中或是戶外，當清真寺喚拜廣播聲出現，即開始準備禮拜的程序。

以下以爪哇島穆斯林為例，讓國人擁有基本認知，若讀者曾經接觸其他伊斯蘭教文化，發現有些不同，應是不同教派或是其他國度習俗產生的差異。

禮拜前的準備

乾淨的衣物與場所

禮拜的場所，以及即將做禮拜的衣物，皆要求乾淨整潔，並且脫去鞋子。禮拜的服飾，男性不能穿過短的短褲，需遮住大腿部分，長褲尤佳，一些男性會帶上禮拜帽(Peci)與圍上布巾(Sarung)。女性會準備禮拜長袍(Mukena)，尤其是沒有包覆頭巾的女性，特別準備禮拜長袍覆蓋。

需先洗淨

禮拜前必須洗淨手、腳、臉等部位，清真寺或是禮拜場所普遍提供淨水房，讓穆斯林能夠清洗，部分教徒會將全身洗淨再進行禮拜。

禮拜前要先洗淨

禮拜帽(Peci)

禮拜毯(Sajadah)

公共場所往往會在提供禮拜室，裡面已有禮拜毯，不需要自行攜帶，但若於普通地點進行禮拜，需自行準備禮拜毯。

朝著麥加方向

將一切物品備妥，並將身體清洗乾淨後，依循著麥加方向，準備禮拜。

禮拜步驟

本書的示範步驟，為大致姿勢與動作，主要分為10個動作，供讀者參考，若是對於小細節深感興趣，善用網路資源查詢更多介紹。

Step 1 雙手舉起至雙耳旁，誠心默念

Step 2 雙手放置前方

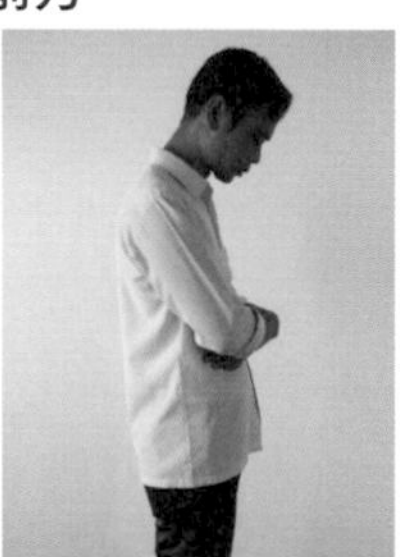

Step 3 身體成鞠躬姿勢，雙手放置膝蓋前

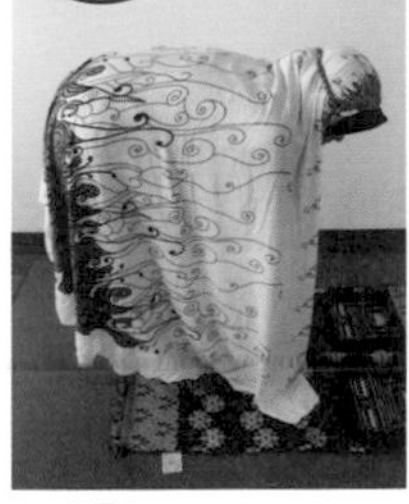

Step 4 雙手舉至雙耳旁，誠心默念

Step 5 呈跪下姿勢並將頭部置於禮拜毯上

Step 6 呈坐起姿勢並坐在左腳上上

Step 7 呈跪下姿勢並將頭部置於禮拜毯上

Step 8 最後一次會將左腳更往內收，露出部分右腳掌

Step 9 坐起姿勢並低頭後將頭部往右邊方向

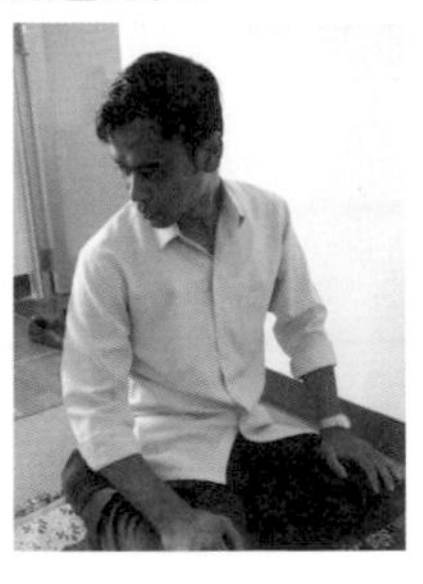

Step 10 坐起姿勢並低頭後將頭部往左邊方向

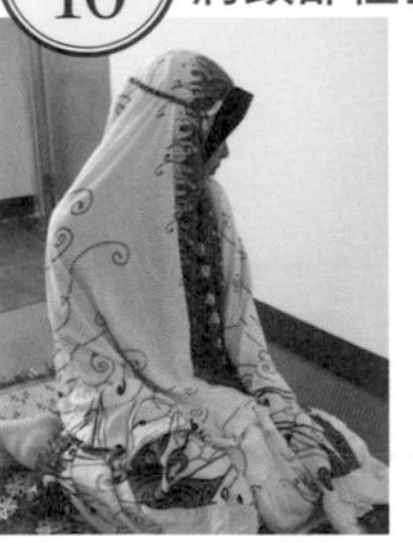

穿著介紹

平日男生穿著已趨向現代風格，上半身短袖或長袖隨意，下半身以長褲居多；反之，女性穿著多元，若是華人女性，穿著較無限制，一樣為現代風格，而女性穆斯林多半較為保守，平日包覆頭巾，上半身穿著長袖，下半身往往搭配長裙或長褲，僅露出臉與手掌；不能過於緊身，更不能曝露，服飾顏色也盡量樸素典雅。然而，當你走在雅加達路上時，會發現部分女性穆斯林無包覆頭巾，穿著也較為現代。

正式場合、聚會、重大活動時，不論男女老幼，蠟染(Batik)衣是印尼人的常見穿著。除此之外，印尼的Koko服飾以及Kebaya服飾也是當地獨特服裝，Koko常於過年過節的時候穿著，顏色淡雅樸素，舒適自在；而Kebaya是一種華麗的紗質服飾，大多在表演或是婚慶活動穿著，不論是哪種造型，都帶有在地的服飾風格。

Koko服飾

伊斯蘭教女性包裹頭巾居多

穆斯林男女普遍的穿著

Kebaya服飾下半身常搭配蠟染

參觀清真寺務必確認是否能進入，並遵守規定

進入清真寺請留意男女分開的指標

伊斯蘭教飲食注意與叮嚀

國內信仰伊斯蘭教的民眾不多，因此了解注意事項及叮嚀，能更加尊重當地信仰，也可降低不必要的麻煩。

飲食注意事項

飲食限制

印尼許多餐廳會標示沒有賣豬肉餐點

不吃豬肉應是鮮明的印象，血製品也是穆斯林的飲食禁忌。鑑此，若想分享好料給穆斯林，務必留意食品的添加食材，特別是臺灣糕餅常會加入豬油或是豬肉鬆。

清真標誌

不少餐廳門口或菜單貼著綠色圖案HALAL，表示餐廳提供清真餐點，從宰殺、挑選食材及烹調手法等，遵守清真飲食規定。

清真標誌

當地人有時用手抓飯，桌上水盆是用來洗手用

用手抓飯的習慣

根據作者觀察其實當地人較常使用湯匙叉子用餐，不過在吃巴東餐、巽達餐或是炸雞配飯時，用手抓飯的人數則較多，提供的水盆則是用來洗手。

伊斯蘭教禁忌

勿隨意參觀清真寺

印尼並非所有的清真寺都會開放參觀，參觀前務必確認可否進入，勿穿著曝露或是不整潔的服飾，而禮拜時間通常禁止遊客參觀，也請留意貼出的公告。

禮拜室男女有別勿走錯

如前方所述，不管是清真寺的禮拜區或是禮拜室，基本上男女都是分開的，且包括淨水房，也就是禮拜前洗淨的地方，普遍也是男女分開，請多加留意。

蠟染

蠟染(Batik)是一門傳統技術，歷史悠久，其服飾至今仍深受當地人喜愛，蠟染技術以爪哇島發展最為蓬勃，許多學校將蠟染服飾做為制服，穿著起來典雅不失禮節，更是多數人參與重大場合的選擇。此外，不少人會在禮拜五穿著蠟染服飾，傳聞是因禮拜五聚會較多，穿著蠟染較為正式，久而久之，禮拜五成了不成文的蠟染日，再次證明蠟染對印尼人的重要性。

如今的蠟染服飾，隨著每個時期流行風格有所變化，各家商家也推陳出新，出現多樣化的款式、圖案與色彩，甚至有兒童的款式，符合不同客群的期待。由於蠟染服飾是印尼的人氣選擇，因此販售蠟染服飾的商家非常多，從小型攤販至連鎖店面，價格差異大，若決定購買較為便宜的蠟染服飾，請記得觀察品質與布料。假設想親自製作蠟染商品，日惹已有商家開放蠟染體驗，到訪日惹時，可將蠟染DIY列入行程，體驗製作過程(請參考P.246)。

蠟染服飾是參與重大活動的選擇

蠟染主要透過蠟液在布料加工，塗上蠟的地方不會染上色彩，經過多次染色後，成為服飾上的花樣，以圖騰、動物、花草圖案最為頻繁使用，每種圖案與形狀有不同意涵，而每個人適合的款式也不一樣，建議先試穿看看是否適合。

購買前不妨先試穿看看

蠟染的花色與圖案多元

樂器與音樂

印尼音樂隨著歷史脈絡，經歷過去王朝、宗教以及殖民的洗禮後，將各種文化融合，衍生出獨特的印尼音樂，其中傳統音樂更是一絕，飯店、餐廳或是Spa館時常播放，相信只要聆聽過爪哇音樂，就能發現其獨特的魅力。

甘美朗樂器之一

安格龍為竹製樂器

爪哇常見樂器

甘美朗(Gamelan)

甘美朗與傳統音樂密不可分，過去用於宮廷、宗教與民俗活動上，至今持續傳承。甘美朗並非是一種樂器，而是由多種樂器組成，由樂隊進行演奏。樂器多由打擊樂器組成，包含金屬片琴、鑼、鼓等，多種樂器共同演奏，旋律清脆和諧，俐落大方。

安格龍(Angklung)

西爪哇的著名樂器，一樣屬於歷史悠久的樂器，由竹子製成，透過搖晃發出聲響，聲音清脆帶些渾厚感，適合演奏輕快愉悅的音樂，安格龍也可由樂隊組成，旋律更為多元悅耳。位於萬隆的屋卓安格龍快樂村，園區可欣賞安格龍演奏與爪哇舞蹈表演，更讓民眾共同演奏安格龍，整場演出精采有趣，是個老少皆宜的旅遊景點(請參考P.202)。

甘美朗是印尼藝術翹楚

安格龍旋律悅耳動人

❈爪哇常見音樂

爪哇傳統音樂

爪哇音樂(Musik Jawa)或爪哇巽達音樂(Musik Sundanese Jawa)完整地詮釋出印尼音樂的獨特性，運用甘美朗組合樂器為基本，散發傳統特色旋律外，演奏曲風緩和典雅，讓人放鬆不少，因此飯店、餐廳、Spa館經常播放傳統音樂。不過有一些傳統音樂，因應表演劇情，會加快節奏或是用力敲打樂器，營造劇情的緊張或緊急的氛圍，於傳統舞蹈與皮影戲上最常聽見。

若想搜尋此類音樂，可於YouTube搜尋Gamelan或是Java Sunda Music。

噹嘟歌曲(Lagu Dangdut)

結合現代曲風的本土歌曲，旋律活潑節奏感強烈，動感十足，其最大特色在於噹嘟音樂旋律中，大都加入答柏拉(Tabla)鼓聲伴奏，藉由鼓聲強調此類歌曲的創意。不少印尼電臺或是廂型小巴，特別喜歡播放噹嘟，似乎這樣的歌曲能夠給當地人帶來一整天的活力。

而節慶活動上，如婚禮、運動會或是戶外活動，請來的駐唱樂團往往也將噹嘟作為播放與演唱曲目，炒熱氣氛，歌手載歌載舞，聽者也會跟著舞動身姿，場面熱鬧。

若想搜尋此類音樂，可於YouTube搜尋Lagu Dangdut。

甘美朗音樂隨著戲偶劇情調整旋律

噹嘟音樂易帶動氣氛

傳統舞蹈經常搭配甘美朗音樂

舞蹈與戲偶

爪哇島充滿著無數珍貴的舞蹈與表演，一點一滴記載著印尼的藝術文化，推薦各位安排欣賞一段舞蹈或戲劇表演，藉由表演的各個環節，從中體認當地民俗風情，收藏一段不可多得的回憶。以下皆是爪哇首屈一指的代表性藝術，各自大放異彩。

舞蹈

面具多賓舞(Tari Topeng)

多賓舞是印尼家喻戶曉的舞蹈，Topeng於印尼文為面具的意思，顧名思義，整場演出會出現面具作為舞蹈的一部分。舞蹈搭配傳統音樂，服裝精巧細緻，色彩亮眼，舞者跳舞時，隨著節奏擺動腰旁兩側布條，增添舞蹈的豐富性。此外，舞蹈最大特色就在舞者戴起面具的開始，雖說是戴起面具，大部分的面具是要運用嘴巴咬住面具的，咬住後同時還要繼續各種強而有力的舞蹈動作，具有一些難度，對舞者感到敬佩。萬隆安格龍快樂村可欣賞表演(請參考P.202)。

舞者戴上面具時，其實是咬住面具

面具舞為印尼經典舞蹈

孔雀舞(Tari Merak)

服裝更為華麗鮮豔，造型通常伴有孔雀造型的頭冠，於身體兩側加入了扇狀衣襬，舞者揮舞著衣襬彷彿孔雀張開羽毛一般，重視舞者美觀流暢的舞姿，動作優雅迷人，常作為慶典或迎賓活動的表演，有機會亦可觀賞。有時縮影公園可欣賞表演(請參考P.134)。

孔雀舞色彩絢麗

羅摩衍那舞(Ramayana Ballet)

印尼的舞蹈裡，有些引入印度史詩的內容，其中羅摩衍那舞頗負盛名，透過舞蹈傳達史詩故事。羅摩衍那演出時往往運用大量舞者，配合多樣舞蹈以及難度較高特技，每位表演者盡力演出，讓觀賞者大飽眼福。然而羅摩衍那演出時間往往長達1小時以上，若對傳統舞蹈沒有一定熱愛程度的遊客，可能演出後段會認為有些冗長。目前日惹的夜間活動中，已有舞團定期表演羅摩衍那，成為日惹旅遊必觀賞的舞蹈(請參考P.231)。

羅摩衍那舞蹈故事取自印度史詩

舞者專注地演出著

芭塔維舞蹈(Tari Betawi)

芭塔維是雅加達本地居民沿襲的文化，擁有別於其他文化的些微巧思，舞蹈是芭塔維藝術的鮮明指標，舞蹈沒有過多複雜動作，輕快爽朗的音樂，舞者翩翩起舞，動作活潑自然，甚至帶些俏皮動作，伴隨曲風類似中國喜慶的旋律，服裝色彩鮮豔明亮，以Nandak Ganjen與Lenggang Nyai較為出名，而娃娃(Ondel-Ondel)更是於芭塔維人慶典活動扮演關鍵人物，類似吉祥物有避邪的效用，白色臉面為女性，紅色臉面為男性。有時縮影公園會舉辦表演(請參考P.134)。

Ondel-Ondel類似芭塔維人的慶典吉祥物

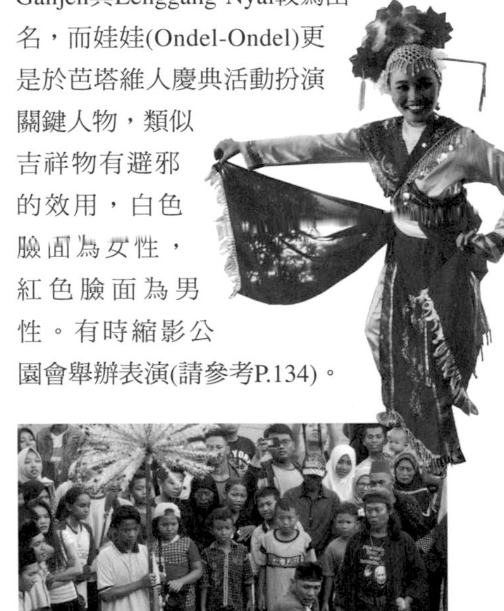
芭塔維武術表演

1.皮影戲偶手工精緻 / 2.操偶師認真地演出戲偶 / 3.皮影戲表演 / 4.一長排的Golek木偶

❁ 戲偶(Wayang)

戲偶是藝術文化的翹楚，而爪哇島戲偶表演最為爐火純青，以皮影戲(Wayang Kulit)與木偶戲(Wayang Golek)較為普遍。

皮影戲起源於9世紀，故事取自史詩Ramayana或Mahabarata居多，主要由戲偶、屏幕(Kelir)、操偶師(Dalang)以及音樂組成，透過戲偶倒影呈現戲劇，戲偶手、腳與唇部可以動作，各種戲偶代表不同角色，其中Punokawan為丑角身分，4個戲偶談話內容詼諧幽默，深得人心。正規皮影戲從夜晚表演至破曉時分，因應遊客需求，坊間已有短版的皮影戲演出，讓人有機會一睹皮影藝術，可於日惹搜諾布都由博物館欣賞表演(請參考P.227)。

Golek戲偶，外觀為立體造型，隨著木偶臉面的顏色，表達不同的個性與情緒。木偶戲直接於舞臺前表演，演出的故事反映社會，可於安格龍快樂村欣賞木偶戲(請參考P.202)。

不論是哪一種戲偶劇，操偶師的專業程度影響著表演是否精湛，操偶師既要操控戲偶，又要發出聲效說話，以及控制樂師們的演奏節拍，整場演出同時兼辦多項重任的他，令人嘖嘖稱奇。

爪哇
飲食與消費

置身東南亞的熱帶地區，與其他鄰國相似的飲食習慣，辣椒是印尼美食幾乎必備的食材，爪哇島上普遍天氣炎熱，食材烹煮也擅長運用香料來刺激食慾，隨著城市與文化的不同，交疊出東、中、西爪哇獨特的飲食風貌，若你有幸將 4 個城市跑完的話，就可發現爪哇島各地的飲食特性。而伴手禮與紀念品，總是作為旅途畫上完美句點的一部分，只要你走到觀光景點，購買商品絕對不成問題。

50% off
on the second item
LOUIS VUITTON

必吃美食

在印尼，你絕對不能錯過各式各樣的湯品、令人垂涎三尺的道地美食，或是目不暇給的小點心，印尼料理刺激著我們的味蕾，讓人一吃就上癮！

在地湯品

印尼湯品善用香料或椰奶，湯頭散發獨特香氣，色澤與用料令人垂涎，下方幾種湯品十分常見，甚至有商家以湯為主題開餐廳，不妨選擇幾樣列入名單中。

酸湯(Sayur Asem)

加入羅望子與蔬菜燉煮，湯頭酸甜開胃，據說放冷更具風味，作者特別喜愛。

牛尾湯(Sop Buntut)

眾所皆知萬隆代表性湯品，清湯外表卻蘊含濃濃高湯香氣，湯中的牛尾肉質Q彈。

拉甕湯(Rawon)

為泗水道地湯品，色澤深口感濃厚，湯中的牛肉塊軟嫩，搭配鹹蛋與豆芽，非常獨特。

冬餡湯(Tongseng)

濃郁椰奶湯底，辣味鮮明，香氣十足，屬於下飯的湯品。

梭多湯(Soto)

清湯加入雞肉絲、米粉與麵，檸檬汁擠入後，口感層次大幅提升；而雅加達的芭塔維式梭多湯則湯頭濃厚，椰奶氣味明顯。

經典美食

印尼美食猶如當地各個民族，豐富且經典，透過味蕾與印尼近距離接觸，深刻且細膩地體認食材帶來的激盪。

沙嗲(Sate)

沙嗲堪稱為平民美食，烤肉香氣四竄時，不管是沾花生醬、甜醬油或辣椒醬，皆令人食指大動。不過在買沙嗲時，先確認是否為肉串，有些沙嗲為內臟串。

印尼炒飯(Nasi Goreng)

印尼炒飯接受度高，當地的米飯非常適合拿來炒，襯托出快炒的香氣，口感爽口不黏牙，搭配蝦片更是一絕，另外炒麵、炒粿條接受度也很高。

組合式套餐(Nasi Paket/ Complit)

類似印尼版便當，以白飯搭配肉類、蔬菜、豆腐豆餅、辣椒醬等，此套餐往往是餐廳的菜單之一，並非像臺灣便當店獨立一家店，Nasi Campur、Nasi Timbel、Nasi Penyet、Nasi Cobek等皆為相似套餐。

巴東餐(Masakan Padang)

蘇門答臘省名菜，口味偏鹹辣，招牌特色是一道一道餐點疊在櫥窗前，吃法也十分有趣，進入餐廳後，坦然地坐在餐桌前，服務人員依序端出各種菜色，有如滿漢全席(更多巴東餐介紹請參考P.146)。

巽達菜(Rasa Sunda)

爪哇名菜，口味偏鹹甜，一樣會在餐廳櫥窗前擺放各式菜色，然而不像巴東餐會疊起來，以平面陳列為主，到櫥窗前點好想吃的菜後由服務人員端上，巽達菜經常附上生菜，有些是臺灣沒看過的蔬菜與果子，接受度兩極(更多巽達菜介紹請參考P.178)。

薑黃飯 (Nasi Kuning)

將薑黃、香料以及米一起燉煮，讓以往白皙皙的米飯，成為溫暖黃色，並無太過濃厚的薑黃味，由於顏色討喜含有正向意涵，常為慶祝活動時使用。

叻沙(Laksa)

常到東南亞的讀者，對於叻沙應不陌生，屬於東南亞的經典菜肴，印尼版的叻沙，以椰奶咖哩為基底並添加蝦醬，湯頭濃郁，喜好重口味的讀者應會喜歡。

加多加多(Gado-gado)

為印尼經典沙拉，燙過的豆芽、豆腐、豆子等食材，淋上特調的香醇花生醬，醬汁在口中香氣四溢，與蔬菜搭配完全無違和感。

炸雞(Ayam Goreng)

到處可見的炸雞，可別小瞧它的地位，據說印尼的炸雞超過100種口味，有加入綠色辣椒、紅色辣椒、椰奶或麵包粉等風味，另外烤雞、炸鴨與烤鴨風味也很獨特，皆可嘗試。

醒

飲食注意事項

❶辣椒醬種類多，但後勁大請酌量食用。
❷餐點幾乎離不開炸物。
❸豆餅(Tempe)、臭豆(Petai / Pete)與苦豆餅(Emping)喜愛程度兩極。
❹餐桌的小水盆，提供抓飯後洗手用。
❺部分路邊攤用塑膠袋或是影印紙包裝，介意者請自備容器。
❻餐點普遍分量不大，零食小吃也是。
❼Jamu藥汁飲品味道較強烈，請先小酌確認喜歡再加點。

臭豆

藥汁是印尼一種常見的飲品

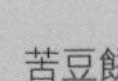
苦豆餅

印尼式中華料理

由於華人來到印尼，自然而然地引進中華料理，但有了些微變化，別於臺灣中式料理特色，值得一試。

炒粿條(Kwetiau Goreng)

炒粿條、炒麵、炒米粉，再熟悉不過的食材，當地以拌炒居多，加入蛋汁與蔬菜，充滿鐵板香氣，誘人程度不亞於臺灣版。

芙蓉蛋(Fu Yung Hai)

屬於煎蛋料理，蛋液中加入蔬菜，整體口感滑順細膩，也不會過於乾澀，成為印尼中式料理的特色之一。

湯圓(Wedang Ronde)

別懷疑，印尼也吃得到湯圓喔，口感跟國內極為相似，一樣有分為包餡與不包餡的湯圓，不過印尼以包花生餡湯圓居多，湯頭則會加入薑汁。

米糕(Nasi Tim)

Tim有蒸東西的意思，顧名思義就是蒸米糕，外觀和臺灣的米糕極為相似，不過當地使用一般白米，並非糯米，因此口感有些差異。

肉包(Bakpao)

Bak類似肉的臺語發音，肉包由其他肉類取代豬肉，創造出不同的風味。

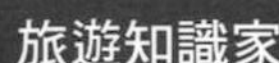

旅遊知識家

中式餐廳沒有賣豬肉嗎？

印尼並不是沒有餐廳販售豬肉，只是比例較少，泗水與雅加達找到豬肉料理的機率較高。另一方面，中式餐廳不一定會有豬肉料理，若是菜單上面沒有特別標明，則往往沒有供應。

點心(Dim Sum)

華人素有的下午茶引入印尼，當地餐廳推出點心優惠時段，燒賣、蝦餃、水餃、鍋貼、炸春捲等盡收口中，不管是哪一種，大都不是豬肉製成，全面改版。

印尼餐車與路邊攤的店家不計其數，販售的點心小吃包山包海，與臺灣相比絲毫不遜色，更是當地人早中晚餐、點心時刻的選擇。

丸子麵
(Mie Baso)

隆冬
(Lontong)

雞肉粥
(Burbur Ayam)

炸魚漿
(Batagor)

炸鹹麻糬
(Cireng)

雞肉麵
(Mie Ayam)

炸物
(Gorengan)

煎餅
(Matabak)

點心
(Dim Sum)

糯米糕捲
(Lemper)

烤魚漿
(Otak Otak)

綠色椰絲球
(Onde Onde/
Klepon)

當地糕點
(Kue)

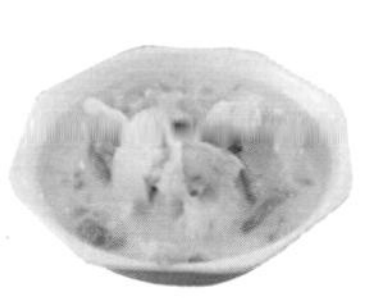
珍多冰
(Es Cendol)

綜合冰
(Es Campur)

酪梨汁
(Jus Alpukat)

雞蛋糕
(Pancong)

Q丸子
(Cilok)

印尼特色連鎖店

到訪爪哇島，不難發現一些連鎖餐廳，是國內沒有見過或是不常見的，其中更有印尼本土品牌。

EXCELSO

特別推薦

為印尼本土品牌，販售咖啡飲品與餐點，餐廳營造閒情逸致的環境氛圍，其實EXCELSO本身也販售咖啡包，分為咖啡豆與咖啡粉兩種，在超級市場都能看見，設計精心具質感，適合作為送禮選擇。

EXCELSO是在地品牌

餐廳也提供正餐

J.CO

類似臺灣的85度C，一樣為印尼本土品牌，主打咖啡、甜甜圈以及霜淇淋等，由於品質不錯，價格也算公道，成為當地人享用午茶時光的去處，櫥窗裡琳瑯滿目的甜甜圈，令人無法忽視。

櫥窗的甜甜圈吸引目光

A&W

知名美國速食連鎖，來到印尼後，保留部分美式風味，並添加部分印尼餐點，如馬鈴薯餅Perkedel、炸雞配飯等，百貨公司以及高速公路休息站最為常見。

A&W餐點攜帶方便

Sushi Tei

進軍東南亞的日式餐廳，大部分店面進駐於百貨中，提供精緻可口的日式料理，從壽司、生魚片、麵食、炸物以及烤物等幾乎都有，因此儘管價格較為高昂，仍成為印尼人聚餐的熱門名單。

是民眾覓食去處

料理重視色彩與口感

伴手禮與紀念品

感受異國風情的途徑裡，在景點旅遊以及大啖美食後，免不了來一趟購物之旅，到處挖寶增添旅遊樂趣，更可將商品帶回國，在購買任何商品前，記得先檢查是否有瑕疵，才能買得開心。

送禮自用推薦

泡麵(Mie Instan)

印尼人居家必備，最值得一買的應是炒麵系列(Mie Goreng)，若不知道要買哪個牌子，推薦可買Indomie品牌。

咖啡(Kopi)

印尼咖啡舉世聞名，蘇門答臘、爪哇、蘇拉維西等咖啡外，更有高貴奢華的麝香貓咖啡，EXCELSO為印尼本土品牌包裝精美，註明烘焙程度，更分為咖啡豆與咖啡粉。

椰糖糕(Dodol)

由椰糖製成的椰糖糕，咀嚼時強烈感受到椰糖的香氣，口感偏甜，常見原味、牛奶、巧克力以及榴槤等，適合配茶或咖啡。

鳳梨酥(Nastar)

與臺灣鳳梨酥有異曲同工之妙，外層酥餅沒有太大差別，較為不同的地方是多了鹹味。

千層糕(Kue Lapis)

一層一層搭建而起的千層糕，是印尼糕點類的代表，由於製作繁複價格不便宜，然蛋糕香氣逼人，當日現做的更是滋味無窮。

辣椒醬Sambal

ABC的辣醬為印尼大牌子，推出的口味五花八門，若對辣椒醬有一定熱愛者，建議可選Sambal Terasi以及Sambal Hijau兩者醬可具體品嘗辣椒顆粒，是當地特色醬，其中前者加入蝦醬，風味更具獨特性。

蠟染服飾(Batik)

蠟染是印尼人必備的服飾，圖案獨具巧思，若對服飾較不感興趣，也可考慮蠟染相關商品，如手帕、扇子、包包等等。

戲偶(Wayang)

戲偶是印尼重要的藝術文化，分為Golek木偶與皮影戲偶，前者較為立體，服飾華麗繽紛；後者則較為平面，雕刻精細。若想帶回國，記得妥善保存。

安格龍(Angklung)

竹子製成的安格龍，是印尼傳統的特殊樂器，搖晃時音調悅耳，安格龍有3~4種類型，大小也不同，很適合喜愛蒐集各地樂器的讀者。

其他藝品類

與其他國家的紀念品類似，鑰匙圈、磁鐵以及擺設等在紀念品店幾乎可見，印尼不少鍋碗盤類富有在地特色，另外木雕面具具異國風情，不少人買回家作為牆上裝飾。

爪哇島的大賣場眾多，如 YOGYA、giant、hypermart、Carrefour、LOTTE Mart 等，只要走一遭大賣場，幾乎可將下方商品一網打盡。

讚

羅望子糖果
(Tamarin Candy)

羅望子是東南亞烹煮的食材，更將它做成飲品或是糖果，口味酸酸甜甜，有些類似臺灣烏梅，但氣味又不會過於強烈。

讚

巧克力脆迪酥
(GARUDAFOOD chocolatos GRANDE)

請指名這個商品，特色在於餅乾內附著滿滿的巧克力，冰過之後風味更佳，再次提醒，一定要買這個牌子，才有滿滿巧克力喔。

拉茶茶包
(Max Tea Tarikk)

樹薯餅乾
(Keripik Singkong)

豆餅餅乾
(Keripik Tempe)

啤酒
(Bintang)

犀牛牌調味果汁

椰奶
(Coconut Cream)

滷牛肉調味包
(Rendang)

拉饔湯調味包
(Raown)

綜合西餅
(KHONG GUAN)

綜合鹹味餅乾

護膚產品
(Lulur)

護膚產品
(Boreh)

私房推薦

作者分享私房名單，這些品牌都可在百貨尋覓，也是臺灣少見的，若你的品味與作者相似，歡迎加入購物名單中。

Batik Keris

專賣蠟染相關商品，男女款式皆有販售，Batik Keris屬於連鎖式的品牌，分店遍及各大城市，進駐百貨或是機場，屬於中高價位，服飾品質佳，款式豐富，可試穿從中找出合適的樣式。

Bata精品

對歐洲品牌熟悉的讀者應認識Bata，為捷克品牌，鞋款穿起來舒適，用料講究，價格合理划算，店面大都進駐百貨當中，逛百貨時可詢問是否有Bata分店進駐。

martha tillar保養品

martha tilaar為印尼在地品牌，屬於中高價位，目前於臺灣有一家分店，主打優質護膚品與化妝品，由於包裝精美具有質感，且產品多元，適合作為送禮的選擇。

CHARLES & KEITH精品

雖然是新加坡品牌，在印尼購買，價格仍屬親民。商品特色在於平價品質佳，且款式風格大眾化，CHARLES & KEITH可說是較容易入手的選擇，各式包包、鞋子以及配件很難不被吸引。

行前準備

在網路搜尋爪哇島相關旅遊資訊時，可能沒有太多資料可以參考，所以做好適當的行前準備，絕對可讓旅遊更為順利。特別是爪哇島交通，不像國人時常旅遊的國家，擁有便捷地鐵、捷運以及巴士等，因此於爪哇島旅遊時，過程無法免去不確定性。另一方面，當地各家網頁訊息更新較慢，有英文頁面的不多；加上近年來印尼不斷地進步，規畫許多整頓計畫，因此資訊日新月異，汰換頻繁，若你經常自助旅行或屬於背包客類型，那爪哇島對你來說，應不成問題。相反的，若你比較常跟團，建議要先讀過本書的行前準備喔。

JALUR 2
WELCOME TO

機場出入境

印尼常見航空

若讀者有意穿梭於爪哇島各城之間旅遊，認識這些航空後訂票時較容易上手。

嘉魯達印尼航空(Garuda Indonesia)

印尼的航空公司，商標為老鷹的意象，也有人稱為鷹航，為印尼航空公司中，品質較好的公司，國際與國內航線皆有提供。

獅子航空(Lion Air)

屬於印尼廉價航空，以國內航線居多，定期開出航線優惠，也開出新加坡、馬來西亞、印度、泰國等國際航線；Batik航空為獅航的子企業。

亞航(Air Asia)

國人較為熟悉的航空公司，同屬廉價航空，穿梭於印尼各大城市。

爪哇四城機場

雅加達、萬隆、日惹、泗水等4個城市中，雅加達國際航線多元，更可直飛臺灣，是許多商務旅客的首選。萬隆與日惹的機場規模較小，以國內航線為主。

爪哇四城機場簡介

地區	大雅加達	萬隆	日惹	泗水
機場英文名稱	Bandar Udara Internasional Soekarno-Hatta	Bandar Udara Internasional Husein Sastranegara	Bandar Udara International Adisucipto	Bandar Udara Internasional Juanda
代碼	CGK	BDO	JOG	SUB
航廈數量	3	1	1	2
臺灣直飛	有	無	無	無(需過境他國)
國際線	有	有 以新加坡、馬來西亞為主	有 以新加坡、馬來西亞為主	有
國內線	有	有	有	有

(製表／PJ大俠)

準備出國文件

出發之前務必確認相關的旅遊證件、文件與行李等已齊全。

護照

一定要攜帶護照才有辦法入境印尼，確認護照效期6個月以上。

電子機票

有時入境櫃檯會要求查看電子機票，證明你有回程機票，像是預計返回臺灣或是到印尼另一個城市的下段機票，因此請準備好電子機票。

行李

行李相關的違禁品，在出發前確認清楚，如行李大小與重量限制、託運行李不能有易燃物、鋰電池等。

簽證與機場稅

2015年起，機場稅取消之外，國人持普通護照，以觀光旅遊目的入境者，於指定機場或港口入境後(依外交部領事局最新資訊為準)，可免簽證進入30天(入境日起算)。

從CGK機場入境觀光應免簽

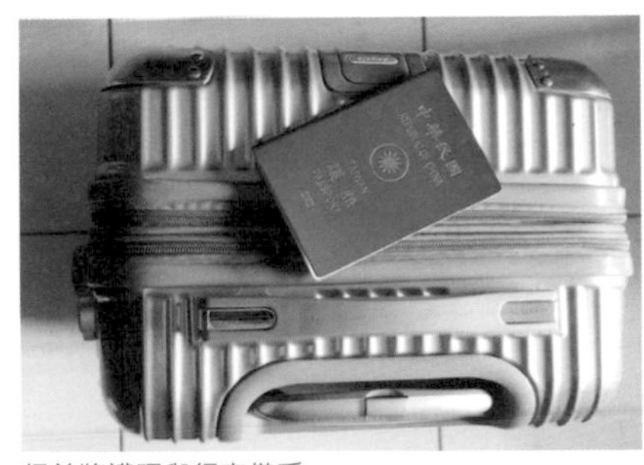
行前將護照與行李備妥

前往機場前務必確認證件都已帶齊

返回臺灣或從印尼前往其他地方時，入口會檢查電子機票

出發前請再次確認簽證最新資訊

由於印尼目前並非所有機場與港口皆可免去觀光簽證，部分仍需要落地簽，因此在出發前記得先至外交部領事局確認最新資訊，確認自己要降落的機場或抵達的港口，是否需要落地簽，來到現場後，隨機應變。

出入境教學

以下出入境教學，考量到臺灣直飛雅加達居多，且雅加達機場出入境流程也較為繁複，所以以雅加達機場為例。

入境流程(Arrival)

填寫海關卡

目前不需要填寫入境卡，空服人員僅會發放海關卡，一個家庭填一張即可，備存於海關出口使用。

Ministry of Finance of the Republic of Indonesia
Directorate General of Customs and Excise

CUSTOMS DECLARATION

(BC 2.2)

Each arriving Passenger/Crew must submit Customs Declaration (only one Customs Declaration per family is requi…

1. Full Name
2. Date o… Day ☐☐ Month ☐☐ Year ☐☐☐☐
3. Occupation
4. Nationality
5. Passport Number
6. Address in Indonesia (hotel name/residence address)
7. Flight or Voyage number
8. … ☐☐ Month ☐☐ Year ☐☐☐☐
9. Number of family members traveling with you (…
10. a. Number of accompanied b… PKG
    b. Number of unaccompanied … reverse side of this form)
11. I am (We are) bringing: Yes (✓) No (✓)
    a. Animals, fish and plants including their products (vegetables, food, etc).
    b. Narcotics, psychotropic substances, precursor, drugs, fire arms, air gun, sham object (ie. sword, knife …
    c. Currency and/or bearer negotiable instrument in Rupiah or other currencies which equals to the amount of 100 milion Rupiah or more.
    d. More than 200 cigarettes or 25 cigars or 100 grams of sliced tobacco, and 1 liter drinks containing ethyl alcohol (for passenger); or more than 40 cigarettes or 10 cigars or 40 grams of sliced tobacco, and 350 milliliter drinks containing ethyl alcohol (for crew).
    e. Commercial merchandise (articles for sale, sample used for soliciting orders, materials or components used for industrial purposes, and/or goods that are not considered as personal effect).
    f. Goods purchased/obtained abroad and will remain in Indonesia with total value exceeding USD 50.00 per person (for Crew); or USD 250.00 per person or USD 1,000.00 per family (for Passenger).

If you tick "Yes" to any of the questions number 11 above, please notify on the reverse side of this form and please go to RED CHANNEL. If you tick "No" to all of the questions above, please go to GREEN CHANNEL.

I HAVE READ THE INFORMATION ON THE REVERSE SIDE OF THIS FORM AND HAVE MADE A THRUTHFUL DECLARATION

(SIGNATURE) DATE (DAY/MONTH/YEAR)

Step 2

朝著入境或行李指標前進

下飛機後，沿著入境(Arrival)或是行李(Baggage)指標前進，到入境審查(Immigration)櫃檯辦理入境，再次叮嚀各位，若從CGK機場入境，以觀光旅遊來到印尼之國人為免簽。

朝著指標前往櫃檯辦理入境

辦理入境

來到入境審查(Immigration)櫃檯後，分為國內(Indonesian)與外國人(Foreigner)旅客入境櫃檯，辦理入境，若人員要求檢查回程機票，也請出示電子機票。入境蓋章後，請先檢查蓋章日期是否正確。

Step 4 領取行李

核對班機號碼與行李轉盤號碼後，依號前往等候行李，特別注意雅加達機場有時候因航線多，可能臨時更改輸送轉盤，不管如何，記住班機號碼，才能找到正確的轉盤位置。

Step 5 通過海關

領取行李後，往海關(Customs)方向前進，除了繳回填妥的海關卡，過海關有時需進行行李檢查，完畢後即可入境印尼。

領完行李前往海關

海關處往往需要再檢查一次行李

出境流程(Departure)

前往國際航廈並找尋出境指標

若在雅加達機場，建議先搜尋航空公司對應的出境門口，下車後可直接找到航空櫃檯，或是依循出境指標，前往航空櫃檯辦理登機。

下車後尋找出境指標

出境指標

檢視電子機票與護照

進入到航空櫃檯前，門口處會檢查電子機票與護照，確認無誤後，準備行李檢查。

行李檢查與安檢

檢查電子機票後，會進行第一次行李檢查與安檢，此階段還不需要將飲用水喝光或倒掉，主要是針對託運行李。

辦理登機

來到航空櫃檯出示護照並辦理登機，再次叮嚀，目前已不需要機場稅，因此拿到登機證之後，準備前往登機。

找到航空櫃檯後辦理登機證

辦理出境

沿著出境指標來到出境櫃檯後，在國外(Foreigner)旅客櫃檯依序排隊等候辦理出境，蓋章後也記得檢查出境章的日期是否正確。

入內後辦理出境手續

二次安檢與行李檢查

前往登機門的路途上，會進行第二次安檢，針對個人與隨身行李檢查，此階段飲用水可喝光或是倒掉。

二次安檢

安檢人員進行登機檢查

前往登機門

依照登機證上方，或是航廈顯示螢幕，找尋自己的登機門，等候班機，準備登機返臺。

找尋正確登機門前往登機

認識當地交通

常見交通工具

爪哇交通較不便捷，建議旅人購買手機預付網卡或是租借Wi-Fi機，到此旅遊時搭配導航可更順利前往景點。

公車(Bis/Bus)

各城市有政府經營的公車，以雅加達市區公車最為完善。

萬隆亦有市區公車

計程車與摩托計程車(Taksi & Gojek)

摩托計程車是印尼特別常見的交通選擇

不論搭乘哪一種計程車，建議都要選擇跳錶計程車，須注意普遍有低消，須超過Rp.15,000～20,000元不等。BLUE BIRD GROUP藍鳥為印尼大型車行，主要有BLUE BIRD以及PUSAKA兩種藍色外表的車體，辨識度高。而摩托計程車是印尼的特色，其中Gojek信譽度高，價格清楚。藍鳥與Gojek皆用APP叫車。

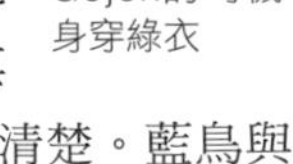

Gojek的司機身穿綠衣

PUSAKA也是藍鳥計程車系列

擋風玻璃上方BLUE BIRD字眼是辨識藍鳥最容易的方式

廂型小巴(Angkot)

廂型車無標示價格，難免發生抬價情況，往往車門沒關且無空調，較不建議搭乘。但有些郊區景點若無包車，則廂型小巴成了重要選擇，想搭廂型車，先看車頭與車尾標示的起點與終點辨識路線。通常搭一段(15分鐘路程)約Rp.3,000～5,000元。

廂型小巴貫穿各城市的重要交通

包車(Mobil Sewa)

如果你要造訪的景點，路途超過1小時以上建議包車，並將遠距離景點一併列入同天行程，包車一天約Rp.400,000～700,000元不等，隨著時數、車種及司機等影響價格，四城包車資訊附於各城的出發之交通介紹。

機場通常都有包車服務

各大城市仍然有不一樣的交通選擇

玩家提醒

搭車前的準備

部分印尼文單字冗長，為避免司機聽不懂我們說的目的地，不妨製作字卡，將要去的地方或景點，一張張準備好，搭車時配合拿出字卡詢問，減少搭錯的風險。

跨城客運(X TRANS)

與臺灣相似，爪哇也有跨城客運，客運分為大型與中型，穿梭於各大城市裡，不論是哪一種客運，如果車程距離在3～4小時以內，例如雅加達前往萬隆，搭跨城客運也是不錯的選擇；然而像是雅加達前往日惹，可能將近9小時的車程時間，若又遇上高速公路塞車，甚至需要超過半天時間，建議選擇搭飛機或火車較佳。

目前雅加達至萬隆往返的客運中，X TRANS十分常見，屬於中型巴士；各路段通常每1小時發車一次，價格於網站中清楚標示。於雅加達機場設有搭車點，可以直接前往萬隆。不過若是你會先到雅加達市區旅遊幾天，建議可直接於X TRANS位於中區的車站搭車。

X TRANS http www.xtrans.co.id

雅加達中區X TRANS客運Jl.Blora車站

X TRANS客運搭乘流程

於櫃檯買票

告知目的地以及乘車時間，服務人員大都可用簡單的英文溝通。

櫃檯買票　　買票時通常需要填入乘客資料

❶出發地與目的地
❷乘車時間
❸姓名
❹座位號碼
❺票價

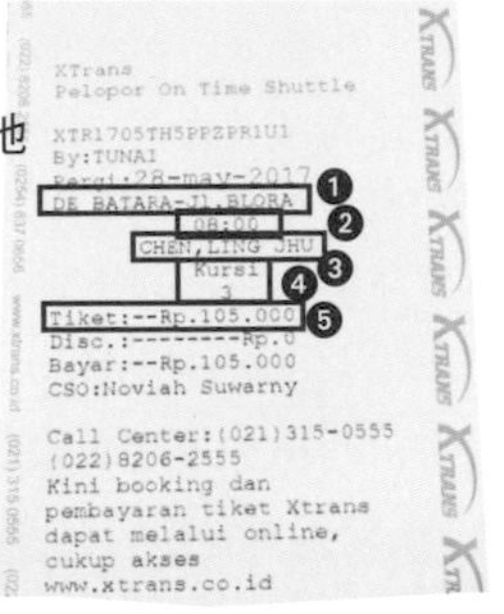

XTrans
Pelopor On Time Shuttle
XTR1705TH5PPZPR1U1
By:TUNAI
Pergi:28-may-2017 ❶
DE BATARA-Jl.BLORA
08:00 ❷
CHEN,LING JHU ❸
Kursi
3 ❹
Tiket:--Rp.105.000 ❺
Disc.:--------Rp.0
Bayar:--Rp.105.000
CSO:Noviah Suwarny

Call Center:(021)315-0555
(022)8206-2555
Kini booking dan
pembayaran tiket Xtrans
dapat melalui online,
cukup akses
www.xtrans.co.id

等候班車，對號入座

等候班車時，可以檢視班次路線表，確認客運進站狀況。上車之前，司機會檢查車票，詢問座位號碼，請各位對號入座，較大型行李放置後方車廂。

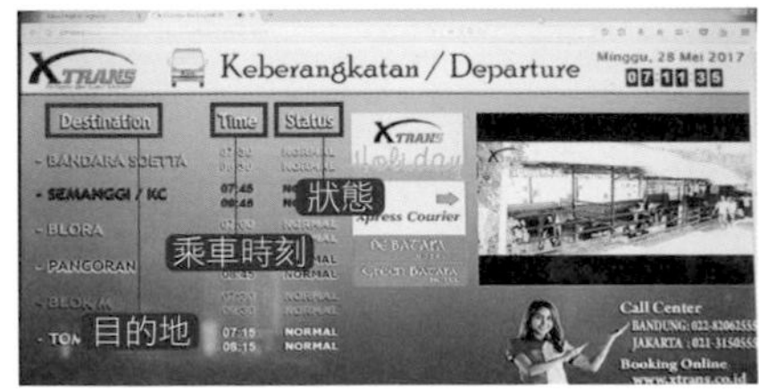

螢幕顯示班次路線表

Step 3 出發前往目的地

抵達目的地之前，通常會在高速公路的休息站稍作停留一次，讓乘客下車歇息或上廁所。抵達目的地後，不需驗票，可直接離開。

到站後即可直接離開

火車(KAI)

KERETA API INDONESIA (KAI)是印尼的國鐵，路線貫穿爪哇各重要城市，成為當地人返鄉的交通選擇；火車票以紙本車票為主，主要分為現場購買以及網路預訂兩種方式。建議提前於網路上買票，假設到了當日才買票，剩餘車票可能不多，尤其是每逢國定假日或連假時容易銷售一空，或是僅剩下等級較差的車廂。

印尼火車LOGO

車廂種類

「一分錢一分貨」很適合用來形容印尼的火車票，同一個班次的列車，有時存有不同的車廂種類，價格也隨之不同。車廂種類常見的為以下幾種等級，雖然還有其他車廂種類，由於品質較不優，在此不多贅述。

優良 **行政車廂(KA Eksekutif)**

座位環境與空間最優，品質較接近臺灣火車的搭乘環境。訂票時行政車廂有時也會有價格差異，不過價格區間不大。

中等 **商務車廂(KA Bisnis)**

座位環境與空間中等。

普通 **經濟車廂(KA Ekonomi AC)**

座位環境與空間普通。

Gambir火車站大廳

印尼火車外觀

玩家提醒

車站穿制服的服務員

車站總會見制服人員，提供提行李服務，需要額外付費，若不需要此項服務，在他們詢問時請明確婉拒。若是不確定搭乘月臺，有時候可詢問他們。

車站內時常看見服務員

巔峰時段乘客眾多

網站訂票流程

Tiket.com此網站購買火車票擁有英文頁面，國人操作更為容易。訂票前準備好護照以及信用卡資訊，因為訂票需要輸入這些資訊；再次叮嚀，請特別留意自己訂的票種，價格會影響車種品質。

http www.tiket.com(點kereta-api)

輸入乘車資訊與日期

若是單程票，請將TO的勾勾取消。

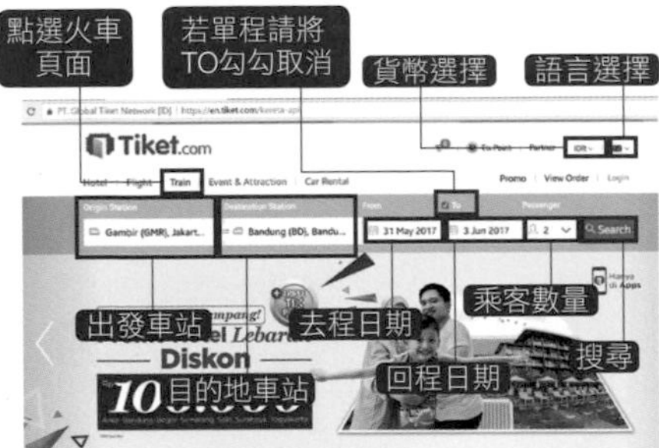

選擇搭乘班次

頁面清楚顯示各個時刻、票價以及車廂種類等資訊，確定搭乘的班次後，於右方按下預訂(Book Now)。

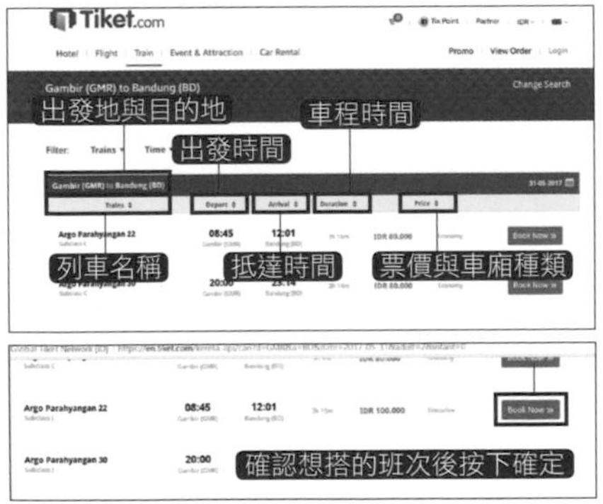

填寫個人資料與挑選座位

此頁面主要分為4個部分。

A：確認乘車資訊

仔細確認資訊無誤。

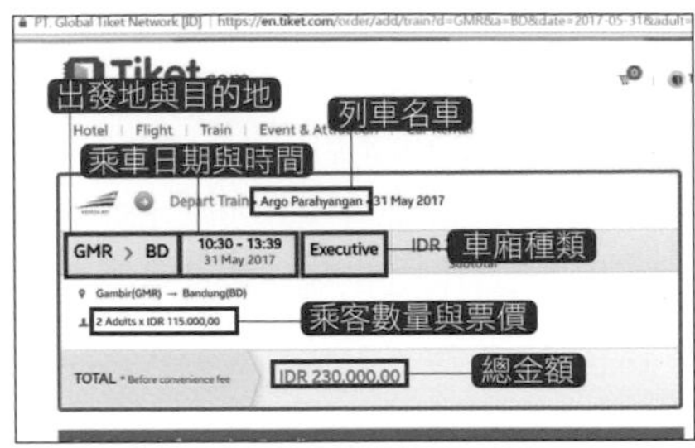

B：填寫聯絡人資料

每一樣資料務必填寫正確，電子信箱一定要留，以便預訂證明寄至信箱。

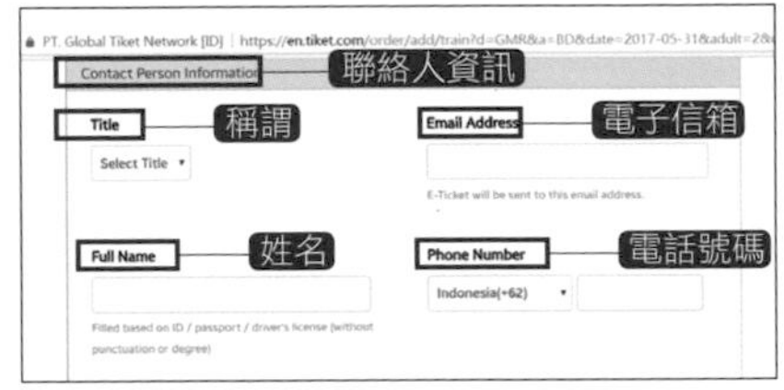

C：填寫乘客資料

姓名與辨別號碼(Identity Number)，建議參照護照上方的姓名與護照號碼。

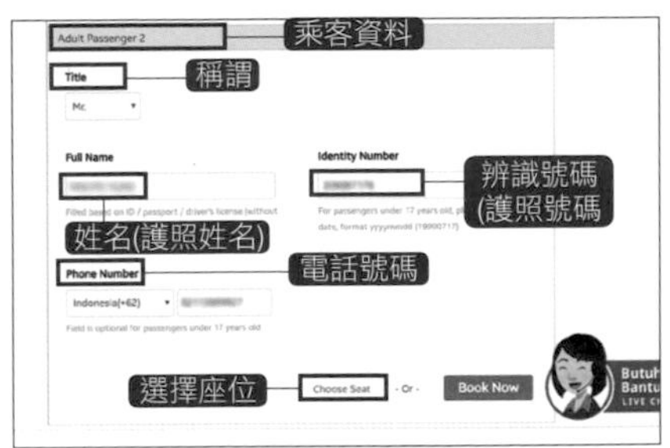

D：選擇座位

選完後請按下確認座位(Confirm Seating)，出現座位號碼後，進行付款(Pay Now)。

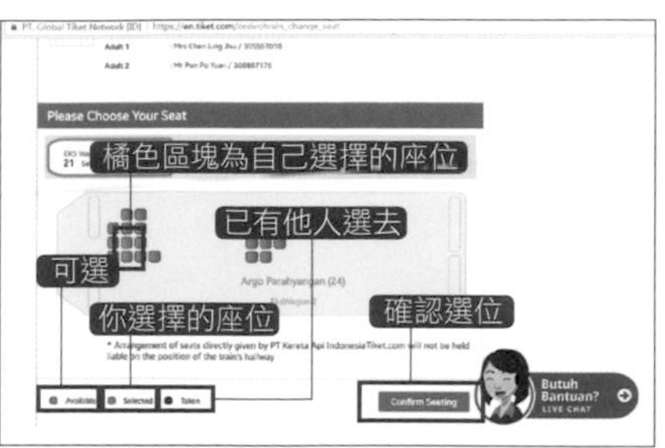

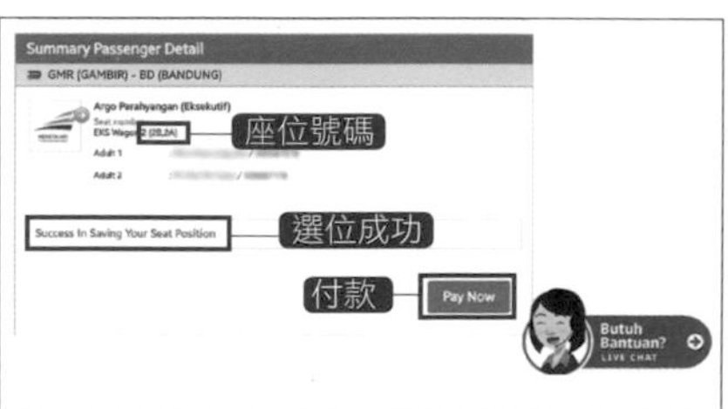

Step 4 付款

按下付款(Pay Now)後，開始進行付款程序。

A：選擇付款方式，若以信用卡付款，請點選信用卡(Credit Card)

B：填入信用卡資訊，往下點選完成預訂(Complete Booking)

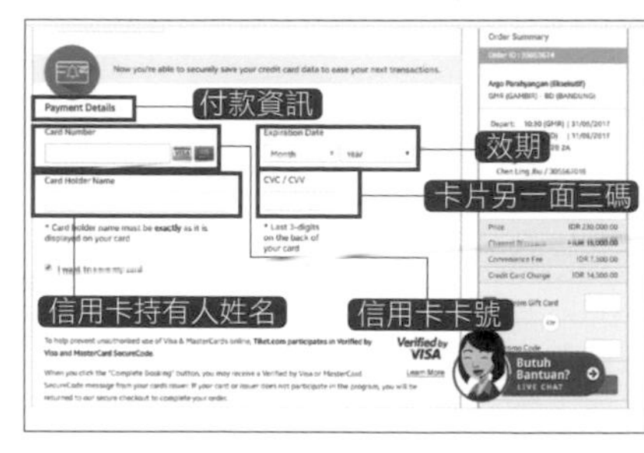

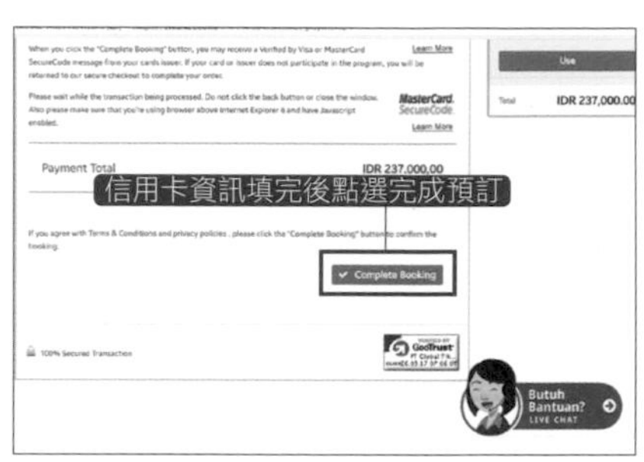

C：輸入信用卡驗證密碼Verified或Secure Code送出(無此頁面則進入下一步)

若不清楚自己設定的信用卡Verified或Secure Code，請聯絡信用卡客服，若無此頁面出現，則跳至下一步驟。

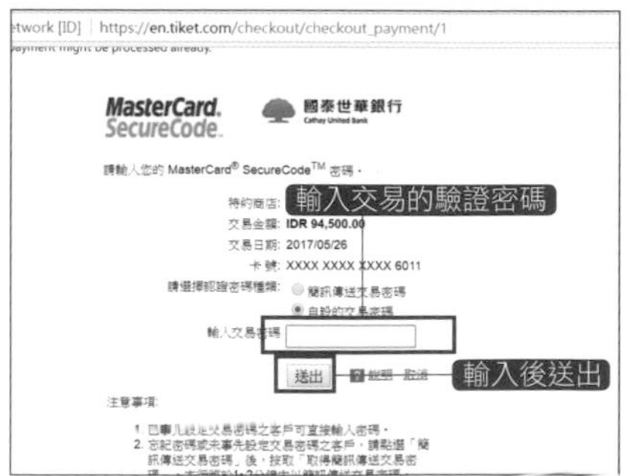

收取電子信箱內的火車票代碼

約10分鐘內會收到Tiket.com的來信，信件內文包含乘車資訊以及預訂代碼(Booking Code)電子檔，與網路上預訂機票類似，前往火車站時，記得將電子檔案存入智慧型裝置或是印出，到車站的自助報到機提領火車票。

Print this voucher and redeem the train ticket at the nearest station

Tiket.com　KERETA API

Name	Chen Ling Jhu
Departure Date	31 May 2017
Train Number	24

Booking Code ZX8BWW

Train Name	Argo Perahyangan
Train Class	EKSEKUTIF
Departure	31 May 17, 10:30 Gambir (GMR)
Arrival	31 May 17, 13:39 Bandung (BD)

Seat Number	EKS-2 / 2B 2A
Total Passenger	2
Ticket Price	IDR 230.000
Discount Channel	- IDR 15.000
Convenience Fee	IDR 7.500
Total Payment	IDR 0
Total Price	IDR 222.500

Need Help? Call our Customer Service at (021) 2963 3600 - cs@tiket.com

Terms & Conditions

Passengers above 17 years old are required to bring an original ID Card such as KTP, SIM (driver's license), Passport, KTA, Student Card and others.

Redeem the ticket at the nearest ticket counter

Cancellation or rescheduling should be done by the passenger for whom the reservation has been made by showing the passenger's ID card.

Cancellation can be done at least 30 minutes before departure time.

電子檔案

a.姓名／**b.**出發日期／**c.**列車號碼／**d.**列車名稱／**e.**車廂種類／**f.**日期與時間・出發地／**g.**日期與時間・目的地／**h.**預訂代碼與條碼／**i.**車廂號碼與座位號碼／**j.**乘客數量／**k.**金額

現場領票流程

若提前於網路購買，預訂完成並付款後，會得到一組預訂代碼，到火車站使用自助報到機列印火車票。

找尋自助報到機

自助報到機(CHECK-IN COUNTER)往往位於售票櫃檯附近，可先尋找櫃檯(Loket)的指標。

自助報到機櫃檯

列印火車票

列印火車票有兩個方式。

方法A：掃描條碼

信箱取得的電子檔裡面有條碼，掃描條碼後，螢幕會顯示乘車資訊，按下列印即可領取火車票。

方法B. 輸入預訂代碼

自助報到機的觸碰螢幕可輸入預訂代碼，輸入後會出現乘車資訊，一樣按下列印。

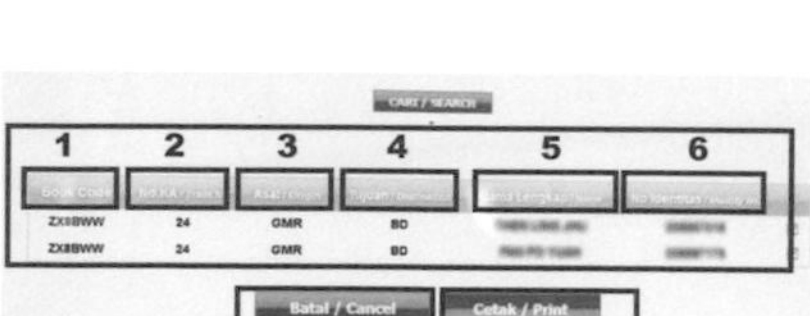

乘車資訊
1. 預訂代碼 2. 列車號碼 3. 出發車站 4. 目的地車站 5. 姓名 6. 辨別號碼

取火車票

領取火車票後，先檢查乘車資訊，無誤後前往搭車

按下列印印表機會出現火車票

櫃檯購票流程

車站現場櫃檯購買時，記得備妥護照或證件，購票流程十分簡單。

尋找售票櫃檯

Loket為印尼文的售票櫃檯，找到指標後朝方向前進。

售票櫃檯指標清楚

依序排隊購票

購票時請告知目的地，出示護照或證件。

售票櫃檯

班次確認後，前往搭車

找尋啟程(Keberangkatan/Depart)指標前往搭車。

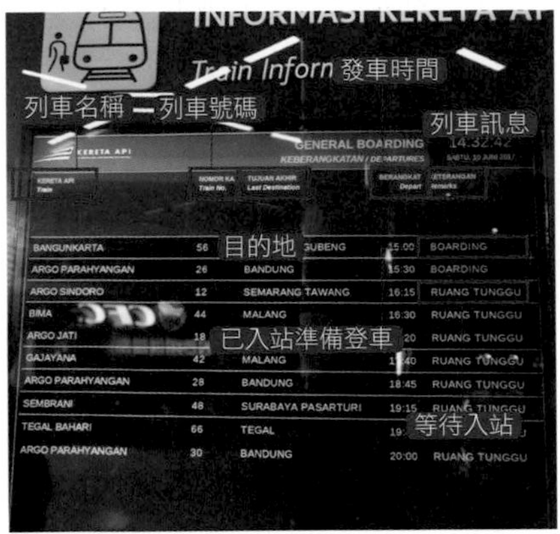

班次時刻表

讀懂火車票

購買媒介不同，車票樣式可能不同，不論是哪一種，只要資訊無誤即可。此火車票為網路預訂後，自助報到機提領的車票(Boarding Pass)。

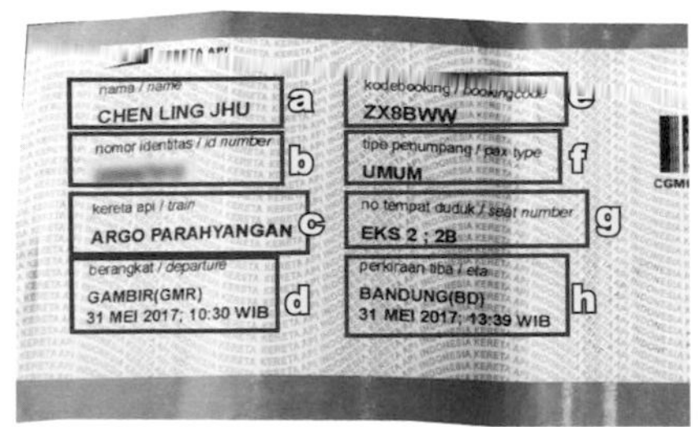

a.姓名／**b.**辨識號碼／**c.**列車名稱／**d.**出發車站．出發日期與時間／**e.**預訂代碼／**f.**票種，UMUM為一般票／**g.**車廂種類與號碼如：EKS2．座位號碼如：2B／**h.**目的地車站．抵達日期與時間

火車站圖示解釋

火車站可見許多圖示指標，這些圖案中，大部分圖示可以清楚理解。

a.售票櫃檯／**b.**服務處(台)／**c.**ATM提領區／**d.**廁所／**e.**鐵路飯店／**f.**禮拜室／**g.**出口／**h.**入口／**i.**商店區

火車搭乘教學

以下的搭乘經驗，以雅加達(Gambir)火車站前往萬隆(Bandung)火車站為例，購買票種為行政車廂(Eksekutif)，搭乘時務必攜帶車票與護照或相關可證明文件。

搭車注意事項

印尼的火車與臺灣相同，列車上有廁所，但若是一人前往搭乘，上廁所時請務必將貴重物品隨身攜帶。有時列車車掌會隨機抽查乘客的車票，因此入站之後，請勿將車票丟棄，以備車掌驗票之需。

依啟程指標，前往搭車

搭火車的入口通常距離售票櫃檯不遠，找尋啟程(Keberangkatan/Depart)指標，即可發現車站入口。

出示車票與證件進站

與搭乘飛機的流程相似，出示火車票以及證件，工作人員會核對上方資料。

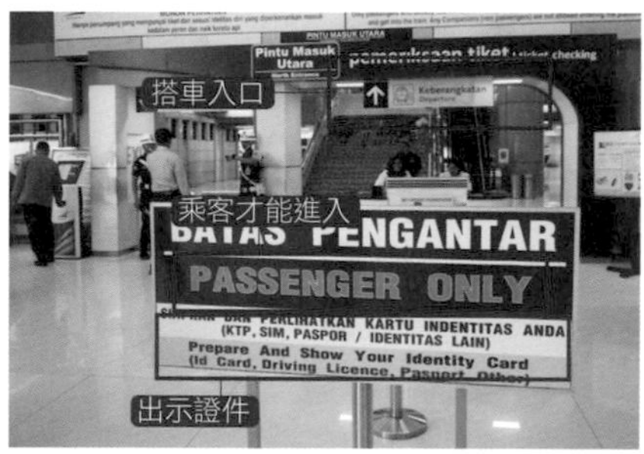

入口處備好車票與護照

核對車票資訊尋找月臺

火車票上方會註明列車名稱，不同列車分布於不同月臺，例如Argo Parahyangan列車位於1號與2號月臺方向。

月臺車道上等候火車

月臺的車道上方，設有跑馬燈，顯示即將進站的列車班次與時刻，特別注意印尼火車經常誤點，若擔心搭錯班次，可詢問站上人員。上車前請先禮讓乘客下車。

上車後請對號入座

火車各節車廂的門口，標示車廂種類與號碼，進入車廂後，每一個座位上方標示著號碼，請對號入座，行李可放置於座位最上方空間。

到目的地後沿指標出站

經過每站車上會廣播，到站後可先跟著人群走，或是依循抵達(Kedatangtan)前進。

四城交通對照

當你選擇一次玩遍兩個以上的爪哇城市，那跨城的交通路線則需要細心地規畫。下方針對4個城市的交通工具加以分享，特別注意，不同城市跨城時，有些交通工具是沒有提供的，又或者儘管有提供，但旅途過於遙遠，作者不建議選擇。

注意事項

1. 不論你選擇哪種交通方式，記得提前購票。
2. 近幾年印尼交通不斷進步，年年都有調整，以現場或官網資訊為主。
3. 火車上方有廁所，客運則無，但大都會在休息站歇息上廁所。
4. 由於每個城市的跨城客運車站不只一個(有時會調整)，請務必與車站確認有前往目的地再購票。

玩樂攻略

跨城究竟要選哪一種交通方式？

相信這對許多人來說，有時需要費時思考，其實倘若在爪哇純為旅遊或短暫停留，建議能搭飛機的路線就選擇搭飛機，因為火車經常發生誤點的情況，而客運在高速公路上，更有可能遇上塞車，像是從雅加達搭客運到萬隆，沒塞車2個小時多即可到達，但塞車時甚至要5～6個小時。

四城交通對照表

出發	雅加達 (Jakarta)	萬隆 (Bandung)	日惹 (Yogyakarta)	泗水 (Surabaya)
飛機	**→萬隆** 約35分鐘 機場HLP直飛BDO	**→雅加達** 約35分鐘 機場BDO有直飛HLP	**→雅加達** 約1小時 機場JOG有直飛CGK	**→雅加達** 約1小時半 機場SUB有直飛CGK
	→日惹 約1小時 機場CGK有直飛JOG	**→日惹** 約1小時 機場BDO有直飛JOG	**→萬隆** 約1小時 機場JOG有直飛BDO	**→萬隆** 約1小時半 機場SUB有直飛BDO
	→泗水 約1小時半 機場CGK有直飛SUB	**→泗水** 約1小時半 機場BDO有直飛SUB	**→泗水** 約1小時 機場JOG有直飛SUB	**→日惹** 約1小時 機場SUB有直飛JOG
火車	**→萬隆** 約3.5小時 Gambir車站→Bandung車站	**→雅加達** 約3.5小時 Bandung車站→Gambir車站	**→雅加達** 約7.5小時 Yogyakarta車站→Gambir車站	**→雅加達** 約12小時半 Surabaya Gubeng車站→Gambir車站
	→日惹 約7.5小時 Gambir車站→Yogyakarta車站	**→日惹** 約8小時 Bandung車站→Yogyakarta車站	**→萬隆** 約8小時 Yogyakarta車站→Bandung車站	**→萬隆** 約12小時 Surabaya Gubeng車站→Bandung車站
	→泗水 約12小時半 Gambir車站→Surabaya Gubeng車站	**→泗水** 約12小時 Bandung車站→Surabaya Gubeng車站	**→泗水** 約4小時半 Yogyakarta車站→Surabaya Gubeng車站	**→日惹** 約4小時半 Surabaya Gubeng車站→Yogyakarta車站
跨城客運	**→萬隆** 約3小時起 (不塞車的情況)	**→雅加達** 約3小時起 (不塞車的情況)	**→雅加達** 約12小時起 (不塞車的情況)	**→雅加達** 約15小時起 (不塞車的情況)
	→日惹 約12小時起 (不塞車的情況)	**→日惹** 約10小時起 (不塞車的情況)	**→萬隆** 約10小時起 (不塞車的情況)	**→萬隆** 約13小時起(不塞車的情況)
	→泗水 約15小時起 (不塞車的情況)	**→泗水** 約13小時起 (不塞車的情況)	**→泗水** 約8小時起 (不塞車的情況)	**→日惹** 約8小時起 (不塞車的情況)

(製表／PJ大俠，資料時有變動，訂票前請再次前往官網確認最新資訊)

住宿資訊

印尼住宿若與歐美相比，可說是超級實惠，與相鄰東南亞國家類似，印尼住宿價格划算且豐富多樣，有時臺幣1,000～2,000元就可享受四星飯店，若打算走經濟路線的旅客，也有不到臺幣1,000元的住宿選擇。

爪哇島的別墅(Villa)，價格昂貴的獨棟雙人或4人別墅，數量稀少，不像峇里島這麼多；普遍走的是價格便宜的實惠別墅，較像是臺灣民宿，以家庭式別墅居多，一棟別墅含有房間約3～4間。因此，訂購時要特別留意，別只看到Villa字眼且價格便宜就著急地訂購，或許與想像中的奢華風格有些區別。

所謂一分錢一分貨，建議在訂購前，先確認飯店照片，也可留意各大住宿網站中，投宿者的分享與評分，作為參考，找出滿意的類型。

早餐菜色總令人期待

印尼找尋舒適飯店即為容易(照片提供／Le Grandeur飯店)

各住宿類型價格分析表

住宿類型	價格區間 (臺幣)
別墅	實惠別墅2,000~5,000元 家庭別墅(3～4間房) 7,000～10,000元起
度假村	3,000 ～ 6,000 元
五星級飯店	2,500 ～ 5,000 元
四星級飯店	1,500 ～ 3,000 元
三星級飯店	800 ～ 2,000 元
一星與 二星飯店	600 ～ 1,500 元

(製表／PJ大俠)

玩樂攻略

齋戒月期間的特惠

印尼齋戒月期間，也就是開齋節之前，許多飯店推出齋戒優惠，價格往往比平常便宜許多，而餐廳、商店以及伴手禮店等業者，亦是如此，因此這期間到訪爪哇，可省下不少花費喔。

訂房網站推薦

目前市面各式各樣的訂房網站，普遍可透過網路訂購遠方城市的住宿，方便且簡單，下方的訂房網站，分享給讀者。訂購房間時，記得確認是否包含早餐、服務費與稅收等。訂購完畢也請保留訂單證明，帶至飯店辦理入住手續時使用，若你是透過信用卡訂房，也請將信用卡一併帶上，有些飯店會要求檢查信用卡，核對訂購人資料。

Agoda

http www.agoda.com/zh-tw

Trivago

http www.trivago.com.tw

Booking.com

www.booking.com

Booking.com

住宿注意事項

馬桶旁水龍頭／沖水水管

由於部分當地人上廁所習慣用水清洗而非用衛生紙清潔，因此飯店內的馬桶旁邊常見沖水水管，方便穆斯林使用。

房間內箭頭

房間內的箭頭，大部分出現於天花板，少些貼於牆壁或桌上，這些箭頭指引穆斯林朝拜時的麥加方向，一樣是方便穆斯林的設計。

禁菸非禁菸房

臺灣目前許多飯店全面禁菸，但在印尼仍未倡導，因此當地飯店不一定有禁菸房，如果自己十分排斥菸味，訂購飯店時務必確認有禁菸房型。

訂房前先確定房型是否為禁菸房(照片提供／Artotel)

馬桶旁水管可用來清洗

箭頭是指向麥加的方向

住宿類型

連鎖飯店

享譽國際的連鎖品牌，如Sheraton、Hilton、Holiday Inn等，作者在此不贅述，價格與臺灣相比，有時更為優惠。下方飯店品質與服務具有一定的水平，當然，印尼仍有其他不錯的飯店，可自行上網深入搜尋。

美居酒店(Mercure)

價格：約臺幣1,500～2,500元

分布位置：雅加達與泗水；萬隆與日惹目前為GRAND MERCURE系列

為ACCOR HOTELS酒店集團系列，世界各地的大城市往往能看見蹤影，房型走現代溫馨風格；Ibis亦為旗下飯店，價格更為實惠。

泗水的美居酒店房間帶些設計感

泗水的美居飯店提供健身室

桑蒂卡飯店(Hotel Santika)

價格：約臺幣1,800～2,500元

分布位置：雅加達、萬隆、日惹、泗水

為Santika Indonesia Hotels & Resorts飯店系列之一，遍布印尼各大城市，Hotel Santika系列房型典雅整潔，早餐豐盛，可享用多種印尼料理。

Santika房型簡約整潔

茂物的Santika早餐擺盤用心

法維飯店(favehotel)

價格：約臺幣800～1,500元

分布位置：雅加達、萬隆、日惹、泗水

為Archipelago International酒店集團系列，為經濟型飯店，風格活潑，價格實惠，而旗下另一品牌Aston房型風格沉穩內斂，亦深受旅客喜愛。

favehotel替許多經濟型旅客提供選擇

特色飯店

城市隨著歷史、人文以及當代流行，傳統建築、皇家風格、歐式貴族等，於爪哇島皆可略見一二。然而，並非所有特色飯店或住宿選擇，皆能符合大眾口味，端看個人喜好而定，有些人對傳統建築躍躍欲試，認為充滿當地氣息，有些人則興致不高。不論哪種，記得先確認住宿環境與品質，再做選擇喔。

爪哇傳統建築(Joglo)

印尼房子屋頂多為紅色瓦片，傳統屋頂有著類似斗笠經典造型，搭配木造或紅磚牆面，多為平房或兩層樓，特色鮮明，建築樸素中散發著悠久典雅的風範。加上屋頂如此的特殊設計，挑高的室內空間更加涼爽宜人。

傳統建築的房型喜好程度因人而異

日惹的Duta Garden房型傳統典雅

歷史悠久型飯店

有些飯店擁有的歷史地位，是無法抹滅的；這些飯店成為各城市地標，至今仍然營運，可別以為擁有悠久歷史，外觀就會特別老舊斑駁，部分飯店跟著時代走，不斷翻新整修，住宿品質保持一定水準。

日惹Grand Inna Malioboro歷史悠久

泗水Hotel Majapahit亦是城市的歷史地標

皇宮貴族風格

過去印尼曾有王朝貴族統治，也受過荷蘭殖民影響，許多飯店餐廳推出皇室風格，從裡到外，吊燈、沙發、梳妝臺、窗簾、床組等，打造華麗絢爛的氛圍。

環境雕欄玉砌

通訊與實用APP

網際網路

手機上網讓旅遊越加便利，尤其是使用導航找路，能省下不少麻煩，由於在印尼用英文問路，可能無法得到解答，因此作者強烈建議各位購買手機預付網卡或是租借Wi-Fi機，只要哪個景點或餐廳找不到，打開手機上網導航，立刻解決難題。

在臺灣購買手機預付網卡或是Wi-Fi機，雖然價格可能會比當地購買來的貴一些，但可省下當地找尋商家購買的時間，也省去溝通問題，目前國內有不少業者推出相關產品，以下商家皆可於網路上搜尋。

Kkday網站

http www.kkday.com/zh-tw/home

KLOOK網站

http www.klook.com/zh-TW/

翔翼通訊Aerobile網站

http www.aerobile.com/eshop/index.php

Sim PATI卡片外觀

TELKOMSEL SimPATI為大型電信公司

購買當地預付卡流程

若打算在印尼購買TELKOMSEL為印尼大型的電信公司，品質穩定據點多，可優先選擇TELKOMSEL SimPATI預付卡；各城市街巷中皆可找尋販售手機卡的商家，此類商家易辨識，櫥窗中裝滿各大電信的手機卡。各家預付卡方案五花八門，有些僅有通話功能，有些會同時包含網路；如1GB流量可使用1個月等，若確認預付卡餘額不夠使用，請店家加值，也可加值網路。

玩樂攻略

購買預付卡用語

以下為購買預付卡時會使用到的關鍵用語。

- 預付卡Beli sim Card
- 儲值Pulsa
- 網路加值Beli Internet paket

找尋自己想買的預付卡

前往商家，找出自己想購買的電信與方案，建議購買SimPATI預付卡。

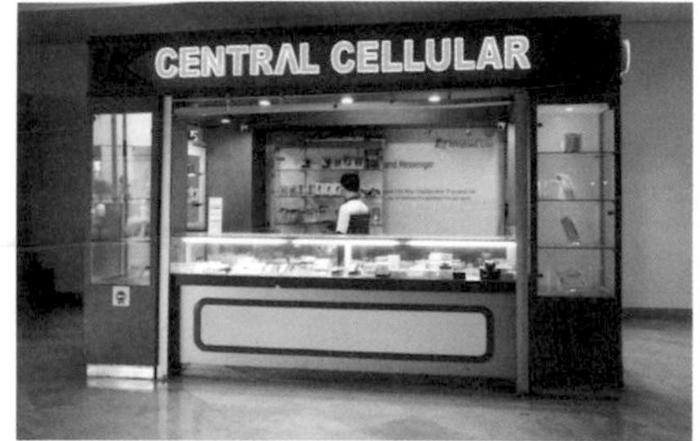

看見一張張預付卡排列在櫥窗，通常就是商家

選出想要的電信與方案

插卡開機

2018年03月起，若在印尼當地購買手機卡，強制規定開卡時需輸入ID資料，外國人須攜帶護照或居留證(Kitas/Kitap)至各大電信「門市」，應可辦理。然而電信政策常有調整，因此強烈建議請於臺灣先行購買或確認國內各大電信是否有漫遊優惠方案。倘若你已在印尼，附近沒有電信門市，可嘗試詢問本書介紹的一般店家，在買卡前先確認店家是否願意協助開卡，但機率可能不高，畢竟他是要用自己的ID替你註冊，且一個ID只能註冊三張Sim卡。

請店家協助開卡

確定預付卡無誤

別買完卡片就走人，記得確認可以撥號或上網

玩家提醒

購買網際網路注意事項

❶**價格**：各家方案不同(有無網路吃到飽影響價格)。

❷**使用天數**：預付卡方案普遍為固定天數的；Wi-Fi機則自己選擇天數。

❸**網路流量**：若為吃到飽，留意一天超過多少流量後，仍可上網但會降速。

❹**歸還問題**：預付卡隨使用天數到期即無效用，Wi-Fi機於回國後記得歸還。

當地TELKOMSEL預付卡餘額查詢

手機輸入*888#撥號，查詢餘額

輸入後，會跑出頁面，內文中Rp.數字為剩餘金額，有時需再點選Cekpulsa頁面才會顯示。

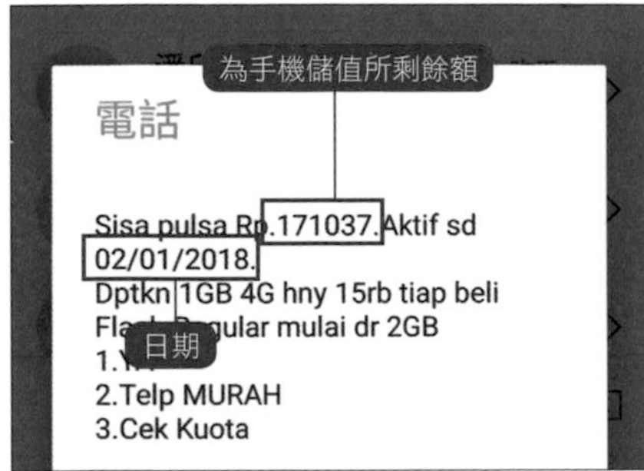

當地TELKOMSEL網路餘額查詢

手機輸入*363#撥號

輸入後再點選Cek Kuota，會跑出頁面或簡訊，內文中Rp.數字，為剩餘金額。

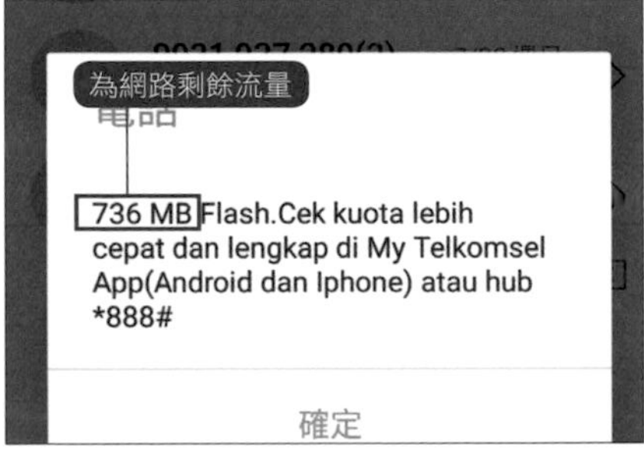

當地TELKOMSEL預付卡加值方式

想自行儲值網路流量之前請先確認手機金錢餘額足夠，另一方面，有時再點選Cek Kuota頁面會調整資訊，與作者提供有些不同，但只要掌握關鍵字，應可順利加值。

手機輸入*363#撥號

輸入*363#，選擇Paket Internet，有時會先跳出優惠頁面，不感興趣則按下方Paket Internet Lainya，Lainya為其他的意思。

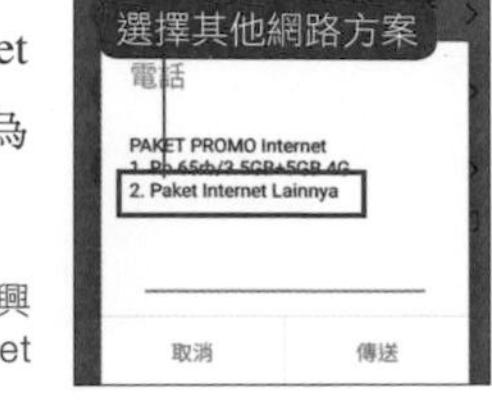

對於優惠方案不感興趣請按Paket Internet Lainya

選擇方案輸入號碼

選擇方案，如果選擇一週內網路方案，請輸入2按確定或傳送。

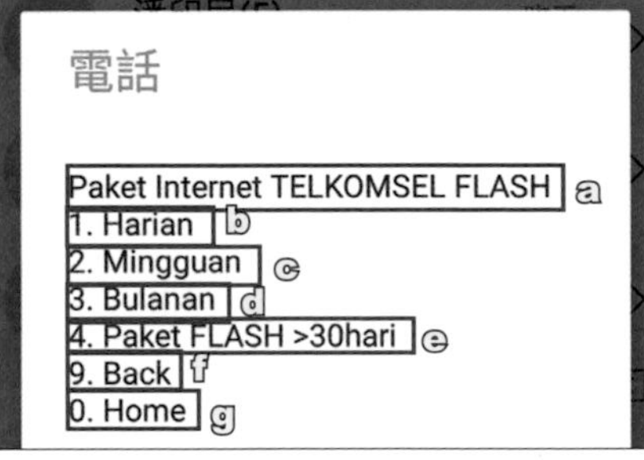

a.選擇網路方案／**b.**以天計算／**c.**以週計算／**d.**以月計算／**e.**大於30天／**f.**返回／**g.**回首頁

選擇流量後輸入號碼

選擇流量，如選擇1GB，請輸入2按確定。

確認購買

選擇Sekali Beli按確定，成功後應會收到簡訊通知。

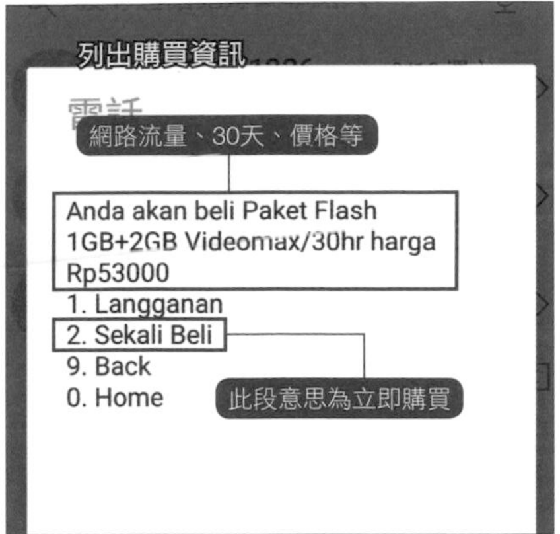

成功加值的簡訊，Terima Kasih為印尼文謝謝的意思

實用APP

實用的APP工具，讓旅程更便捷並且增進樂趣，以下APP分為語言、交通以及觀光等類型，出發前嘗試使用看看，希望對你有所幫助。

語言類

若英文程度適中的讀者，可使用英印辭典，單字量較多。

印尼中文翻譯

英語－印尼語詞典

交通類

以下兩款交通APP初次使用請先填入個人資料，並需要手機認證，最好用當地手機，以便司機聯絡。

Gojek

Gojek為印尼當地大型的摩托計程車平臺，不過特別注意，一些山區或偏遠地區，可能無法提供叫車服務。

Blue bird

Blue bird為大型的計程車行，遍布印尼重要城市，不過特別注意，一些山區或偏遠地區，可能無法提供叫車服務(使用方式請參考P.256)。

觀光類

Pesona Indonesia

介紹印尼各地旅遊特色、景點與餐廳等資訊。

Zomato

分享印尼城市雅加達與萬隆的餐廳介紹，輸入城市與欲鎖定的餐廳名稱，可看相關資訊。

旅行實用資訊

生活資訊

治安

目前爪哇島治安普遍安穩，當街行搶或是偷竊情況較少，然而到訪爪哇時，與旅遊其他國家無異，貴重物品盡量不露白，以防他人心生歹念。另一方面，近年世界各地發生恐怖攻擊事件，印尼也不例外，出入公共場所時，也請提高警覺。

貨幣與匯率

印尼盾(IDR)，又稱盧比(Rp)，匯率1 IDR(印尼盾) = 0.0027 TWD(臺幣)，由於幣值相差甚遠，結帳時務必確認金額，不妨善用手機計算機。

快速約略算法是，印尼盾金額去掉兩個0，除以4。例如：印尼盾10萬→100,000/4 = 約臺幣250元。

印尼硬幣(1,000、500、200、100)

印尼舊紙鈔仍然可以使用(10萬、5萬、2萬、1萬、5,000、2,000、1,000)

印尼新紙鈔(10萬、5萬、2萬、1萬、5,000、2,000、1,000)

電器使用

電壓為220v，插座使用兩孔圓形，務必留意電器的電壓，或是否有變壓器，以免電器損壞。

注意插座型號與電壓問題

雅加達各月分氣候

月份	1月	2月	3月	4月	5月	6月	7月	8月	9月	10月	11月	12月
最高溫	32	32	33	33	33	33	32	33	34	34	32	32
最低溫	25	25	25	25	25	26	26	25	25	26	24	24
氣候	雨季			乾季							雨季	

氣候

分為雨季與旱季，雨季約為11～3月；乾季為4～10月。屬於熱帶氣候，除山區較為涼爽外，爪哇平地普遍炎熱。然而近年氣候變遷明顯，出發前請先上網確認當地天氣。

衣著建議

四季如夏是印尼的寫照，與臺灣夏日氣候不相上下，應準備防曬用品，欲前往山區建議攜帶薄外套以備不時之需。爪哇易發生午後大雨，請一併攜帶雨具。

爪哇普遍氣候炎熱

飲水與衛生

印尼自來水不可飲用，建議購買礦泉水，而印尼便利商店非常多，不怕沒地方買水。而路邊攤的衛生程度應該是許多人關注的問題，由於每個人的飲食習慣與腸胃特性不同，有些人怎麼吃都沒事，有些卻一瀉千里，建議帶些腸胃藥，另外也可先觀察攤位是否有水源、冰箱，衛生程度會好一些。

習俗與禁忌

齋戒月穿著

齋戒月為穆斯林必經的歷練，旅客來到印尼不須隨俗齋戒，但白天應避免於公共場合吃東西。

女性專用區域

部分交通工具設置女性專用乘坐區域與車廂，標示以粉紅色居多，男性請稍加留意。

急難救助

駐印尼的臺北經濟貿易代表處，位於首都雅加達(Jakarta)，旅遊時應注意自身安全，若真發生緊急情況，應先保持冷靜，與代表處聯繫，告知情況並討論處理方式。

駐印尼臺北經濟貿易代表處 (Taipei Economic and Trade Office in Indonesia)
✉12th Floor (Service Division) and 17th Floor Gedung Artha Graha, Jalan Jendral Sudirman, Kav. 52-53, Jakarta 12190, Indonesia
http www.roc-taiwan.org/id/index.html
☎急難救助(62)811-984676；印尼境內直撥0811-984676
＊急難救助電話僅供緊急求助之用，非急難重大事件，請勿撥打。

四城揭幕

印度尼西亞，對於身處亞洲的我們應不陌生，聚集商人大展鴻圖，然而以旅遊性質踏上這片土地，親身探索印尼之美的人，對於國人仍是啟蒙階段。爪哇島是印尼人口密集度最高的島嶼，也是印尼旅遊的極佳選擇之一，雅加達繁華現代、萬隆天然奇景、日惹悠久遺跡、泗水華人風情，若是細細尋味，定會發現四城宛如瑰寶，透過時間的積累，醞釀出無數精華，這些美好，等著知音們一起發掘共賞。

跳城旅遊懶人包

不少人希望出國一趟，遊程能夠全面地規畫，甚至是跨足多個城市，如果假期足夠，超過5天以上，的確適合一次將爪哇的旅遊版圖拓展至2～4個城市，也正是作者形容的跳城玩法。

下方4種跳城玩法，依序為5、8、11以及15天，讀者亦可翻閱後方各城市行程，自行調整天數或城市，找出專屬的跳城玩法。另一方面，如果你並非短暫停留的旅人，而是旅居印尼，或是於印尼工作、求學與生活者，那麼恭喜你，你比其他旅人擁有更長的時間細細感受爪哇島，那此書提供的跳城玩法，亦可作成為你晉升深度玩家的初步指南喔。

婆羅浮屠

水宮

精簡實在—跳城5日游

跳城版圖 雅加達、日惹

路線 雅加達2日→日惹2日→雅加達1日(搭機回國)

推薦景點

雅加達：國家民族紀念碑、國家博物館、舊城區、縮影公園

日惹：婆羅浮屠、蘇丹皇宮、水宮、馬力歐波羅大街、夜間舞蹈表演

西爪哇省府

輕鬆自在—跳城8日遊

跳城版圖 雅加達、萬隆、日惹

路線 雅加達2日→萬隆2日→日惹3日→雅加達1日(搭機回國)

推薦景點

雅加達：國家民族紀念碑、國家博物館、舊城區、縮影公園

萬隆：覆舟火山、亞非博物館、安格龍快樂村、西爪哇省府

日惹：婆羅浮屠、普蘭巴南、蘇丹皇宮、水宮、馬力歐波羅大街、夜間舞蹈表演、蠟染DIY體驗

爪哇島在地餐點

日惹夜間舞蹈

❈盡情感受—跳城11日遊

跳城範圍 雅加達、萬隆、日惹、泗水

路線 雅加達3日→萬隆2日→日惹3日→泗水2日→雅加達1日(搭機回國)

推薦景點

雅加達：國家民族紀念碑、國家博物館、舊城區、縮影公園、野生動物園

萬隆：覆舟火山、牛奶湖、亞非博物館、安格龍快樂村、西爪哇省府

日惹：婆羅浮屠、普蘭巴南、蘇丹皇宮、水宮、馬力歐波羅大街、夜間舞蹈表演、蠟染DIY體驗

泗水：香菸博物館、英雄紀念碑、鄭和清真寺、潛水艇博物館

❈深度探索—跳城15日遊

跳城範圍 雅加達、萬隆、日惹、泗水

路線 雅加達4日→萬隆4日→日惹3日→泗水3日→雅加達1日(搭機回國)

推薦景點

雅加達：國家民族紀念碑、國家博物館、舊城區、縮影公園、野生動物園、茂物植物園

萬隆：覆舟火山、牛奶湖、亞非博物館、安格龍快樂村、西爪哇省府

日惹：婆羅浮屠、普蘭巴南、蘇丹皇宮、水宮、馬力歐波羅大街、夜間舞蹈表演、蠟染DIY體驗

泗水：婆羅莫火山、香菸博物館、英雄紀念碑、鄭和清真寺、潛水艇博物館

傳統戲偶

萬隆牛奶湖

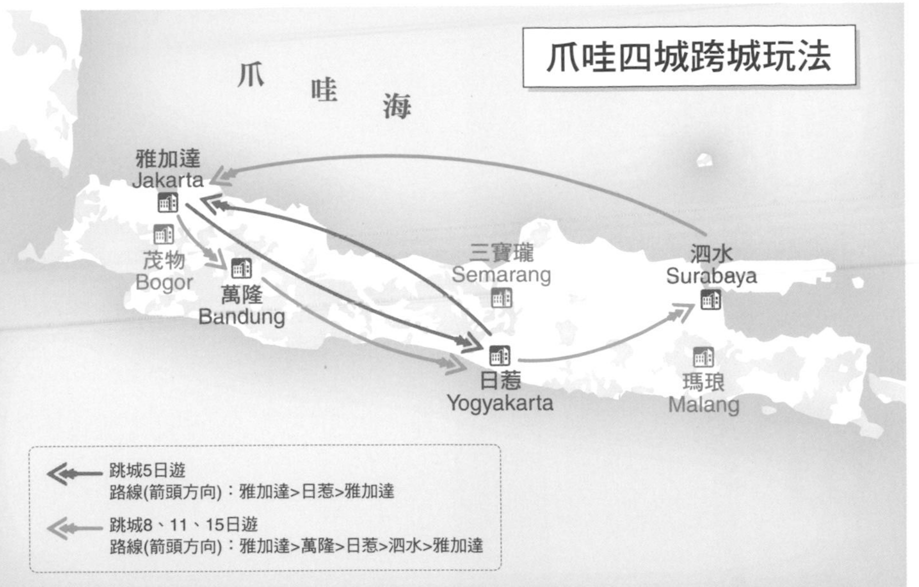

日惹皇宮

泗水潛水艇博物館

雅加達

Jakarta

踏入印尼首都，領會繁華璀璨之現代風貌

都市百貨購物趣

縮影公園了解印尼全貌

一睹爪哇舞蹈之魅力

傳統市集巡禮

必體驗樂事

野生動物園郊遊踏青

走訪雅加達舊城區

品味道地巴東菜

到博物館觀寶求知

雅加達 城市巡禮

商業人文匯集的繁榮首都

雅加達演變成印尼首都，已超過百年時光，屬於政治、經濟與教育之樞紐，匯集印尼各島人才，人文薈萃，人口密度擁擠讓塞車成為雅加達常有的現象。

記載無數歷史的首都，過去名為加雅加達(Jayakarta)，17世紀荷蘭人來到印尼，殖民時期的雅加達，稱為芭塔維亞(Batavia)。如今雅加達，擁有繁華現代風貌，耀眼璀璨，百貨商場林立，商業貿易熱絡，每年舉辦大型展覽、活動與賽事等，漸漸積攢成東南亞重要的城市之一。

雅加達旅遊解析

雅加達市區分為東、南、西、北、中，5個區域，北區擁有荷蘭殖民的痕跡，到法達西拉廣場一遊，感受過去與現代交織的歷史風情；中區佇立雄偉的國家紀念碑，訴說印尼獨立的堅定精神；東區縮影公園，將印尼各島文化濃縮於園區，一次盡收。雅加達的大眾交通是四城之中最便捷的，市區公車、城內火車、機場火車貫穿雅加達市區，未來幾年，LRT輕軌與MRT捷運更會陸續興建。總之，雅加達是座現代城市，同時保有歷史軌跡，古今並存的它，等著旅客細細共賞。

1.知名迎賓地標Selamat Datang周圍林立高樓大廈 / **2.**市區匯集豐富的人文藝術 / **3.**各式美食等著諸位品嘗 / **4.**爪哇建築富含異國特色

雅加達小檔案

名稱	Jakarta
位置	西爪哇
行政區域	特區首都
人口	約有 10,187,000 人
面積	661.5 平方公里
城市排名	國內第一大城
機場	Bandar Udara Internasional Soekarno-Hatta (CGK)
主要火車站	Stasiun Gambir (GMR)
跨城客運	X TRANS 客運 Jl.Blora 車站可至萬隆，泗水與日惹路程太遠，不建議建議搭乘客運

(製表／PJ大俠)

雅加達
交通介紹

前方行前準備篇，闡述爪哇整體情況，然而每個城市擁有專屬風貌，以下針對雅加達，分享更為詳細的叮嚀。

雅加達機場

雅加達有兩個機場，一個為Soekarno-Hatta機場，代號為CGK，靠近北邊，是雅加達主要機場，國際與國內航線繁多，臺灣直飛航線亦在此；另一個為Halim Perdanakusuma機場，代號為HLP，靠近南邊。

雅加達CGK機場第三航廈規格落落大方

CGK機場已提供部分中文指標

目前雅加達CGK機場有直飛臺灣的航線

機場前往雅加達市區

機場火車、計程車或公車皆可前往市區，入境後各自依循指標找尋乘車處。機場火車請先搭乘航廈輕軌(Skytrain)至機場火車站(Stasiun Kerata)，此站購票時又稱SHIA(BST)站，建議購買至雅加達Sudirman Baru(BNI City)站，較靠近中區，計程車確認目的地即可出發；公車可選Damri至雅加達市區。

航廈輕軌可前往機場火車站與其他航廈

公車站提供各路線交通

航廈內的機場火車站Stasiun Kereta指標清楚

雅加達前往其他城市

飛機

日惹與泗水可於CGK機場搭乘，而萬隆若需直飛則到HLP機場。

火車

Gambir是雅加達最大的火車站，不管前往哪個城市，大都在此火車站啟程。

客運

前往萬隆不塞車約費時2.5～3小時，建議可搭X Trans客運前往萬隆DeBatara車站，DeBatara鄰近萬隆Ciwalk鬧區；CGK機場也有其他客運直達萬隆的路線。由於雅加達距離日惹與泗水太遠，高速公路易塞車，不建議搭乘。

利用交通工具安排市區行程

雅加達市區行程可自己安排，公車與計程車雙管齊下不成問題，未來幾年輕軌捷運陸續興建完成後，交通將會更加便捷；然而郊區無便捷交通，甚至需搭乘廂型小巴或摩托計程車才能抵達，如茂物區以及本扎區，建議包車或請旅行社代辦行程，作者較推薦包車，可以自由規畫所去之處，價格Rp.500,000～800,000元。以下資訊供參考，也可自行於網路搜尋，若會印尼語，嘗試搜尋印尼文商家，價格會較優惠。

1.雅加達包車旅遊(可說中文)

http www.lin.co.id

2.千島國際旅行社(可說中文)

http www.nusarayatour.com/info.asp?id=1

Gambir火車站為雅加達市區的重要車站

市區公車(Transjakarta)

市區公車，為BRT設計，貫穿雅加達各區，搭乘方式不難，且公車系統發展已有一定程度，空間算乾淨，不妨多加嘗試。建議下載Transjakarta的APP對照路線。

市區公車地圖

http transjakarta.co.id/peta-rute

市區公車搭乘流程

STEP 1 進入公車站

STEP 2 櫃檯購買票卡

目前規定市區公車需用多功能卡搭車，類似悠遊卡，一張卡片為Rp.40,000，由各家銀行發行；卡片費Rp.20,000以及儲值Rp.20,000。

STEP 3 進站於閘門前感應票卡

每次搭乘費用為Rp.3,500元，不限里程，多人使用一張時，約過5秒後再換下個人感應。

進站(Masuk)閘門會顯示綠色

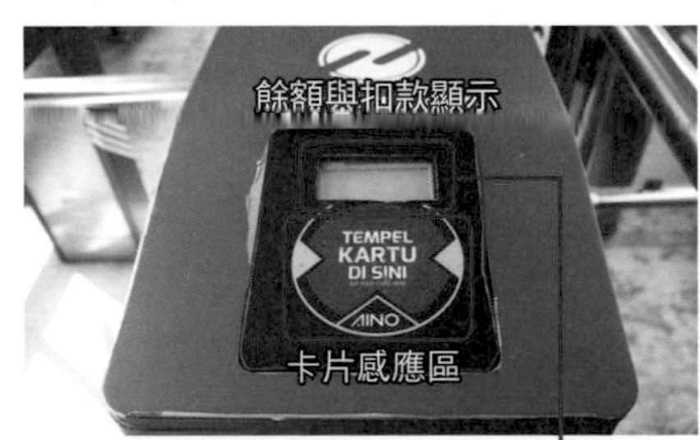

閘門上方此框為感應區

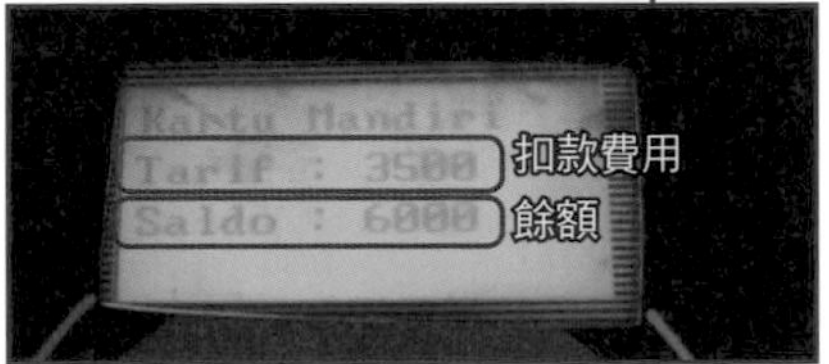

感應區會顯示扣款及餘額

STEP 4 確認搭乘路線等候公車

候車區上方標示路線與公車號碼，顯示螢幕更可得知進站時間與路線名稱，名稱通常為一條路線的兩終點站名，以辨識路線方向，請以螢幕上的最新資訊為主。

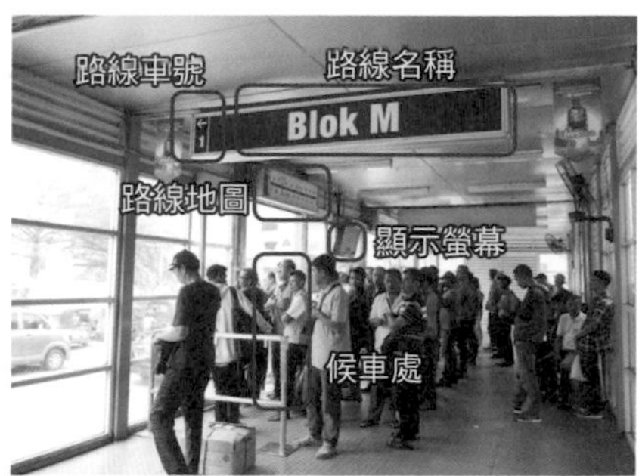

車站環境

同路線不同方向

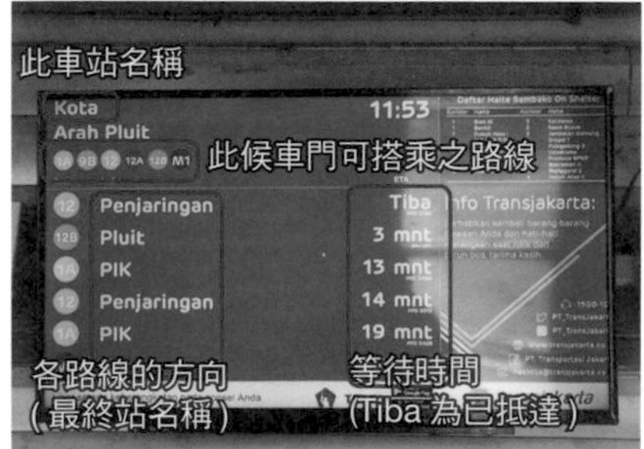

顯示螢幕

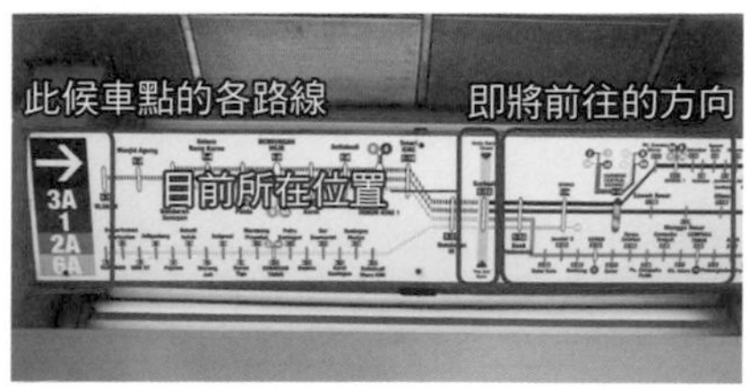

STEP 5 依序排隊上車

公車頭或側身顯示車號與路線，每一臺公車大都有配置一位車掌，若擔心搭錯車可與車掌再次確認。

車頭上方會顯示車號與路線

STEP 6 注意經過的車站準備下車

換路線轉乘不用出站（不用轉乘者請至 Step8）

下車後觀察上方轉乘(Transit)指標，前往欲搭的路線候車，有些車站較小，轉乘就在同一個地方候車。

出站時於閘門感應票卡

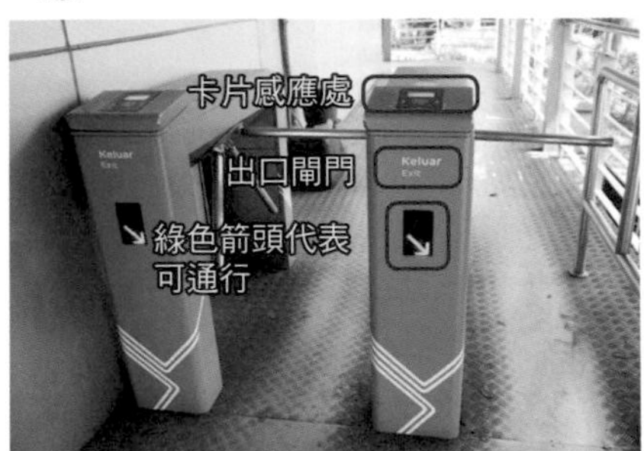

出口閘門

餘額查詢

可於櫃檯前方感應卡片餘額查詢餘額，若需加值每次最少Rp.20,000元。

車站櫃檯

感應後會顯示卡片餘額

玩家提醒

請依照規定搭乘公車

此4個圖案與臺灣類似，應禮讓老弱婦孺

此圖案表示此區域為女性專用空間之標誌

❁雅加達城內火車

雅加達城內火車(Commuter又稱KRL JABODETABEK)是連結大雅加達區的交通網絡，大雅加達區包含雅加達市區(Jakarta)、茂物(Bogor)、德波(Depok)、伯卡西(Bekasi)、丹格朗(Tangerang)等，是上班族通勤的選擇。建議下載APP掌握最新資訊加以確認城內火車路線與時刻表。(城內火車路線圖請參考P.108)

最新城內火車地圖

http jakartabytrain.com(點最上方THE MAPS→COMMUTER LINE ROUTE MAP)

城內火車LOGO

城內火車提供單次票卡

城內火車搭乘流程

櫃檯買票卡並告知目的地

目前使用票卡搭乘，包含卡片費Rp.10,000元(出站時退卡可歸還費用)以及搭車費若已有搭乘市區公車或機場火車，所購買的多功能卡(類似悠遊卡/由各家銀行發行)，大部分應可在此使用。

Commnter城內火車售票櫃檯

確認搭車時刻與月臺

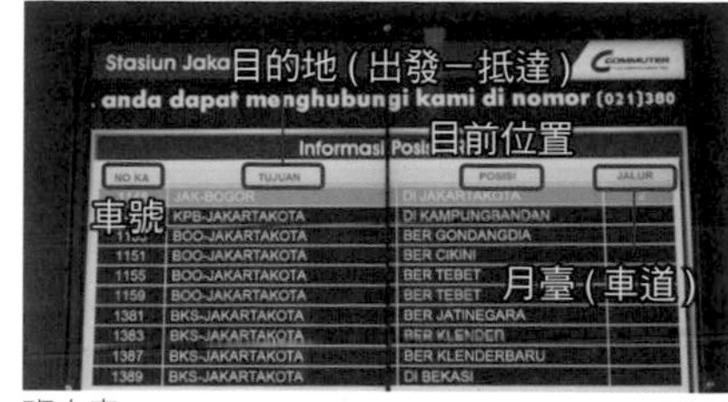

班次表

感應閘門進入車站

車站閘門

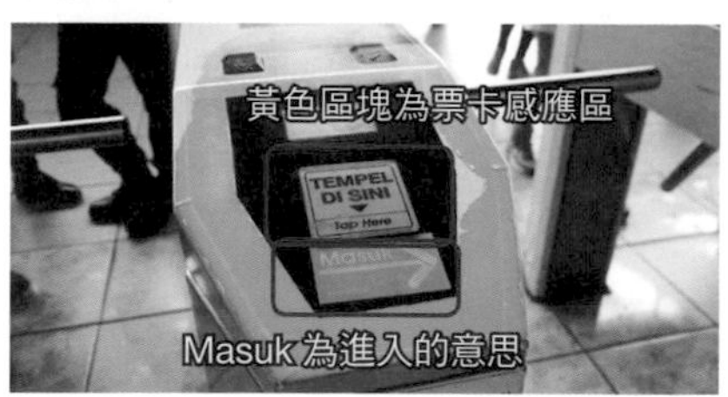

等候列車，入內後自由選座

列車經過每一站會廣播或顯示站別，車廂也有路線圖可參考。

粉紅色圖案代表為女性車廂，男性盡量不要進入

車廂環境

下車後感應閘門出站

下車後沿著出口指標前進，出站再次感應票卡。

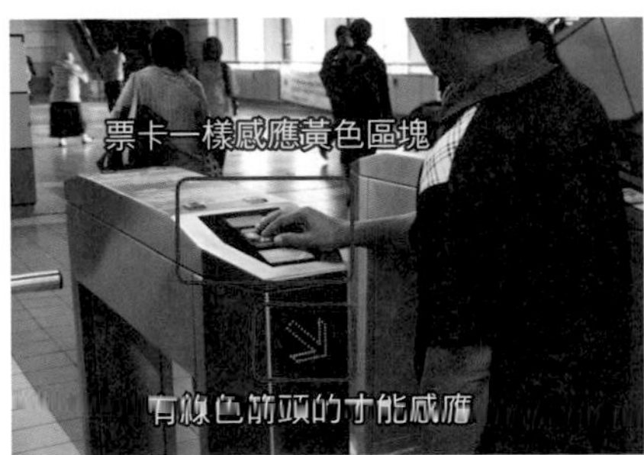

出站Keluar閘門

STEP 6 櫃檯退卡，拿回卡費

票卡感應櫃檯前方的機器後，歸還卡片

機場火車

雅加達大眾運輸近年來又添新選擇，機場火車RAILINK，又稱AIRPORT RAILWAY，從雅加達機場站SHIA(BST)延伸至市區，目前共5站，其中Sudirman Baru(BNI City)為大站，較靠近中區。

http twww.railink.co.id

機場火車外觀

現場購票方式

以信用卡、當地現金卡或Prepaid Card為主，信用卡需要認證碼，而Prepaid Card屬於感應卡片消費類型，可於現場購買多功能卡片，但人員上班時間為10:00～20:00。卡片工本費為Rp.20,000，依照所需車費進行儲值，只要卡內餘額足夠，亦可多人使用一張。若已有搭乘市區公車，所購買的多功能卡(類似悠遊卡/由各家銀行發行)，大部分應可在此使用。

現場購票流程

STEP 1 點選 BUY TICKET 購買車票

STEP 2 選擇票種

STEP 3 選擇車站

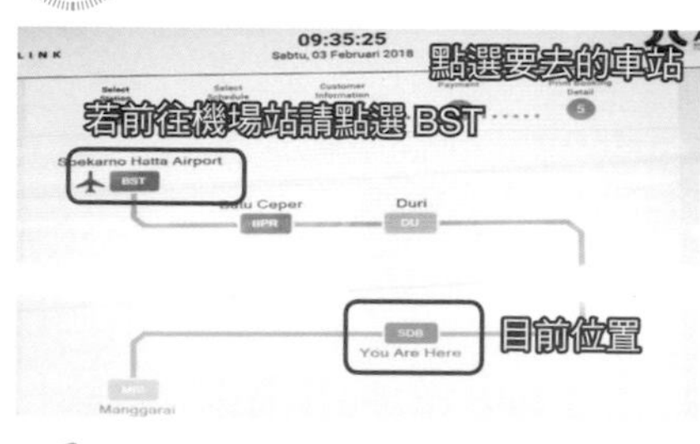

STEP 4 乘客數量與班次

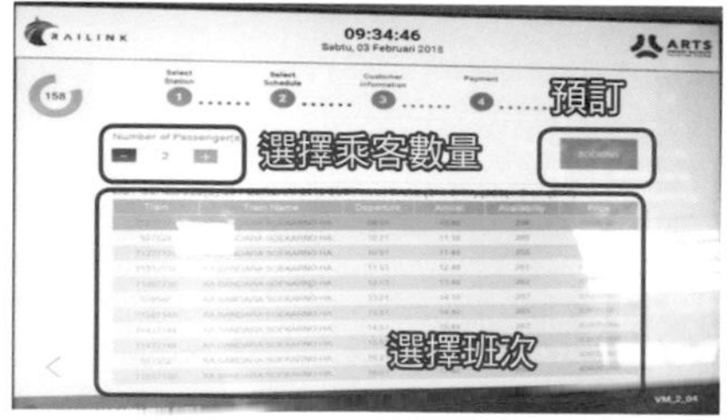

STEP 5 核對資訊

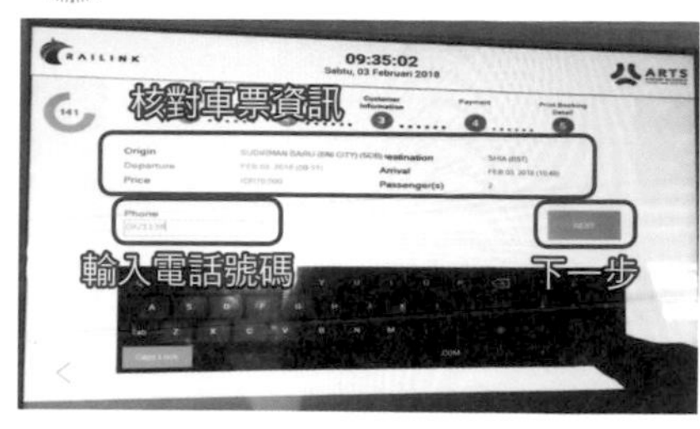

STEP 6 付費方式

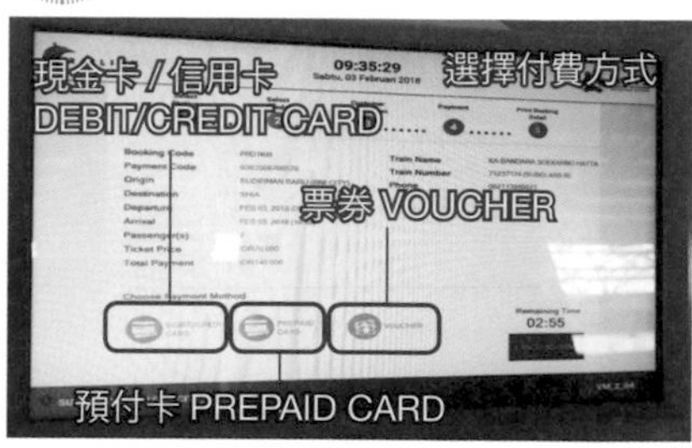

STEP 7 車票列印

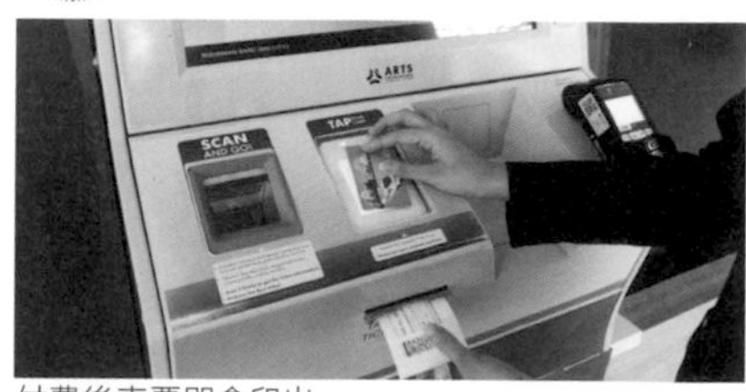

付費後車票即會印出

車票解析

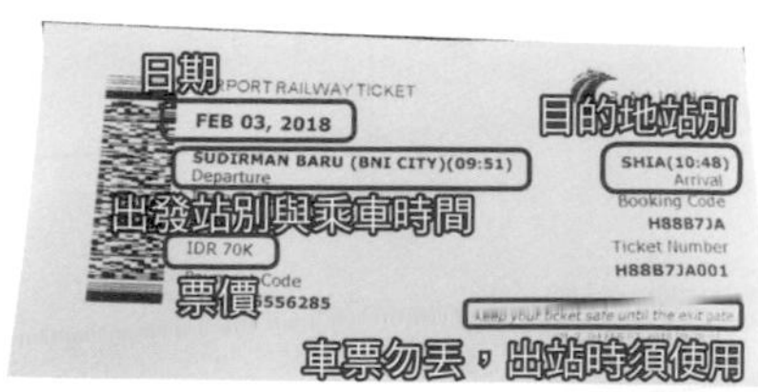

機場火車搭乘流程

前往搭車

購票後，沿著月臺指標前進

感應車票

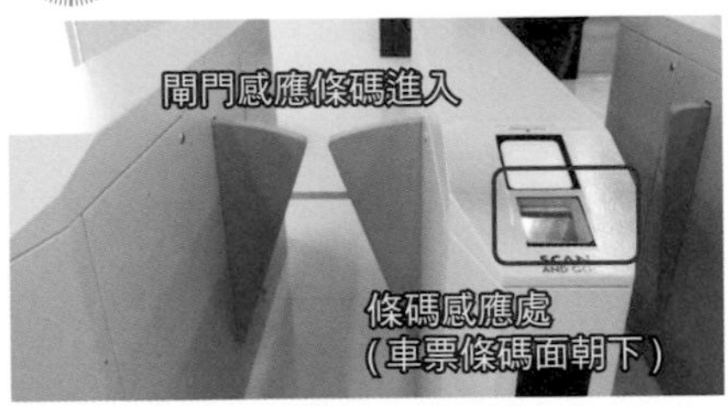

STEP 3

等候列車，依序上車

月臺上可見方向標示

出站感應車票

下車後出站需再次感應車票條碼

玩樂攻略

多功能卡的奧祕

此趟遊程打算搭乘市區公車、城內火車以及機場火車，購買一張多功能卡是必要的。多功能卡類似國內悠遊卡，但由多家銀行發行，可以搭車外，多半能於便利商店消費購物。儲值的話，車站櫃檯應會提供服務，若無提供，也可至便利商店Alfamart或Indomaret加值；不過加值時需注意最低限額，且酌收手續費。

輕軌與捷運

雅加達近期輕軌與捷運陸續興建中，在此先提供概略介紹，並懇請讀者配合至作者部落格《PJ大俠愛旅行。深活》追蹤最新資訊，亦可留言詢問作者。

LRT輕軌目前分為中央政府規劃3條以及雅加達特區規劃7條，其中椰城路線已動工，期望於2018年8月前通車。

MRT捷運目前規畫為2條，一條已動工，預計2019年通車。

印尼近年大規模興建交通建設中

❈市區觀光巴士(CITY TOUR)

觀光巴士為雅加達的城市旅遊便利性加分不少，巴士為雙層設計，可與市區公車清楚區分，目前有6條路線行駛，皆為免費搭乘。雅加達Day2景點皆可搭巴士一覽風光。(市區觀光巴士路線圖請參考P.109)

觀光巴士圖

transjakarta.co.id/peta-rute/(地圖右下角兩張小地圖中，左側那張即為觀光巴士地圖(Peta Layanan Bus Wisata Jakarta)

觀光巴士設計多種款式

市區觀光巴士搭乘流程

STEP 1 **找尋巴士站牌候車**

STEP 2 **上車後隨意找位置坐**

STEP 3 **到站即可下車**

玩家提醒

觀光巴士搭乘注意事項

1. 資訊時常更動，請依官網資訊為主
2. 商場Sarinah(見P.154)以及百貨Palaza Indonesia(見P.155)，也可搭乘觀光巴士。
3. 6條路線有些站會重疊，像是Monas紀念碑站，就有BW1、BW2、BW3以及BW4可到，可彈性調整搭乘方式。

巴士有不同色彩

巴士擋風玻璃前會標示路線

雅加達城內火車路線圖
Tangerang
Tanah Tinggi
Batu Ceper
Poris
Kali Deres
Rawa Buaya
Bojong Indah
Taman Kota
Pesing
Grogol
Duri
Angke
Kampung Bandan
Ancol
Tanjung Priok
Jakarta Kota
Rajawali
Jayakarta
Mangga Besar
Sawah Besar
Juanda
Gambir
Gondangdia
Cikini
Kemayoran
Pasar Senen
Gang Sentiong
Kramat
Pondok Jati
Tanah Abang
Manggarai
Jatinegara
Karet
Sudirman
Mampang
Palmerah
Kebayoran
Pondok Ranji
Jurang Mangu
Sudimara
Rawa Buntu
Serpong
Cisauk
Cicayur
Parung Panjang
Cilejit
Daru
Tenjo
Tigaraksa
Cikoya
Maja
Citeras
Rangkasbitung
Tebet
Cawang
Duren Kalibata
Pasar Minggu Baru
Pasar Minggu
Tanjung Barat
Lenteng Agung
Universitas Pancasila
Universitas Indonesia
Pondok Cina
Depok Baru
Depok
Citayam
Bojong Gede
Cilebut
Bogor
Bogor
Cipinang
Klender
Buaran
Klender Baru
Cakung
Kranji
Bekasi
Bekasi Timur
Tambun
Cibitung
Cikarang
Pondok Rajeg
Cibinong
Gunung Putri
Nambo
圖例
Tidak Berhenti 經過沒有停靠
Stasiun Transit 可轉乘之車站
Keberangkatan 啟程/出發
Tidak Aktif 未營運
部分車站常有異動，APP的地圖更新較慢，請以官網最新資訊為主。

市區觀光巴士路線圖

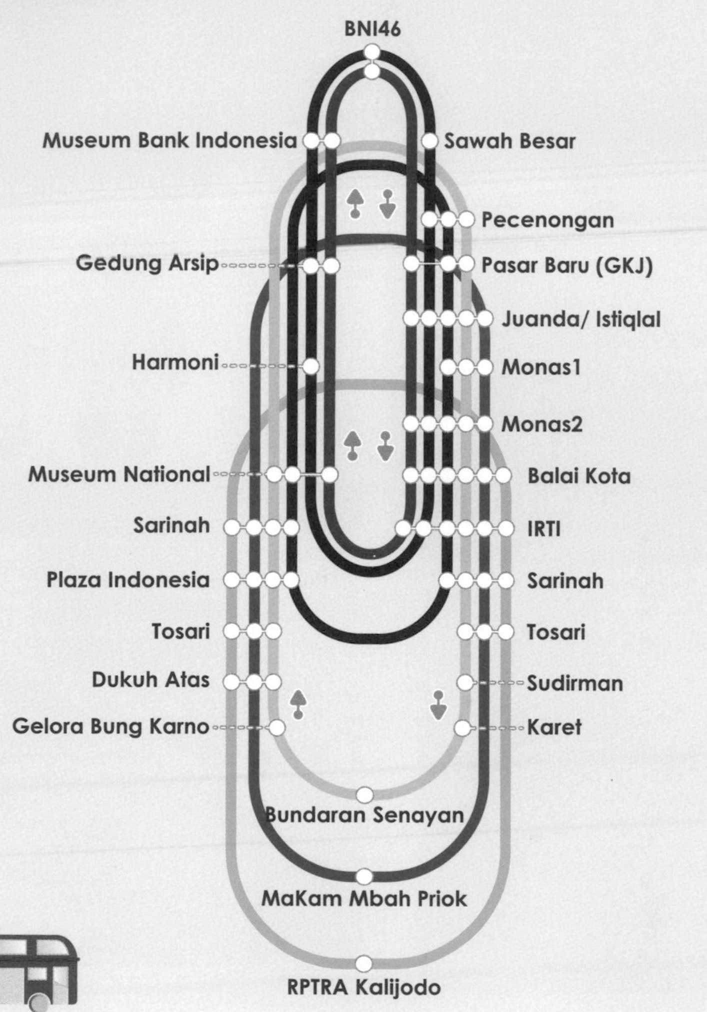

行駛時間

BW1
週一至週六10:00～18:00
週日12:00～19:00

BW2
週一至週六10:00～18:00
週日12:00～19:00

BW3
週六18:00～23:00

BW4
週一至週六10:00～18:00
週日12:00～19:00

BW5
週一至週五10:00～18:00
週六10:00～23:00
週日12:00～19:00

BW6
週六日13:00～21:00

雅加達 美食特搜

各城市蘊藏獨特美食，雅加達也不例外，芭塔維(Betawi)美食善用香茅、椰奶、椰糖與班蘭葉等，重視香氣。

推薦 芭塔維式搜多湯(Soto Betawi)

以牛肉作為主角，擺脫微酸口感，添入椰奶使湯頭更為濃厚，香氣十足。

烤蛋餅(Kerak Telor)

經典芭塔維小吃代表，外觀類似蛋餅，會添加糯米與椰絲餡料，當地人十分喜愛，然而作者認為國人接受程度可能兩極，建議先點一份試試。

看著攤販製作特別有趣

推薦 烏都飯(Nasi Uduk)

類似飯包，由米飯與小菜組成，米飯燉煮時添加椰奶與香料，因此瀰漫獨特飯香，小菜以蛋絲、小魚乾、黃瓜與花生居多，奢華版會加入肉塊或一顆蛋。

烏都飯為平民美食

烤蛋糕(Pancong)

印尼的烤蛋糕儘管不介紹，國人看到時應會覺得熟悉，品嘗起來也的確類似雞蛋糕，蛋香明顯，口感偏甜。

印尼烤蛋糕一口剛好

烤糕餅(Kue Rangi)

烤糕餅口感偏乾硬猶如餅乾，本身無特殊味道，所有香氣來自最後淋上的椰糖汁，美味與否見仁見智。

烤糕餅同樣建議先點一份試試味道

加多加多(Gado Gado)

印尼沙拉料理，將蔬菜淋上混合香料的花生醬，更添味蕾感受的層次。由於花生醬口味濃厚，習慣清淡口味的，可以請店家將醬料另外裝，自行調整用量。

椰糖球(Kue Gemblong)

椰糖球外頭包覆著厚厚一層糖霜表皮，類似麻荖，口感帶些嚼勁，糖霜伴隨入口，別有一番滋味，接受度高。

雅加達5天4夜懶人包

雅加達景點分為市區與郊區，市區景點大多集中於中區及北區；郊區落於茂物與本扎，鑑此，懶人包路線每天盡量以一區為主， 盡情地旅遊，時間不足夠的人，亦可一天安排兩區，來一趟精簡遊程。

Day 1 雅加達北區 (P.114)

法達西拉廣場 → 舊城區博物館群 → 安佐夢想樂園

Day 2 雅加達中區 (P.123)

新市集 → 伊斯蒂克清真寺 → 國家民族紀念碑 → 國家博物館

Day 3 雅加達東區與茂物區 (P.132)

縮影公園 → 茂物植物園 → 茂物紀念碑

Day 4 茂物本扎山區 (P.140)

野生動物園 → 山上牧場 → 莎麗巴羅伴手禮店

Day 5 雅加達北區 (P.149)

孫得傳統市場 → 海事博物館 → 唐人街 → 各大百貨公司

雅加達市區與郊區分布圖

坦格朗區
Tangerang

雅加達西區
Jakarta Barat

雅加達北區
Jakarta utara

商場
Mall Taman Anggrek

雅加達中區
Jakarta Pusat

雅加達東區
Jakarta Timur

勿加泗
Bekasi

蘇加諾-哈達國際機場
Bandar Udara Internasional Soekarno-Hatta

雅加達南區
Jakarta Selatan

縮影公園
Taman Mini Indonesia Indah

商場
Pacific Place Mall

德波區
Depok

哈利姆・珀達納庫蘇馬機場
Halim Perdanakusuma Airport

茂物區
Bogor

野生動物園
Taman Safari Indonesia

本札區
Puncak

雅加達北區 Kota Jakarta Utara

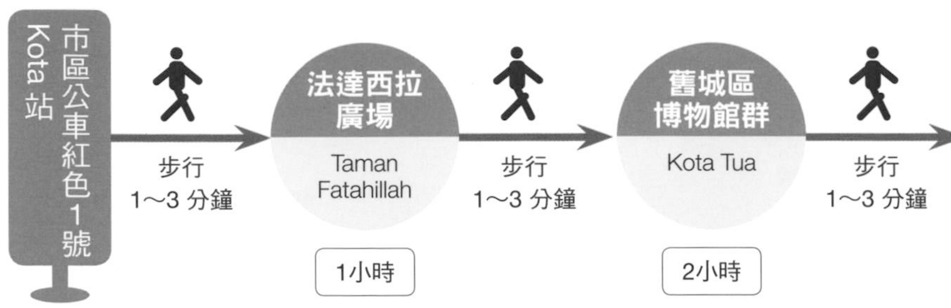

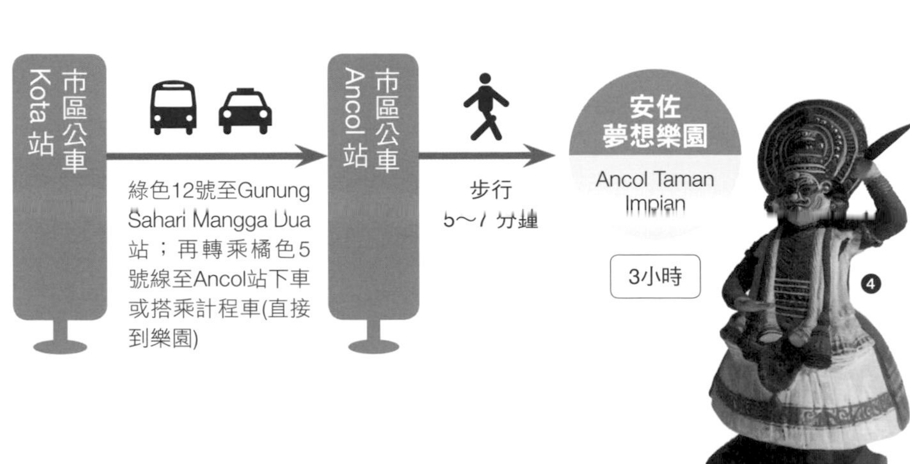

1.逛舊城區街道 / **2.**舊城區廣場 / **3.**藝術市集 / **4.**戲偶博物館

雅加達Day1北區地圖
此地圖為大略位置，由於印尼城市有許多錯縱複雜的小路與單行道，若是一併放入地圖可能過於凌亂難懂，請讀者配合手機導航，掌握精確位置。
爪哇海
安佐夢想樂園
Ancol Taman Impian
達拉嘎餐廳
Talaga Sampireun
市區公車站
Ancol
法達西拉廣場
Taman Fatahillah
美術博物館
Museum of Fine Arts and Ceramics
歷史博物館
Jakarta History Museum
歷史餐廳
Historia Food and Bar
芭塔維亞咖啡館
Café Batavia
戲偶博物館
Wayang Museum
銀行博物館
Museum Bank Indonesia
博物館
Museum Bank Mandiri
火車站
Stasiun Jakarta Kota
市區公車站
Kota
市區公車站
Mangga Dua
商場
ITC Mangga Dua
勒格朗德飯店
Le Grandeur
商場
WTC Mangga Dua
Jl. Matrim Raya
Jl. Ancol Barat VI
Jl. Puri Marina Raya
Pantai Indah
Pantai Indah
Jl. Lodan Raya
Jl. Pakin
Jl. Tongkol
Jl. Ancol Barat I
Jl. Karang Bolong Raya
Jl. Lodan Raya
Jl. Raya Pantura
Jl. Tol Pelabuhan
Jl. R. E. Martadinata
Jl. Budi Mulia
Jl. Budi Mulya Raya
Jl. Cengkeh
Jl. Kunir
Jl. Ke-mukus
Jl. Lada
Jl. Pintu Besar Utara
Jl. Jemb. Batu
Jl. Mangga Dua Raya
Jl. Mangga Dua Dalam
Jl. Ampera 7
Jl. Gn. Sahari Raya

荷蘭風華盡收眼底

法達西拉廣場

Taman Fatahillah

英文稱為Fatahillah Square，Fatahillah取自印尼英雄的名字。後來荷蘭人進入印尼，設立東印度公司，廣場改稱為芭塔維亞Batavia，是荷蘭人商業總部與生活重心，造就17世紀的貿易繁華。如今廣場蛻變為觀光景點，更是雅加達地區保有荷蘭遺跡之處，周圍佇立博物館與餐廳，各種舊有歐式建築環繞於廣場，空間瀰漫荷蘭風情，讓現代遊客的我們，親身與過往風華互動。假日來臨時，變魔術、打扮精心或穿上公仔服裝的街頭藝人置身於廣場；而攤位也順勢出沒，吃喝玩樂多如繁星，不介意吃路邊攤的人，挑個幾攤下手，價格大都親民，分量也不大，一路下來，能夠品嘗多道經典小吃。

Jl. Lada, Pinangsia, Tamansari, RT.7/RW.7, Pinangsia, Tamansari, Kota Jakarta Barat 無限制 (市區公車紅色1號線至Kota站，下車後步行約2分鐘即可見廣場) 1小時 街頭藝人若想合影需酌收小費 MAP P.115

1.廣場佇立著歷史博物館 / 2.若欲與街頭藝人合影，需酌收費用 / 3.廣場周圍充滿小吃攤位

1. 餐點美觀又可口/2. 餐廳保留荷蘭風情，營造精心浪漫的元素/3. 餐點講究擺盤與配色

瀰漫洋房懷舊風格的用餐環境

芭塔維亞咖啡館

Café Batavia

餐廳擁有200年歷史，扮演過多個角色，行政辦公室、藝廊以及咖啡館，成為一棟見證過去的古蹟。環境維持懷舊情調，保有荷蘭殖民的洋房設計，其中，牆面上布滿照片為餐廳特殊之處，就連廁所牆面也不放過。融合印尼、亞洲與西式餐點；料理重視擺盤，口感與美感兼具，喜愛看景的人別錯過二樓的窗臺座位，可眺望法達西拉廣場外，也能觀察人來人往的街景。

Jl. Pintu Besar Utara No.14 Jakarta Kota Jakarta Barat 021 691 5531 週一～週四 08:00～00:00；週五08:00～01:00；週六日或國定假日07:00～00:00 一人約Rp.35,000元起 市區公車紅色1號線至Kota站，餐廳位於廣場) 1小時 www.cafebatavia.com 多人聚餐建議提前訂位 MAP P.115

喝杯印尼經典咖啡享受茶點時光

歷史餐廳

Historia Food and Bar

歷史餐廳帶些復古氣息，營造出慵懶悠閒的典雅風格，十分適合來此享用茶點，主推印尼料理，沙嗲、炒飯以及經典湯品之餘，多樣化的印尼點心，像是炸春捲、炸香蕉、豆餅片等，也令人食指大動。對於各式異國咖啡躍躍欲試者，推薦點點咖啡Kopi Tubruk，為印尼經典咖啡之一，泡法率性簡單，沒有特別過濾咖啡渣，飲用時咖啡渣載浮載沉，風味獨特。

Jl. Pintu Besar Utara No. 11, RT.04 / RW.06, Pinangsia, Jakarta Barat 021 3176 0555 10:00～21:00 一人約Rp.35,000元起 市區公車紅色1號至Kota站，餐廳位於戲偶博物館同側 1小時 MAP P.115

1. 餐廳打造慵懶自在的環境/2. 特色炸香蕉甜點令人驚豔/3. 餐點以印尼菜居多

深度特寫

舊城區博物館群

探究印尼過去 走訪博物館

戲偶博物館 Wayang Museum

Wayang意思為印尼文的戲偶，顧名思義，博物館珍藏大小無數的戲偶，共含5,000多件戲偶精品，讓人盡情遊覽。戲偶代表著亙古流傳的印尼文化與藝術，以皮影戲(Wayang Kulit)與木偶戲(Wayang Golek)兩種最為出名，博物館皆細心收藏，更蒐集他國戲偶，如中國、馬來西亞、越南、印度與歐洲等，各個匠心獨具。

Jl. Pintu Besar Utara No.27, RT.7/RW.7, Tamansari, Pinangsia, Kota Jakarta Barat 021 692 9560 週二～週日09:00～15:00 (週一與國定假日休館) 一人Rp.5,000元；小孩Rp.2,000元 市區公車紅色1號至Kota站，位於法達西拉廣場旁 1.5小時 MAP P.115

1.2.3.亦有蒐藏其他國家的戲偶 / 4.戲偶博物館外觀

歷史博物館
Jakarta History Museum

廣場上聳立的歷史博物館，建於西元1707年，是廣場的主要地標，更是遊客爭相合影的區塊。博物館過去為荷蘭殖民時期的市政廳，如今化身成博物館，珍藏文物模型，保留古董家具。由於博物館本身亦為文物，光是走入館內即置身於歷史中，不禁讓人聯想當時的繁華風貌。

✉Jl. Taman Fatahillah No.1, Pinangsia, Tamansari, Kota Jakarta Barat ☎021 692 9101 🕘週二～週日09:00～15:00 (週一與國定假日休館) $一人Rp.2,000元 ➡市區公車紅色1號至Kota站，位於法達西拉廣場 ⌛1.5小時 MAP P.115

1.博物館保有荷蘭殖民時期的文物 / 2.整座廣場除了歷史博物館，亦有不少充滿荷蘭風情的建築

1陶器也是博物館的蒐藏主題 / 2博物館外觀顯眼

美術博物館
Museum of Fine Arts and Ceramics

館內展示印尼畫作與陶瓷，為雅加達探索藝術之絕佳去處，收藏西元1880年至今的藝術品，透過年代作為分界點，靜賞各時期展品，從現代探往過去，知其精髓與脈絡。值得一提的是，印尼知名藝術家Raden Saleh、S. Sudjojono、Affandi等大師作品在此展示，藝術愛好者千萬不要錯過。

✉No2., Jl. Pos Kota, RT.9/RW.2, Daerah Khusus Ibukota Jakarta, Jakarta Barat ☎021 692 6090 🕘週二～週日09:00～15:00 (週一與國定假日休館) $一人Rp.5,000元；小孩Rp.2,000元 ➡市區公車紅色1號至Kota站，位於法達西拉廣場旁 ⌛1.5小時 MAP P.115

銀行博物館
Museum Bank Indonesia

整體大氣質感佳，為雅加達不可多得的博物館，內部運用許多創意有趣的設計來介紹銀行，像是插畫風格的故事牆面、收藏歷代印尼的貨幣與紙鈔，更收集他國紙幣，竟連臺灣早期紙幣也收藏於此，參觀時不妨探究其原貌。

✉Jl. Jembatan Batu No.3, Pinangsia, Tamansari, Kota Jakarta Barat；Jl. Pintu Besar Utara No.3, Jakarta Barat ☎021 2600 158 🕘週二～週五07:30～15:30；週末08:00～16:00 (週一與國定假日休館) $一人Rp.5000元 ➡市區公車紅色1號至Kota站，位於Kota站對面 ⌛1小時 http www.bi.go.id/id/tentang-bi/museum/Default.aspx ❓包包需要寄放 MAP P.115

1.銀行博物館十分鄰近舊城區廣場 / 2.透過漫畫方式讓遊客認識貨幣

1.海灘區是消暑去熱的地方 / 2.安佐海洋生態館 / 3.樂園裡也有芭塔維文化的Ondel-ondel模型 / 4.海洋生態館內有海底隧道 / 5.藝術市集進駐眾多畫家

花上半天盡情遊樂

安佐夢想樂園

Ancol Taman Impian

屬於市區內大型遊樂園，假日總是人山人海，涵蓋水上活動、遊樂園與海灘等，結合自然元素以及機械遊樂設施，全面且精采。

夢想世界(Dunia Fantasi)

機械式遊樂設施，適合追求刺激的人。

海洋樂園(Ocean Dream Samudra)

水上表演區，包含海洋動物與人物競技表演。

水上樂園(Atlantis Water Adventure)

提供水上遊樂設施，戲水空間。

藝術市集(Pasar Seni)

市集展售多元的藝術作品與紀念品店。

阿利安生態公園(Allianz Ecopark)

結合多種戶外冒險設施，如漆彈、溜索、獨木橋等。

海灘公園(Taman Pantai)

開放海灘戲水，感受自然海水的魅力。

安佐海洋生態館(Seaworld Ancol)

充滿各式海洋生物，更有海底隧道，仰望魚兒游過瞬間。

纜車(Gondola)

纜車靠近海邊，搭乘纜車時景色宜人。

動物區(Faunaland)

屬於小型動物園，面積約有5公頃。

Jl. Lodan Timur No.7, RW.10, Ancol, Pademangan, Jakarta Utara 021 29 222 222 09:30～17:00 入園票Rp.25,000元各園區需額外付費；停車費Rp.25,000元 市區公車橘色5號至Ancol站，出口銜接園區入口 2.5～3小時 www.ancol.com/en 各個園區開放時間與票價時常異動，出發前再次進官網確認 MAP P.115

坐擁湖畔景色的傳統餐廳

達拉嘎餐廳 Talaga Sampireun

湖畔風景是餐廳最大特色，享受餐點的同時，朝著湖水望去，同時滿足視覺與味覺。餐點主打印尼經典料理，深刻地表達印尼菜的不同巧思。假設為獨自或是少數人前往，也無須擔心，餐廳仍提供適合個人與少數人的套餐。

1.池子魚兒等待用餐者餵食 / 2.餐點現點現做需要等候一些時間 / 3.印尼炒飯接受度高香氣十足

安佐夢想樂園內 021 6470 0400 10:00～22:00 一人平均為Rp.80,000元 市區公車橘色5號至Ancol站 1小時 MAP P.115

1.飯店房型滿足不同屬性的旅客/ 2.飯店附設餐廳 / 3.部分房型設有客廳 / 4.5.飯店擁有多種休閒設施 (1.2.2.3.4.5.照片提供／Le Grandeur)

擁有舒適宜人的住宿品質

勒格朗德飯店
Le Grandeur

飯店距離安佐夢想樂園不遠，價格親民實在，具有一定品質，成為遊客的選擇。共有350間客房，房型格局舒適溫馨，游泳池、Spa、桑拿室、健身室、兒童遊憩室等，設施齊全，打造適度的休閒設施。值得一提的是早餐提供的百匯料理，匯集各種異國風味，印尼式、西式、中式、日式等，更有師傅現場製作拉麵，畫面生動。為因應華人市場，Le Grandeur飯店提供中文服務人員，這對不擅長英文或是不懂印尼文的遊客來說，可省下溝通的問題；不過櫃檯並非每天各時段皆派上中文櫃檯人員，需要碰碰運氣。

Jl. Mangga Dua Raya, RT.1/RW.12, Mangga Dua Selatan, Sawah Besar, RT.1/RW.12, Mangga Dua Sel., Sawah Besar, Kota Jakarta Pusat 021 612 8811 $ 雙人房一晚Rp.1,100,000元起 市區公車綠色12號至Mangga Dua站，飯店位於Mangga Dua站附近 http legrandeurhotels.com/jakarta MAP P.115

Day 2

雅加達中區 Kota Jakarta Pusat

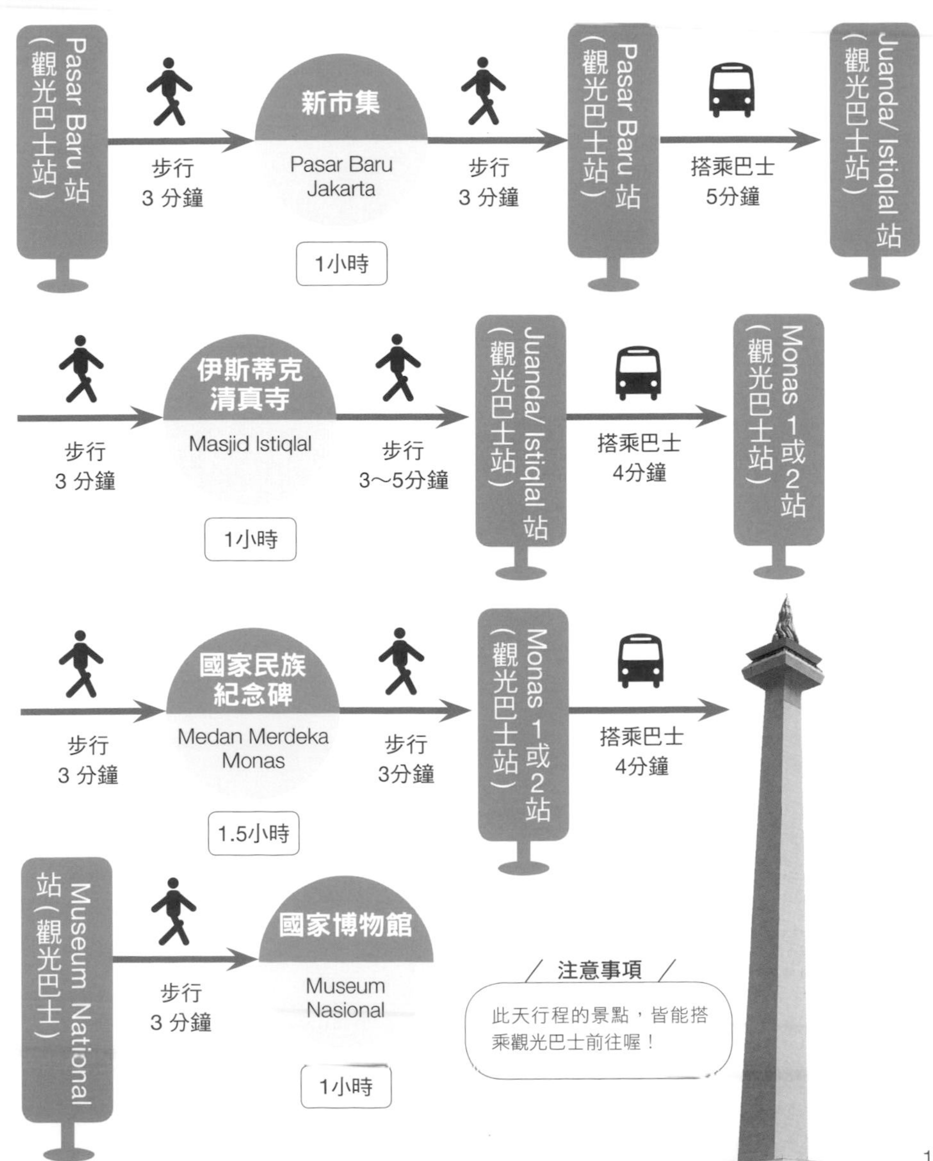

雅加達Day2中區地圖

此地圖為大略位置，由於印尼城市有許多錯縱複雜的小路與單行道，若是一併放入地圖可能過於凌亂難懂，請讀者配合手機導航，掌握精確位置。

1.新市集入口有著大大的牌坊 / 2.市集內服飾商家居多 / 3.來此可替你量身訂做一件服飾 / 4.新市集為雅加達歷史悠久的市集

老字號市集散發些微印度風

新市集

Pasar Baru Jakarta

Pasar Baru即將邁入200年歷史，屬於老字號市集，布料服飾、成衣、蠟染、沙龍等無所不有，亦有印尼經典絢麗的Kebaya服飾，可客製化手工訂做，但價格不怎麼便宜，感興趣者可詢問商家逐一比較。市集較有趣的現象在於不少商家是印度人，且展售印度風格的傳統服飾莎麗(Sari)，襯托出市集的小印度風。

✉Jl. Ps. Baru, RT.15/RW.4, Ps. Baru, Sawah Besar, Kota Jakarta Pusat 🕒商家普遍於10:00～20:00營業 ➡市區觀光巴士或市區公車黃色3號線至Pasar Baru站，下車即可見市集牌坊入口 ⌛1小時 ℹ欲使用手機導航，建議使用景點名較好搜尋 MAP P.124

玩樂攻略

私房推薦——繪畫街

位於市集對面，有一條小型繪畫街，多為Q版人物畫，可愛精巧，假設待在印尼的時間夠長，不妨準備照片給商家，畫上一幅留念。

新市集附近有個小型繪畫街

到訪東南亞最大清真寺

伊斯蒂克清真寺

Masjid Istiqlal

耗費17年才完成的伊斯蒂克清真寺，高度97公尺，大型圓頂45公尺寬，內部能容納約12萬人，為東南亞最大清真寺之一，由北蘇門答臘島建築師Frederick Silaban所設計。清真寺矗立於雅加達中部，四面八方前來朝聖的伊斯蘭教徒絡繹不絕，開齋期間信徒更是蜂擁而至，那壯觀畫面連當地報紙都刊登其盛況。

1.伊斯蒂克是雅加達重要的清真寺 / **2.**環境瀰漫靜謐之美 / **3.**參觀清真寺務必遵守宗教規定 / **4.**清真寺經常湧入大量人潮

Jl. Taman Wijaya Kusuma, Ps. Baru, Sawah Besar, Kota Jakarta Pusat 021 3811 708 建議於白天前往約09:00～15:00 市區觀光巴士或市區公車橘色2號線至Juanda/ Istiqlal站下車 1小時 istiqlal.id 請先確認當期是否能參觀，並遵守規定 MAP P.124

象徵印尼獨立的關鍵地點

國家民族紀念碑

Medan Merdeka Monas

西元1945年8月17日，是印尼的大日子，一個歷史性的獨立宣言發布，讓印尼蛻變為國家，而獨立廣場與紀念碑正是紀念印尼人民爭取獨立的精神象徵，至今依然是舉辦大型與節慶活動的首要選擇。

獨立廣場，面積寬達1平方公里，中間高大雄偉的紀念碑(Monumen Nasional)，簡稱為Monas，整座紀念碑高達132公尺，底部為平臺設計，中間則為尖形的碑塔，最上方造型為金色火焰。紀念碑下方有個地下博物館，展示櫥窗式的人物模型，闡述印尼歷史，淺顯易懂；而一樓平臺處，可以排隊等候至紀念碑最高處，眺望雅加達中區的現代繁華。也許步行在廣場走一圈有些吃力，廣場外圍總有不少馬車，等候各位大駕光臨，車夫會繞著廣場逛上一圈，是當地特殊的觀光交通工具。

1.馬車服務是廣場的樂趣之一 / **2.**紀念碑平臺可眺望雅加達景致 / **3.**Monas為雅加達代表性地標 / **4.**紀念碑旁的雕刻生動寫實

✉Jl. Silang Monas Barat Laut, RT.5/RW.2, Gambir, Kota Jakarta Pusat ☎021 3447 733 🕒建議於白天前往，週二～週日約09:00～15:00(週一休息) $廣場免費入內，博物館Rp.5,000元；景觀臺Rp.10,000元 ➡市區觀光巴士至Monas1或Monas2站或市區公車橘色2號或紅色1號至Monas站，即可看見獨立廣場 ⌛1.5小時 ℹ廣場門口很多個，並非每個都會開啟，建議從同個門口出入 MAP P.124

館藏數量驚人

國家博物館

Museum Nasional

國家博物館，西元1868正式開放，前方聳立著大象雕像，故又稱為大象博物館，館藏數量高達14萬件文物，從史前遺跡至近代，涵蓋範圍驚人，成為東南亞數一數二的博物館。館內分為2區，戶外區從博物館門口持續延伸，珍藏考古挖掘的神祕碑文與雕像，沒有櫥窗阻隔可近距離觀賞。室內區空間寬廣，含括史前文明、宗教進入、荷蘭殖民與近代等時期，亦保存樂器、銅器、瓷器、蠟染紡織等器具。整體而言，每一項都是精華珍寶，加上動線清楚，是值得一探再探的博物館。

Jl. Medan Merdeka Barat No.12,Gambir, Kota Jakarta Pusat 021 3868 172 平日08:00～16:00；週末08:00～17:00(週一與國定假日休館) 一人Rp.10,000元 市區觀光巴士或市區公車橘色2號線或紅色1號線至Monas站下車，國家博物館位於獨立廣場對面(西側) 1.5小時 www.museumnasional.or.id 英文解說時間為週二10:30；週四10:30與13:30；每個月的第二與第四個週六10:30 MAP P.124

1.博物館動線流暢指標清楚 / 2.有不少角落拍起來特別漂亮 / 3.4.每樣文物皆細心保存

旅人手帳

館藏全面的博物館

雅加達擁有的博物館不計其數，光是舊城區就有4～5個，倘若時間有限，眾多博物館中建議選擇國家博物館，館藏豐富度與完整性，是作者心中第一名的博物館。

國家博物館對於印尼的歷史脈絡較為完整，能夠逐一而非片面了解，整體環境與文物擺設也具有一定水準，真心推薦。

想吃道地印尼菜來此覓食吧

沙嗲餐廳
Sate Khas Senayan

沙嗲餐廳是雅加達富有口碑的連鎖餐廳，於白貨公司進駐居多，菜單貼心提供英文講解食材與烹調，官網也可查詢，這對遊客來説確實便利。強打傳統印尼菜，芭塔維湯(Soto Betawi)、烏都飯(Nasi Uduk)、隆冬(Lontong)等，色香味俱全。餐廳以沙嗲為名，光是沙嗲就有9種款式，推薦羊肉沙嗲(Sate Kambing)或是本都羊肉沙嗲(Sate Kambing Buntel)，前者能純粹的感受羊肉香氣，後者者混合當地香料，風味獨特。

1. 主打各式印尼菜 / **2.**Sate Khas Senayan於雅加達有許多分店 / **3.**沙嗲是印尼的代表性小吃

在Plaza Indonesia百貨內 021 2992 1880 10:00～22:00 $一人平均為Rp.60,000元起 市區觀光巴士至Plaza Indonesia站或搭乘市區公車紅色1號線至Sarinah站，步行前往，即可見Plaza Indonesia百貨 1小時 http sarirasa.co.id/sks 無 MAP P.124

東南亞盛行的日式料理店

壽司亭
SUSHI TEI

由於推出的日式料理，精緻可口又全面，儘管屬於中高價位，仍然風靡印尼。菜單每道餐點大都以圖片呈現，能更加具體地知道餐點樣貌，壽司、生魚片、炸物、涼麵以及鍋物皆有販售，到訪雅加達若是想換換口味，尋覓一家SUSHI TEI 大啖日式料理，是個不錯的決定。

1.一整組的壽司令人心動 / **2.**SUSHI TEI於雅加達進駐百貨商場居多 / **3.**供應多元的日式料理

在Plaza Indonesia百貨內 021 3983 5108 10:00～22:00 $一人平均Rp.60,000元起 市區觀光巴士至Plaza Indonesia站或搭乘市區公車紅色1號線至Sarinah站，步行前往，即可見Plaza Indonesia百貨 1小時 http www.sushitei.com/Index/index.aspx MAP P.124

平價中式料理

大碗餐廳

ta wan Restaurant

雅加達華人料理中，熱炒合菜以及港點燒臘最為常見，不過大部分中式餐廳較為昂貴，而大碗餐廳相對經濟實惠的價格，培養出大量的消費客群。常見的中式餐點，推出個人與團體用餐的選擇，有粥類、炒飯、炒麵與乾麵等可以飽腹的餐點，再順道叫上幾盤熱炒，大吃一頓；也貼心推出2～8人份套餐，聚餐方便，更能滿足思鄉情懷。

1.ta wan為找尋中式料理的絕佳去處 / 2.吃膩印尼菜時可到 ta wan換換口味

位於Plaza Indonesia百貨內 021 2992 1879 10:00～22:00 一人平均Rp.30,000 元起 市區觀光巴士至Plaza Indonesia站下車即可或市區公車紅色1號線至Sarinah站下車，步行前往 1小時 tawanrestaurant.com/index.php P.124

眺望雅加達繁華夜景

斯凱餐廳

SKYE Bar & Restaurant

打算尋覓一處眺望雅加達夜景的情調餐廳，那不妨考慮到斯凱餐廳，打造浪漫質感的用餐環境，蠻適合情侶或夫妻檔來此慶祝。若不想僅僅於窗前感受景致，記得至室外區，視線清晰無阻。眺望高樓林立，燈光泛起，別有一番雅興。

BCA Tower Lt. 56, Jl. M.H. Thamrin No. 1, Menteng, RT.1/RW.5, Menteng, Jakarta Pusat 021 2358 6996 16:00～01:00 一人平均Rp.170,000元起 市區觀光巴士至Plaza Indonesia站或市區公車紅色1號線至Sarinah站下車 1小時 www.ismaya.com/skye Grand Indonesia百貨與BCA大樓鄰近，周圍很多入口，餐廳一定要從BCA大樓入口進入，若找不到可詢問大樓人員 P.124

1.餐廳裝潢溫馨氣派 / 2.首都夜晚繁華絢麗 / 3.餐廳用餐屬於中高價位

極具藝術氣氛的創意飯店

藝廊飯店

ARTOTEL Thamrin

ARTOTEL取自ART和HOTEL兩字，顧名思義，飯店充滿藝術元素，於2012年開始營運，集結8位藝術家作品，展示於飯店各角落，讓環境散發文青風格，藝術感無處不有。不論何種房型如出一轍，藝術品點綴空間，富含創意且不失品質。

雖位於繁華區域，但鬧中取靜，此外，附近林立百貨商圈，走至大馬路立即解決飲食及購物需求，更有電影院與便利商店，商圈功能齊全。交通方面，公車站一樣位於大馬路口，前往其他中區景點或重要車站，距離不會過遠。

Jl. Sunda No.3, RT.8/RW.4, Gondangdia, Menteng, Kota Jakarta Pusat 021 3192 5888 雙人房一晚Rp.685,000元起 市區觀光巴士或市區公車紅色1號線至Sarinah站下車，步行前往 www.artotelindonesia.com/thamrin-jakarta P.124

1. 各房型皆可見藝術品 / **2.**主張人文藝術與住宿結合的理念 / **3.4.**提供酒吧空間(1.2.3.4.照片提供／ARTOTEL)

Day 3 雅加達東區與茂物區 Kota Jakarta Timur · Bogor

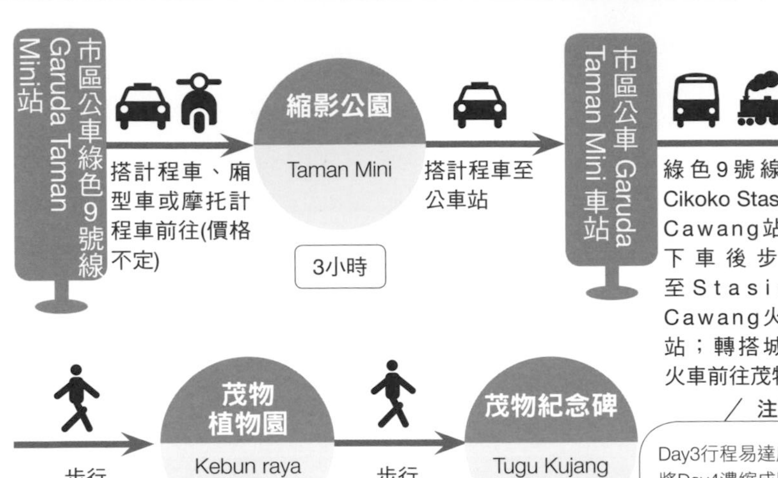

注意事項

Day3行程易達度低建議包車，亦可將Day4濃縮成同一天；如若不考慮包車，可參考上方交通資訊，然近年交通路線變動大，請做好異動準備，搭配導航確認方向。

前進茂物(Bogor)

當雅加達景點玩透時，試試將旅遊範圍擴大至周邊，對茂物區加以涉略。

茂物位置

茂物區屬於雅加達郊區，其中大雅加達區稱為JABODETABEK，名稱擷取自雅加達市區Jakarta、茂物Bogor、德波Depok、丹格朗Tangerang、伯卡西Bekasi的合稱。

從雅加達市區前往茂物

考量安全與舒適性，從雅加達前往茂物建議兩種方式。

1.包車

包車方便且較有彈性，若考量到司機過夜問題，建議可將Day4動物園行程合併成一日遊。

1.植物園是茂物重要景點 / 2.茂物客運站 / 3.若決定在雅加達市區先玩再前往茂物，城內火車是較好的選擇

2.城內火車KRL Commuter

從雅加達搭乘後，於茂物火車站下車，隨著指標出站。(火車搭乘教學請參考P.103)

玩家提醒

雅加達機場前往茂物

雅加達CGK機場也有客運前往茂物，入境後依照指標前往公車站，櫃檯買票上車，可到茂物市區，上車前務必再與司機確認目的地。

印尼的九族文化村

縮影公園

Taman mini Indonesia Indah(TMII)

縮影公園，名不虛傳，萃取30多個印尼省分所成的大型主題園區，濃縮其建築、生活、服飾、節慶舞蹈於園區中，難能可貴；更象徵印尼多種民族齊心合力的國家特性，可視為雅加達必去景點，擁有四種分區，以下簡單介紹。

博物館類(MUSEUM)

18座主題博物館坐落園區，其中科莫多龍博物館，可觀賞國寶科莫多龍，值得一探。

1

2

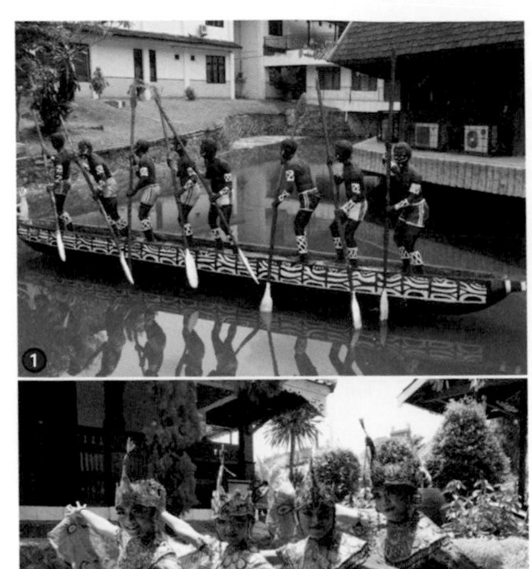

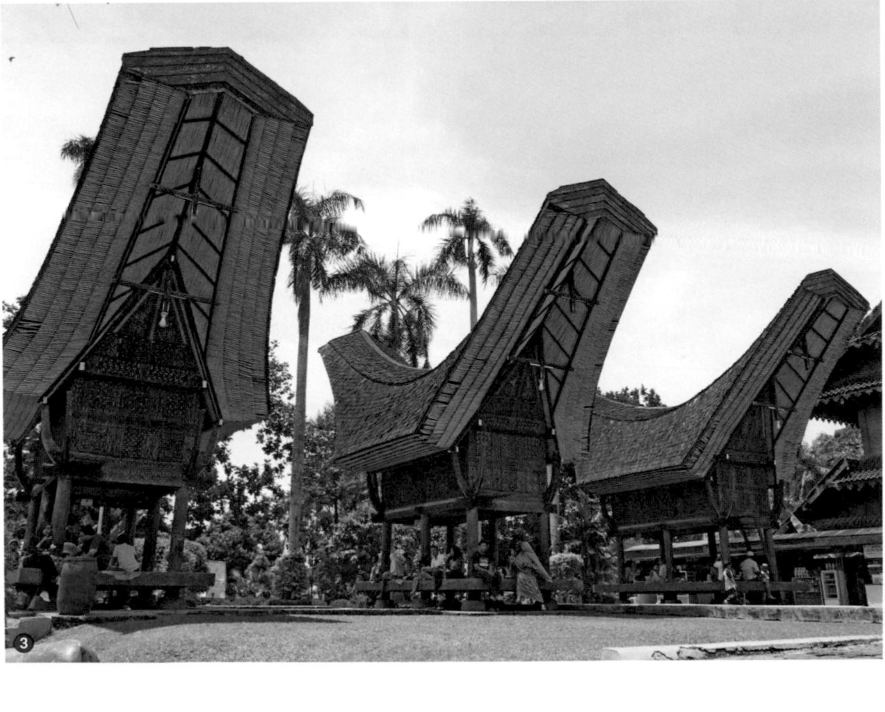

3

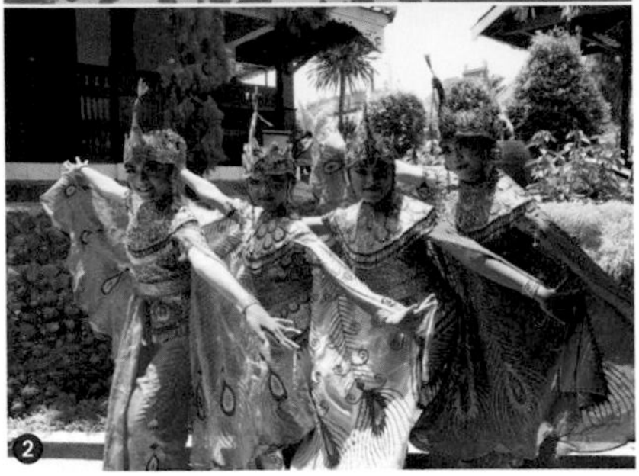

建築展館類(ANJUNGAN DAERAH)

約30種的印尼島嶼建築，完整真實地呈現建築結構，如爪哇、峇里島、蘇門答臘等。

動植物園類(FLORA & FAUNA)

公園共有9座動植物相關園區，如蝴蝶園、飛禽園以及花園等。

遊憩類(WAHANA REKREASI)

提供多種遊憩設施，像是纜車、水上樂園以及4D劇院等。

Jl. Raya Tamanmini, Jakarta Timur 021 8779 2078 08:00～17:00 入園票一人Rp.10,000元，停車費Rp.10,000元 市區公車綠色9號至Garuda Taman Mini站，下車後轉搭計程車前往；其中9H號可直接到公園，但僅有六日行駛 3小時 www.tamanmini.com/pesona_indonesia 各區活動與門票需額外付費 MAP P.113

1.印尼巴布亞人膚色不同／2.出發前不妨上網看看當期有哪些舞蹈表演或活動／3.蘇拉維西的特色建築／4.園區內到處能尋覓食物用餐／5.科莫多龍區是園區看頭之一／6.兒童樂園吸引小孩前來／7.搭乘纜車欣賞園區風光

玩樂攻略

縮影公園不可錯過的看點

科莫多龍博物館與建築展館區，令人印象深刻。科莫多龍堪稱為印尼響亮生物，為地球最大的蜥蜴物種，聽說生性較兇猛，因此可遠觀不可褻玩。後者多種建築確實大開眼界，當不同種族遇上相似氣候，生活方式以及文化大相逕庭，形塑獨特之美，如西蘇門答臘建築的尖頂設計，十分有趣。

教育與休閒兼具的處所

茂物植物園

Kebun raya Bogor

植物園英文全名為Bogor Botanical Gardens，占地80公頃，假日居民經常在此出沒，野餐、踏青或是席地而坐，享受天倫樂。將近3,500多種植物集結於園中，其中，難得一見的大王花Rafflesia，花期僅有短暫的3～7天，要是幸運地在綻放時節前往，務必別錯過觀賞的機會，傳聞花朵散發強烈氣味，也稱為屍臭花。園中有座動物學博物館，珍藏各式生物之標本，十分逼真，亦可到此一遊。

1.植物園入口處 / **2.**植物園綠意盎然

Jl. Ir. Haji Djuanda No.13, Paledang, Bogor Tengah, Kota Bogor 0251 8311 362 08:00～16:00 外國遊客一人Rp. 25,000元 城內火車至Bogor Stasiun，下車後搭乘計程車或步行前往 1.5小時 MAP P.132

紀念碑背後的故事

茂物紀念碑

Tugu Kujang

每座紀念碑蘊藏不同故事，茂物紀念碑建於西元1982年，相傳過去印尼巽達族人Sundanese發現Kujang除了用於農收之時，更能作為防禦武器，因此紀念碑最上方即為Kujang樣式。

Jl. Raya Pajajaran No.1A, Baranangsiang, Bogor Timur, Kota Bogor 位於植物園東南側，靠近商場Botanic Square 0.5小時 由於位在馬路口中央，過馬路請小心 MAP P.132

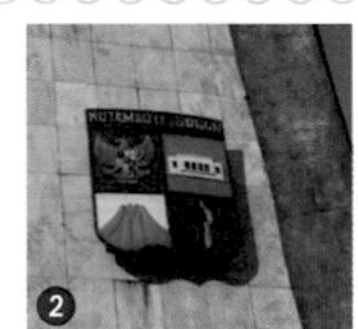

1.紀念碑一側為飯店，另一側則植物園 / **2.**紀念碑上方的標誌為印尼國徽

旅遊知識家

印尼國徽

國徽傳達幾項重要理念，老鷹抓著緞帶，緞帶寫著異中求同，象徵不同民族共同生活相互包容：黑盾牌與星星代表信仰、牛代表民主、榕樹意謂印尼統一、棉花與稻象徵社會正義，而鍊條為人道主義。

茂物區精華商場

波丹尼廣場
Botani Square

要說茂物區哪能購物覓食，應首推鄰近植物園的波丹尼廣場。集結各式餐飲與商家，更有電影院、賣場與飯店進駐，雖無高檔奢華品牌，但仍有許多國際品牌，譬如Charles & Keith、Bata以及Martha Tilaar(印尼知名護膚品牌)；

1.商場規模雖不大，但聚集大批民眾 / **2.**波丹尼廣場是茂物地區的主要商場 / **3.**J.CO為本土品牌，販售咖啡、飲品與甜甜圈等

餐飲涵蓋西式、日式、韓式、中式等餐廳，滿足不同需求的消費者。

🅧Jl. Raya Pajajaran, Baranangsiang, Bogor Timur, Kota Bogor ☎0251 8386 658 🕒10:00～22:00 ➡位於茂物紀念碑旁，步行約5分鐘 ⏳1.5小時 ⓘ使用導航搜尋輸Botani Square Bogor較易搜尋 MAP P.132

來一份香嫩誘人烤雞餐

肯尼羅傑餐廳
Kenny Rogers Roasters

主打烤雞與排餐，保留部分美式風味，烤雞肉質適中，不會過於乾澀，而烤雞的配料選擇豐富，玉米、薯泥、豆泥、生菜沙拉以及義大利麵

等，亦有湯品、甜點，可單點也可搭配成套餐。整體而言，味道不會過鹹，吃起來較無負擔，應是國人較能接受的口味。

🅧位於Botani Squre商場內 ☎0251 8400 843 🕒10:00～22:00 💲一人平均為Rp.50,000元起 ⏳1小時 MAP P.132

1.餐廳打造美式風格 / **2.**餐廳也提供排餐選擇 / **3.**烤雞香氣明顯

質感佳的在地餐廳

德露維餐廳

de'Leuit

位在茂物鬧區，環境典雅舒適，加上餐廳座位可容納大量消費者，常有團體或是公司在此聚餐。主打印尼與亞洲菜肴。值得讚賞的是口味不會過重，對於初次嘗試印尼菜的旅遊者而言，可降低異國料理帶來的味蕾刺激。

倘若用餐人數不多，推出的個人套餐系列，類似臺灣的便當風格，內容包含米飯、肉類、小菜、豆腐豆餅、辣椒醬等組合，分量不會過多，能一次享用多種道地風味。至於偏好酸甜口味的人，推薦印尼酸湯(Sayur Asem)，湯裡添加羅望子燉煮，放入佛手瓜、玉米、花生等蔬菜，微酸微甜帶些辣度，據說放冷風味更加明顯，是一道富含在地特色的印尼湯品。

1.餐廳的個人套餐道地又美味 / **2.**珍多冰是印尼常見的甜點 / **3.**酸湯 / **4.**餐廳環境 / **5.**料理擺盤精心

Jl. Pakuan No.3, Bogor 0251 8390 011 10:00～21:30 一人套餐Rp. 50,000元起 距離商場波丹尼廣場約900公尺 1小時 deleuit.co.id/deleuit 團體用餐建議提前預約 P.132

豐盛早餐一網打盡

桑迪卡飯店

Hotel Santika Bogor

桑迪卡飯店遍及印尼各大城市，此間提供153個精緻客房，細心推出禁菸房，將抽菸與不抽菸的房客清楚區隔，由於位於商場旁，覓食或購物不成問題。房間溫馨舒適，格局方正，供應基本備品。

飯店的早餐值得一提，吸引入住的動機，推出各式印尼傳統且經典的早餐選擇，彷彿一場小型印尼菜盛宴，如雞肉粥、炒飯、加多加多沙拉、印尼甜點紫米粥、甜粿等，讓旅客逐一品嘗。

1.房型典雅溫馨 / 2.飯店早餐豐盛可口

波丹尼商場旁 0251 8400 707 $雙人房一晚約Rp.900,000元起 http www.santika.com/indonesia/bogor/hotel-santika-bogor MAP P.132

歐洲皇室貴族風

皇家阿瑪羅莎飯店

Hotel Royal Amaroossa Bogor

皇家阿瑪羅莎飯店以歐式皇室風格為主題，從大廳開始，隨處散發著高貴精緻風格，水晶吊燈、大理石磚、挑高天花板與樹櫃金色鑲框等，整體一致的古典質感。房內設施不改歐式風格，營造

1.大廳散發歐洲貴族風格 / 2.早餐簡單實在

別於其他現代風格的飯店，且空間寬敞；房外設施包含Spa館、游泳池以及小型健身室，加上住宿價格親民，獲得房客青睞。

Jl. Otto Iskandardinata No.84, Baranangsiang, Bogor Tengah, Bogor Timur, Kota Bogor 0251 8354 333 $雙人房一晚約Rp.700,000元起 位於商場波丹尼廣場對面 http www.amaroossahotel.com/hotel-amaroossa-royal-bogor-in-bogor MAP P.132

Day 4

茂物本扎山區 Puncak

本扎 Perempatan Taman Safari 站

搭乘廂型小巴或摩托計程車前往

野生動物園
Taman Safari Indonesia
3小時

搭乘廂型小巴或摩托計程車前往

Perempatan Taman Safari 站

搭乘廂型小巴或摩托計程車前往

山上牧場
the RANCH
3小時

搭乘廂型小巴或摩托計程車前往

莎麗巴羅伴手禮店
Sari Barokah Centra Oleh-oleh
0.5小時

注意事項

1. Day4 行程景點易達度低，特別是動物園地處偏遠，沿路為山路需轉乘，無法避免搭乘廂型車與摩托計程車，建議包車前往。
2. Perempatan Taman Safari 站沒有站牌，是廂型小巴站，為動物園轉彎路口，有大型動物模型可辨識，需在此站轉搭廂型小巴或是摩托計程車至動物園。

本札地圖

往茂物、雅加達
往動物園
巴東餐館 Restoran Sederhana Masakan Padang
吉摩尼河岸餐館 Cimory Riverside
Jl. Labuan
Jl. Raya Ciawi
莎麗巴羅伴手禮店 Sari Barokah Centra Oleh-oleh
山上牧場 the RANCH
清真寺 Masjid Harakatul Jannah (Jl. Raya Puncak從這開始算起)
Jl. Raya Puncak
葉哈拉餐廳 Ya Hala Restaurant
動物模型站 Perempatan Taman Safari
Jl. Raya Puncak
Jl. Taman Safari
山景飯店 The Grand Hill
魅力飯店 Pesona Alam Hotel
野生動物園 Taman Safari Indonesia

前進本扎(Puncak)

當旅遊版圖擴充到本扎區，大多是為動物園而來，交通資訊如下。

❈本扎位置

本扎Puncak其實是山頂的意思，附近其實是多個小地區組成的統稱，如Cisarua、Cipayung或是Bojong Koneng等地區。

❈從茂物前往本扎

本扎交通便利性極低，包車較方便且較有彈性，若考量到司機過夜問題，建議可將Day3行程合併成一日遊。若不打算包車，決定搭乘廂型小巴，廂型小巴路線如下：茂物火車站→Cisarua站→Perempatan Taman Safari站(是動物園轉彎路口)→Taman safari(動物園門口)小巴往往無固定班次，車前或車尾會標示路線名稱，建議搭配導航確認方向，上車前請與司機確認目的地與價格。

玩醒

本扎上下山注意事項

假日有交通管制。週六日09:00～11:30，僅開放本扎上山路線，從本扎前往茂物或雅加達(下山)無法通行；週六日15:00～ 17:00，僅開放從本扎下山路線，從雅加達或茂物前往本扎(上山)無法通行。

1.本扎山區氣候涼爽宜人 / 2.前往動物園要在這轉車或搭摩托計程車 / 3.大型動物模型是最易辨別轉彎路口的方式

打破藩籬與動物近距離互動

野生動物園

Taman Safari Indonesia

印尼廣為人知的大型野生動物園，目前於茂物、峇里島以及泗水皆有設立。茂物區的野生動物園位於本扎山上，氣候涼爽，西元1990年設立，占地168公頃。動物園分為開車遊園以及徒步遊園區。開車遊園是一大亮點，打破櫥窗框架，讓人開車可搖下車窗餵食動物，趁機睜大雙眼查探動物樣貌與行為，相信來到動物園的大朋友小朋友都會感到驚豔。

1.2.坐在車上觀察動物，方便又省力 / **3.**動物園定期有表演活動 / **4.**自行開車觀賞動物是一大賣點 / **5.**園區設計跋山涉水的場景 / **6.**進入猛獸區時務必將門窗關好 / **7.**水域性動物吸引民眾目光

徒步遊園區分門別類，貓科、鳥類等，可漫步欣賞珍禽異獸。另一方面，步行遊園區結合9個動物或競技表演，包括海豚與海獅表演。此外，亦設有機械式遊樂設施、水上樂園以及紀念品店等，打造多功能休閒園區。整座動物園餐廳不少，儘管多為印尼菜，但覓食簡單方便。

✉JL. Kapten Harun Kabir No. 724, Cibeureum, Cisarua, Cibeureum, Cisarua, Bogor ☎0251 825 0000 ⏲08:30～17:00 $外國人門票Rp.300,000元；小孩Rp.250,000元；停小客車費用Rp. 20,000元 ➡進入到本扎Jl. Raya Puncak後，沿途動物園指標繼續前行即可 ⌛半天～1天 http bogor.tamansafari.com ?建議搭配導航確認方向 MAP P.140

| 旅人手帳 |

新奇有趣的體驗

當開車進入的那一剎那，將會感到不可思議，原以為動物會遠在一方讓我們觀賞，出乎意料地竟是超級近距離，而每車準備的蔬果，吸引無數動物前來「打招呼」；整個過程就算是大人也會感到興奮，心中孩子氣的那一面將會表露無遺。整趟遊園路線顛覆過往對動物園的認知，跋山涉水的造景，精采無比。

猛獸區務必關上門窗

雖然園區可開車進入並且能夠開窗餵食動物，儘管動物感覺和善，但千萬別開車門下車，而經過猛獸區時，請將門窗關上，以免發生不可控制的情況。

小型休閒園區

山上牧場

the RANCH

山上牧場位於本扎主要道路旁，易達性高。經營者不落人後，從萬隆倫邦發起後，於同屬山區冷涼氣候的本扎，再次興建一座牧場，2017年剛營業，為新興景點，替本扎增添更多元的休閒園區，提供騎馬、餵食動物、小型遊樂區與餐廳，搭配環繞山中的自然美景，畫面怡情養性。

1.造景精心講究視野遼闊 / **2.**山上牧場從萬隆發起 / **3.**提供騎馬體驗 / **4.**牧場規畫多處休憩區

🖂Jl. Raya Puncak Km. 77, Cipayung, Bogor 🕒平日09:00～21:00；週末與假日08:00～22:00 💲入園門票一人Rp.20,000元 ➡進入本扎Jl. Raya Puncak後，車程約6～8公里，位於右手邊 ⌛1.5小時 ❓建議搭配導航較好找尋位置 MAP P.140

琳瑯滿目數不盡

莎麗巴羅伴手禮店

Sari Barokah Centra Oleh-oleh

店家商品五花八門，成為團客購物選擇，常見的炸香蕉片、豆餅片、椰糖糕等皆包含，大都能試吃再購買。蜜餞區有種特殊的辣椒蜜餞，辣椒剖開去籽，外層沾上糖，口感甜中帶辣；而芋頭蛋糕(Lapis Talas)是茂物代表性禮品，顏色鮮豔。假設試吃後，沒有買東西感到不好意思，建議買爆米香(Jipang)，與臺灣的口感一般無二，踩到地雷的機率較低。

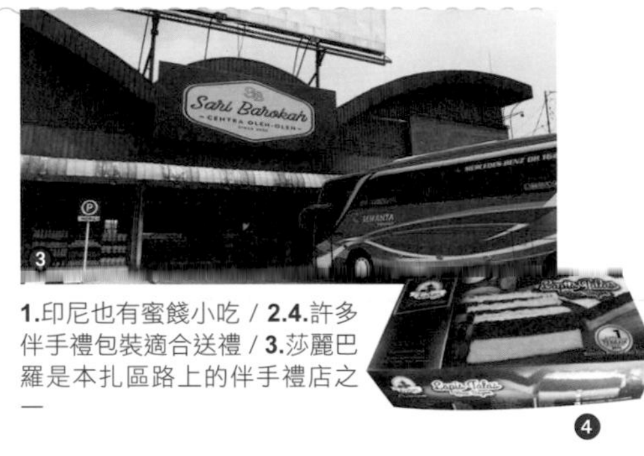

1.印尼也有蜜餞小吃 / **2.4.**許多伴手禮包裝適合送禮 / **3.**莎麗巴羅是本扎區路上的伴手禮店之一

🖂Jl. Raya Puncak Km. 75 No. 79 Cipayung, Bogor ➡進入到本扎Jl. Raya Puncak後，車程約5公里，位於右手邊 ⌛0.5小時 ❓導航時輸入地址較準確 MAP P.140

河邊景觀餐廳

吉摩尼河岸餐館
Cimory Riverside

餐廳一側盡收河邊景致，選用半露天空間，讓視野更加遼闊，加上氣候涼爽，用餐環境舒適。餐廳結合西式、印尼式與中式等簡餐為主，亦有當地炸物、甜點與飲品等，不管是吃飽或是吃巧都能滿足饕客。一旁附設的伴手禮店，除了供應常見的伴手禮，更有自家製作的優格與乳製品，其中優格口味多，原味、藍莓、芒果、紅芭樂等，感興趣不妨買上幾罐品嘗。

1.3.餐點也推出西式餐 / **2.**半露天空間悠閒愜意

✉Jl. Raya Puncak KM.76, Cipayung Girang, Megamendung, Bogor ☎0251 8252 678 🕘09:00～22:00 $一人平均Rp.45,000元起 ➡進入到本扎Jl. Raya Puncak後，車程約7公里後，位於右手邊 ⌛1小時 ℹCimory位於本扎有兩家分店，此間為河邊Riverside分店 MAP P.140

中東特色餐點

葉哈拉餐廳
Ya Hala Restaurant

或許受到宗教與飲食便利性影響，中東遊客會到印尼旅遊，本扎即為其中的熱門地點，故沿路可見主打中東菜的主題餐廳，葉哈拉餐廳打造中東式建築風格，用餐分區清楚各區「席地而坐」，中東主題延伸至餐點上，黃米飯、烤肉、烤麵皮、蔬果沙拉等，分量不小適合團體用餐；整體來說，中東菜接受程度因人而異，但若你對中東餐感興趣，用餐著實驚喜連連。

1.餐廳外觀採用中東建築/ **2.**中東菜令人感到新鮮

✉Jl. Raya Puncak KM. 83, Batu Layang, Cisarua, Bogor ☎0251 825 0999 🕘10:00～22:00 $一人平均Rp.60,000元起 ➡進入到本扎Jl. Raya Puncak後，車程約13公里後，位於左手邊 ⌛1小時 ℹ餐廳禁止喝酒精飲料 MAP P.140

深度特寫

探索巴東餐

大啖印尼式滿漢全席

跟店員打聲招呼後，坦然地坐下稍等片刻，店員會將餐館所有菜色裝盤，一盤一盤放到眼前，用心一點的，還會將盤子疊起來，有如參加滿漢全席，澎湃且震撼。不要懷疑，儘管是兩人用餐，也是如此陣仗，待店員擺好後，挑出想品嘗的夾入盤中，逐一感受異國飲食激盪的火花。小型巴東餐館有著同樣的用餐方式，不過菜色相對較少。還有一種吃法，直接到櫥窗前點菜，店員替你裝盤，通常附贈樹薯葉、波羅蜜與辣椒醬。不管你選擇哪種用餐方式，事後結帳居多，建議將吃的菜拍下來，方便結帳時秀圖溝通。

巴東菜肴推薦

滷咖哩雞肉 (Gulai Ayam)

辣椒蝦 (Udang Balado)

炸薯餅 (Perkedel)

香料烤雞 (Ayam Bakar)

烤魚 (Ikan Bakar)

滷牛肉 (Rendang Daging)

辣椒茄子 (Terong Balado)

巴東餐館 Restoran Sederhana Masakan Padang

處處可見的巴東餐，到訪印尼沒有吃過它，就愧對來此旅遊了，非常推薦嘗試，讓它強烈鮮明的異國風味攻占味蕾。巴東餐來自蘇門答臘島，櫥窗層層堆疊的餐點，恰似疊疊樂般，正是巴東餐特色。而餐館建築，部分店家精心設計傳統蘇門答臘建築，尖塔式的設計，亦吸引目光。

Restoran Sederhana 屬於連鎖且大型的巴東餐館，菜色豐富精采，一次雲集多道巴東菜肴。每一道菜帶有不同風味與口感，各個皆是代表菜，除了清燙的樹薯葉，普遍菜色都有著濃厚香氣，不論是咖哩、椰奶或是辣椒醬等調味，味道偏重十分下飯。

Jl. Raya Puncak Km. 75 No. 79 Cipayung - Bogor 0251 825 2221 11:00～20:00 一人平均Rp.30,000元起 進入到本扎Jl. Raya Puncak後，車程約5公里後，位於左手邊 1小時 www.restoransederhana.id/index.php 會提供免費熱茶，其他飲料需額外付費 P.140

1.此間巴東餐館外觀仿造蘇門達臘建築 / **2.**來到餐廳坐定後，員工會送來菜肴 / **3.**所有餐盤陳列盛況猶如滿漢全席 / **4.**將想吃的菜夾入自己飯盤中

鄰近動物園的質感飯店

魅力飯店
Pesona Alam Hotel

因為靠近野生動物園加上飯店服務優質，成為眾多遊客的主要選擇。大廳將本扎山景引入，心曠神怡的風景儼然變成大廳最真實的布置。推出飯店套房與別墅(Villa)，打造溫馨具有質感的風格。別墅除了雙人房型，更有家庭式別墅，提供一家大小同樂的住宿空間。由於此間飯店屬於炙手可熱的入住選項，建議至少提前一個月預訂。

1.大廳可眺望本扎山區景色 / **2.**房間簡約卻不失質感 / **3.**飯店餐廳晚上繼續為住客服務

✉Jl. Taman Safari No. 101, Kp. Baru Tegal. Desa Cibeureum, Cisarua, Bogor ☎0251 8217 111 $雙人房一晚約Rp.1,100,000元起 ➡進入到本扎Jl. Raya Puncak後，車程約12公里後，動物園路口右轉依循指標前行 http pesonaalamresort.com ℹ以Pesona為名的飯店非常多，後方有 Alam才為此間 MAP P.140

眺望山區好景致

山景飯店
The Grand Hill

位在半山腰上，環境清幽靜謐，游泳池可遠眺自然山景，大片的翠綠山林，令人放鬆不少；飯店另一側眺望本扎主要道路，夜晚車水馬龍的動態夜景，十分生動。房間裝潢簡約樸實，早餐選擇多元，熱炒、麵包沙拉、水果、飲品外，更現做蛋類料理與鬆餅。較為特別的是，此飯店的別墅Villa房型以家庭式為主，提供4人以上的住宿空間，要是打算預訂，記得留意自己下訂的Villa房型是否正確。

1.泳池前方的景色優美/ **2.**飯店在營造環境上十分用心 / **3.**早餐選擇多元應可滿足不同旅客

✉Jl. Raya Puncak Km.84, Tugu Cisarua, Bogor ☎0251 8250 516 $雙人房一晚Rp.850,000元起 ➡進入到本扎Jl. Raya Puncak後，車程14～16公里後，位於左手邊 http thegrandhill.com ℹ建議搭配導航定位 MAP P.140

Day 5 雅加達北區 Kota Jakarta Utara

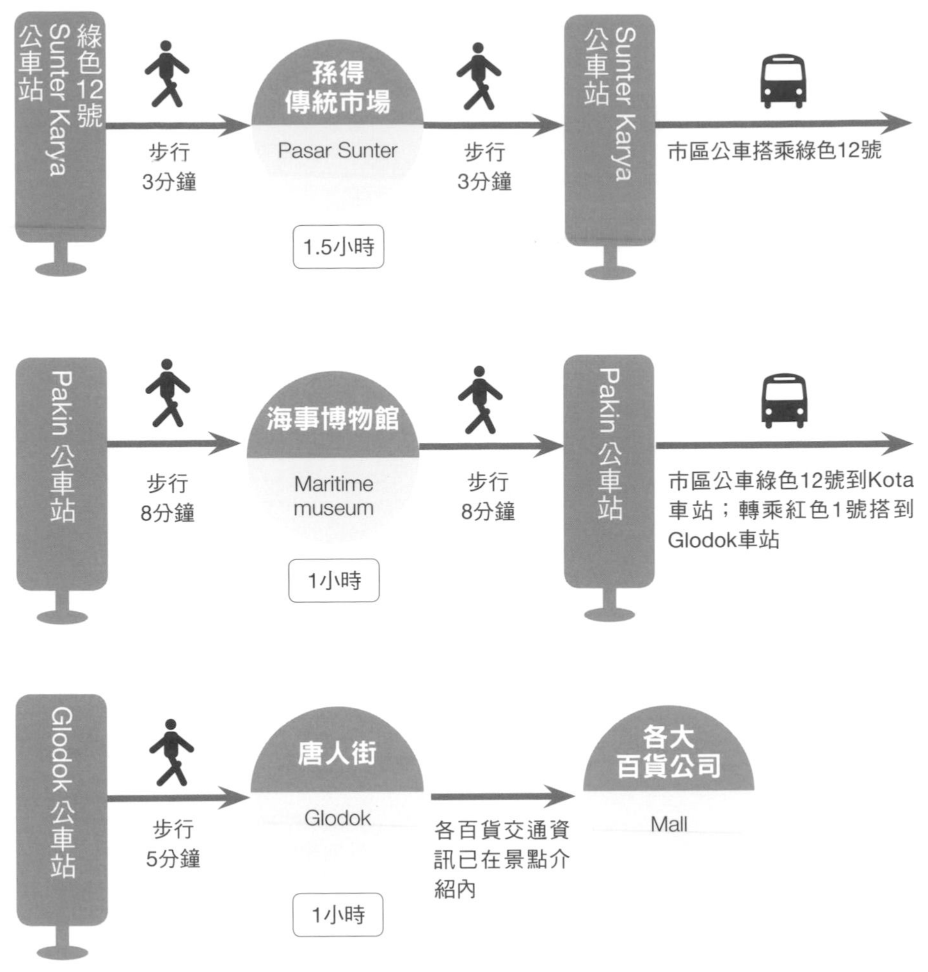

雅加達Day5北區地圖

此地圖為大略位置，由於印尼城市有許多錯縱複雜的小路與單行道，若是一併放入地圖可能過於凌亂難懂，請讀者配合手機導航，掌握精確位置。

法達西拉廣場
Taman Fatahillah

市區公車站
Pakin

市區公車站
Kota

海事博物館
Maritime Museum

安佐夢想樂園
Ancol Taman Impian

Jl. R E Martadinata

Jl. Pakin

Jl. Raya Pantura / Jl. Tol Pelabuhan

Jl. Tol Pelabuhan / Jl. Yos Sudarso

Jl. Gedong Panjang

Jl. Mangga Dua Raya

雅加達夜市博覽會
JIEXPO
Kemayoran

Jl. Benyamin Sueb

Jl. Danau Sunter Barat

市區公車站
Sunter Karya

Jl. Danau Sunter Utara

商場
Sunter mall

Jl. Pangeran Jayakarta

Jl. Gajah Mada

Jl. Mangga Besar

Jl. Danau Sunter Selatan

孫得傳統市場
Pasar Sunter

Jl. Raya Kelapa Nias

Jl. Boulevard Bar. Raya

Jl. Kh. Moch. Mansyur

Jl. Gn. Sahari

市區公車站
Glodok

Jl. Sunter Kemayoran

Jl. Dagota

Jl. Tol Ir. Wiyoto Wiyono / Jl. Yos Sudarso

Jl. Hayam Wuruk

唐人街
Glodok
(Jl. Pancoran)

市區公車站
PRJ JIEXPO Kemayoran
(簡稱Halte Busway PRJ)

商場
Mal Kelapa Gading

美食街
EAT & EAT

化身當地人遊走在地攤位

孫得傳統市場

Pasar Sunter

到訪一座城市，要是錯過了早晨傳統市集，有些美中不足，畢竟當我們穿梭於市場，沉浸各家叫賣聲，觀察蔬果、香料、異國食物的同時，正是對當地飲食文化進行一場知識探索，特別有趣。雅加達大小市集中，孫得市場屬於早晨市集，凌晨4、5點攤位紛紛出籠，忙進忙出地準備著。一樓為生活雜貨區，鍋碗瓢盆、服飾包包以及雜糧等坐落於此；二樓是市場精華地段，蔬菜水果、肉類海鮮以及點心食品，分門別類進駐此地。

由於附近華人多，販售多種不陌生的食品，豆花、甜粿、包子與肉粽等，有時可聽見華人交談，穿插類似客家與閩南的方言，展現熟悉親切的氛圍。記得空出自己的胃，二樓的用餐區，幾乎是華人料理，麵食、米粉、粿條、粥品、餛飩湯等，等待饕客上門。推薦試試印尼米糕(Nasi Tim)，並非使用糯米做成，與國內米糕口感有所差別。

✉Ps. Sunter, Jl. Sunter Karya Utara II, Sunter Agung, Tj. Priok, Kota Jkt Utara ⏲05:00～11:30(以早晨攤位為主)，週一部分攤位休市 ➡市區公車綠色12號至Sunter Karya車站，位於Sunter Mall商場後方 ⌛1.5小時 MAP P.150

1.市場以販售麵食的店家居多 / 2.走一趟早晨傳統市場領略當地文化 / 3.4.市場也有販售點心 / 5.市集販售許多生活食品 / 6.市集層層堆疊蔬菜方式特別 / 7.印尼米糕雖和臺灣的有差異但仍然美味

深度特寫

雅加達夜市博覽會

一年一度盛事 來去逛夜市

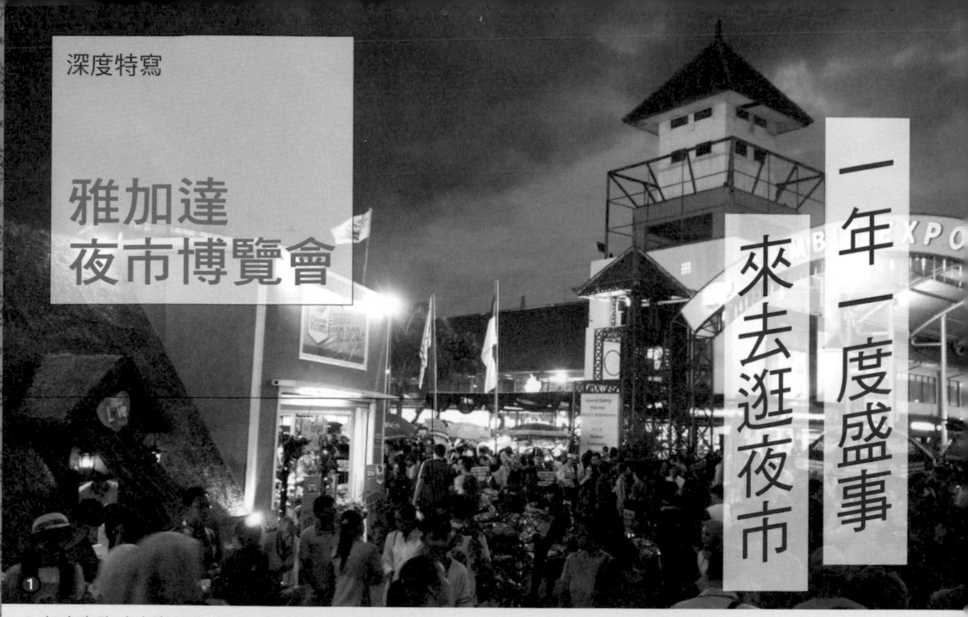

1.夜晚來臨時人潮更為洶湧 / 2.當天夜市正好舉辦活動 / 3.小吃攤位製作美食過程有趣

除了白天的傳統市集可逛，順應夜晚而生的夜市也可納入旅遊目標，為期一個月的Jakarta Fair，集結上百個攤位，是雅加達一年一度的大型盛事，猶如夜市樂園，吸引大批人潮。從室內場地延伸至戶外，吃喝玩樂樣樣參與擺攤，部分商家拿起大聲公，強力促銷自家商品，並與民眾議價協商，場面熱鬧。走走逛逛，總能見著飲食攤位，讓你隨性用餐，其中攤位不少販售芭塔維料理，烤蛋餅(Kerak Telor)為芭塔維的經典小吃，加入糯米、蛋、椰絲等，光是看排隊的陣仗，可知雅加達人對此份餐點的熱愛程度，不過建議先點一份嘗試，聞起來與嘗起來會有小小落差，國人接受程度兩極，只能說每種美食都有各自擁戴的愛好者。

🖂PT Jakarta International Expo, Gedung Pusat Niaga (Trade Mart Building) Arena JIEXPO Kemayoran 🕒每年時間不一定請上網確認 💲入園票Rp.20,000～35,000元 ➡市區公車橘色2C前往PRJ JIEXPO Kemayoran站，即可見會展中心 ⌛1.5小時 MAP P.150

雅加達港口風情

海事博物館

Maritime Museum / Museum Bahari

雅加達無數荷蘭殖民時期所留下的文物與古蹟中，海事博物館過去是儲存香料的倉庫，雖然當時風華不再，但如今舊有建築化身博物館，珍藏海事相關的文物，漁船帆船、地圖、工具、導航設備等，更有不少人物模型，讓展示空間生動許多。博物館靠近 Sunda Kelapa 港口，有時間也可到港口附近走走，感受海港風情。

1.海事博物館保有舊建築 / 2.透過模型呈現更為生動 / 3.博物館以航海相關為主題

✉Jl. Pasar Ikan No.1, RT.11/RW.4, Penjaringan, Kota Jkt Utara ☎021 6693 406 ⏰週二～週日09:00～15:00(週一與國定假日休館) $一人Rp.5,000元 ➡市區公車綠色12號至Pakin站，步行即可 ⌛1小時 MAP P.150

瀰漫華人風情

唐人街

Glodok(Jl. Pancoran)

唐人街為雅加達唐人區，附近餐廳、商家與飯店不少標示中文，散發淡淡的華人風氣，其中Jl. Pancoran此條路有個小市場，假日最為熱鬧，中式乾貨、零食與小吃攤販聚集，若是農曆新年前來此，春聯、燈籠、鞭炮以及年糕等大紅大紫的年節周邊商品出現，過節氣氛明顯，這些與國內相似之處，令人感到溫馨熟悉，也可順勢觀察有哪些不一樣的過節元素。

1.過年過節時糕餅店生意最好 / 2.滷味攤令人感到熟悉 / 3.不要錯過巷弄中的美食 / 4.唐人街早晨的小巷也十分熱鬧 / 5.看到此店特別有過年的感覺

✉Pasar Glodok JL. Pancoran, Glodok, Taman Sari, 11120 Jakarta(此為唐人街入口旁百貨地址) ➡市區公車紅色1號至Glodok站，往Pasar Glodok商場前進， 一旁的巷子即為唐人街 ⌛1小時 ℹ假日早晨較熱鬧 MAP P.150

深度特寫

雅加達百貨公司TOP5

逛逛首都百貨商場 領略現代風貌

雅加達的百貨公司數量不容小覷，大大小小種類繁多，每種百貨商場存在著固定的消費族群。來到雅加達，不逛逛百貨商場，旅途似乎不夠完整。下方5家百貨商場，是雅加達耳熟能詳的購物戰場，供讀者參考。

Sarinah

超級老字號商場

聽聞為雅加達歷史最悠久的商場，內部的陳設與裝潢，約略能看出歷史。商場以在地品牌為主，挑選蠟染服飾時，來Sarinah應可尋覓到合適你的款式，蠟染款式豐富，有保留傳統圖案與設計的版型，也有納入當季流行元素的樣式。由於蠟染服飾於國內並不常見，有些款式帶回國穿可能過於顯眼，建議先試穿過，以免與想像產生落差。另一方面，商場的紀念品項目齊全，木雕、銀雕、飾品、面具等，來此採購很方便。

✉Jalan M. H. Thamrin No. 11, RT. 8 / RW. 4, Gondangdia, Menteng, Jakarta Pusat ☎021 3192 3008 ⏰10:00～22:00 ➡觀光巴士Sarinah站或市區公車紅色1號線，至Sarinah下車即可見百貨 ⌛2小時 MAP P.124

1.Sarinah百貨外觀 / **2.**百貨販售多種紀念品

中區

Plaza Indonesia
百貨連體相輔相成

Plaza Indonesia是中區數一數二的大型百貨，其最大特點在於和Grand Indonesia商場為鄰居，僅有一條馬路相隔，正因如此，兩座商場產生加乘效果，所涵蓋的商店與餐廳，數量驚人，只要你的體力夠，一次兩商場特別有充實感。商場進駐多種知名精品，BURBERRY、LOUIS VUITTON與TIFFANY & CO.等等，對於追求奢華精品的消費者來說，算是個購物絕佳處。

Jl. M.H. Thamrin No.28-30 RT.9/RW.5, Gondangdia, Menteng, Kota Jakarta Pusat 021 2992 0000 10:00～22:00 觀光巴士Plaza Indonesia站下車或市區公車紅色1號線，至Sarinah或Tosari站下車，步行即可見百貨 2小時 www.plazaindonesia.com MAP P.124

1.整座百貨重視裝潢與擺設 / 2.眾多高檔知名品牌進駐 / 3.外圍有著知名地標 / 3.Plaza Indonesia屬於雅加達受歡迎的商場之一

南區

Pacific Place Mall
高級奢華精品來此尋覓

布置時常精心華美，加上商場空間設計寬敞，逛起來舒適放鬆，雲集眾多品牌，HERMES、PRADA、HUGO BOSS等，亦是品牌愛好者的購物天堂。其中鼎泰豐(印尼譯為DIN TAI FUNG)在此進駐，來到印尼生意依舊紅火，思念家鄉美食時不妨來此用餐獲得滿足。

Jl. Jenderal Sudirman No.Kav. 52-53, RT.5/RW.3, Senayan, Kebayoran Baru, Jakarta Selatan 021 5140 2828 10:00～22:00 市區公車紅色1號線至Polda Metro Jaya站，步行即可到達 2小時 www.pacificplace.co.id MAP P.113

1.百貨裝置藝術令人驚奇 / 2.每年舉辦不同的活動 / 3.高檔奢華精品雲集

Mall Taman Anggrek
大螢幕吸引目光

不論是白天或夜晚經過這裡，不免會被大大的螢幕吸引著，除此之外，溜冰場是主要亮點，假日場上可見學員，殷勤地練習溜冰技巧，一旁觀看也能同樂。時間足夠的話，可到附近的Central Park Mall商場，與Taman Anggrek電子螢幕相比，Central Park環境造景追求自然元素，引入自然造景，感受都市中一絲的清幽翠綠，其異國餐廳多采多姿，不少美食值得一探。

Jl. Letjen. S. Parman Kav. 21, Tanjung Duren Selatan, Grogol Petamburan, RT.12/RW.1, Jakarta Barat 021 5643 777 10:00～22:00 市區公車碧綠色9號線至S.Parman Podomoro City站，步行7分鐘 2小時 www.taman-anggrek-mall.com MAP P.113

1.Central Park Mall引進大量的自然造景 / **2.**溜冰場是Mall Taman Anggrek的特色之一 / **3.**兩個百貨的餐廳多元不愁無處覓食 / **4.**噴水池吸引民眾目光

北區

Mal Kelapa Gading

逛不盡的綿延百貨

商場全長約有500公尺，相較高檔精品的百貨公司，擁有好入手的品牌路線，屬於中等至中高消費端，如CHARLES & KEITH以及Zara等。對於護膚或化妝商品感興趣者，可考慮martha tilaar，為印尼本土品牌，推出包裝精美品質佳的商品。商場餐廳裡，中式帝王鴨The Duck King與日式料理Sushi Tei為人氣餐廳，不過避開用餐巔峰，有時可是一位難求。

Jl. Boulevard Raya Blok M, RT.13/RW.18, Klp. Gading Tim., Klp. Gading, Kota Jkt Utara 021 4531 101 10:00～22:00 市區公車綠色12號至Sunter Kelapa Gading站，轉搭計程車前往，車程約15～20分鐘 2小時 www.malkelapagading.com MAP P.150

1.商場涵蓋的商店數量不容小覷 / **2.**百貨有不少可愛迷人的餐廳 / **3.**甜點店First Love的點心十分可口

來一籠雞肉小籠包

鼎泰豐
Din Tai Fung

鼎泰豐將優質美味的佳肴引入印尼，試圖征服當地人的胃，的確吸引不少饕客前來。推出的餐點與臺灣大同小異，包含麵食、飯類、小籠包水餃等，為了符合當地的飲食習慣，鼎泰豐入境隨俗，主打的小籠包，外皮要求仍然不變，但豬肉餡料以雞肉取而代之，因此沒有提供豬肉口味的相關餐點。

1.在印尼看見鼎泰豐讓人感覺親切 / **2.**麵食料理不亞於小籠包 / **3.**來到印尼的湯包化身純雞肉餡料

☒Jl. Jenderal Sudirman No.Kav. 52-53, RT.5/RW.3, Senayan, Kebayoran Baru, Jakarta Selatan(位於百貨Pacific Place Mall內) ☎021 5797 3151 ⏲週日～週四10:30～22:00；週五、週六以及國定假日10:00～22:30 $一份餐點約Rp.50,000元；一籠4入小籠包Rp.55,000元 ➡市區公車紅色1號線至Polda Metro Jaya站，步行即可 ⌛1小時 http www.dintaifung.co.id/index.html MAP P.113

印尼商場美食街

吃吃美食市集
EAT & EAT

EAT & EAT營造主題式美食街，彷彿將夜市擺攤移入室內，以印尼傳統美食為主軸，沙嗲、巽達菜、加多加多花生醬沙拉、珍多冰、搜多湯等應有盡有；亦引進少部分亞洲異國料理，選擇更為多元。當你對於百貨商場的餐廳，不知鎖定哪家時，EAT & EAT五花八門的餐點，應能解決你的難題。

1.EAT & EAT為一個室內美食街 / **2.**各式美食齊聚一堂/ **3.**搜尋空位坐下即可享用美食

☒位於商場Mal Kelapa Gading ☎021 4529 532 ⏲10:00～22:00 ➡市區公車綠色12號至Sunter Kelapa Gading站，轉搭計程車前往 ⌛1小時 http www.eatneatfoodmarket.com ?在櫃檯需先購買消費卡並儲值，因為整個美食市集必須用卡消費，卡片使用完可退卡，記得別丟 MAP P.150

在印尼跨國旅行 感受異國風采

異國餐廳大放異彩

旅居印尼多年，要說只吃過印尼菜，那肯定是玩笑話，有時逐漸對當地菜新鮮感減少時，此刻來份異國料理，重新挑起味蕾欲望，著實令人振奮提神。異國餐廳中，首推韓式與南洋咖啡館來換換口味。

【韓式料理】

由於印尼韓式餐廳用餐價格往往不便宜，因此通常附贈免費的韓式小菜，普遍可再續盤，燒肉、拌飯、年糕以及鍋物等，十足道地的吃法，回味無窮，CHUNG GI WA 與BORN GA兩間餐廳都是不錯的餐館。

1.燒肉是印尼韓式餐廳的經典 / 2.餐廳CHUNG GI WA外觀

【南洋主題咖啡館】

由於地理位置相近，馬來西亞或新加坡美食進駐，以Kopi或Kopitiam為主題，叻沙(Laksa)、椰漿飯(Nasi Lemak)、咖椰吐司(Roti Kaya)等餐點最普遍，餐廳Lau's Kopi與Bangi Kopitiam口碑佳。

1.咖椰吐司是南洋代表性點心 / 2.Lau's Kopi屬於南洋咖啡館 / 3.餐點口味應能順利適應

萬隆

Bandung

置身西爪哇省府，體認天然美景之避暑勝地

非會議博物館追溯歷史

觀賞西爪哇省府

享受天然溫泉

易達性超高之覆舟火山

必體驗樂事

欣賞多賓舞蹈

逛逛萬隆夜市

大啖萬隆美食

感受牛奶湖的夢幻

萬隆
城市巡禮

人文與自然兼具的綺麗山城

萬隆海拔較高，約700～800公尺，微風帶一絲涼爽，故是眾所皆知的避暑城市。加上環境優美，風景秀麗，又稱為繁花之城(City of Flowers)，更有爪哇小巴黎之美名。過去萬隆是個純樸小鎮，當荷蘭人發現在此種植出品質佳的茶葉與咖啡後，開始對此地進行開發。後期，西元1955年所舉辦的國際亞非會議使此城知名程度更勝以往。如今的萬隆，是巽達族人的文化核心，更擁有印尼理工第一學府(Institut Teknologi Bandung)，在現代、人文與自然三者間適度地維持平衡，不論是文藝、學術或自然生態，到訪萬隆都可涉略。

❶

萬隆旅遊解析

萬隆若依照旅遊景點來簡單區分的話，分為萬隆市區與郊區。市區景點可鎖定於人文藝術與購物，記載世界重大會議的亞非博物館、美麗雅緻的省府建築、眼花撩亂的Outlet商場，以及傳統樂器安格龍演奏等，皆是深入認識萬隆的關鍵。郊區的天然景致，誘使著四面八方的遊客慕名而來；牛奶湖奇特的湖光山色，白色帶點淺藍的湖水，神祕又夢幻；覆舟火山寬闊荒蕪的淒美感，夾雜硫磺氣味，令人驚豔。平心而論，萬隆是座人文與自然景點兼具的旅遊地，難得一見。

1.萬隆屬於一座知性城市 / 2.3.市區匯集人文藝術 / 4.各式美食等著諸位品嘗

萬隆小檔案

名稱	Bandung
位置	位於西爪哇
行政區域	西爪哇省府
人口	1 百多萬人
面積	165 平方公里
城市排名	國內第四大城
機場	Bandar Udara Internasional Husein Sastranegara (BDO)
主要火車站	Stasiun Bandung (BD)
跨城客運	搭乘X TRANS客運，在DeBatara車站搭車可前往雅加達；在Terminal Cicaheum車站搭車可前往日惹和泗水

（製表／ PJ 大俠，資訊時有變動，訂票前請再次前往官網確認最新資訊）

萬隆 交通介紹

前方的行前準備篇，闡述四城整體情況，然而各城市風貌不同，以下針對萬隆這個城市，分享更為詳細的叮嚀。

機場前往萬隆市區

目前萬隆有個海珊．薩斯特拉尼加拉國際機場，又稱萬隆機場；代碼BDO。由於機場就在市區附近，前往市區景點，以計程車最為方便，入境後有計程車櫃檯可叫車。

萬隆前往其他城市

飛機

BDO機場皆有航線可飛往雅加達、日惹與泗水。不過從萬隆前往雅加達，直飛航線目前在雅加達HLP機場，雅加達CGK機場無直飛。

火車

Stasiun Bandung是萬隆最大的火車站，去書中另外三城，大都在此站啟程。

萬隆機場外觀

萬隆火車站外觀

萬隆火車站是居民往返各大城市的重要選擇

客運

行駛於高速公路，前往雅加達不塞車約2.5～3小時即可到達，建議搭乘X TRANS客運前往雅加達Jl.Blora車站，Jl.Blora車站靠近雅加達中區，較為方便；也有直達雅加達機場路線，由於日惹與泗水太遠，高速公路易塞車，不建議搭乘。

萬隆DeBatara車站是X Trans其中一站

❁利用交通工具安排市區行程

萬隆的市區行程可以自己安排，運用公車與計程車不成問題；郊區景點無便捷交通，甚至需搭乘廂型小巴或摩托計程車，例如倫邦以及芝威德，建議包車或找旅行社代辦行程。較推薦包車，可自由規畫，價格落在Rp.400,000～700,000元不等。

前往郊區建議選擇包車

以下資訊供參考，萬隆機場外也可尋覓包車公司，或自行於網路上搜尋，若是會印尼語，嘗試搜尋印尼文商家，價格會優惠些。

1.Jari Rent Car 包車

可用簡單英文溝通，也提供旅遊套裝行程。

http www.jarirentcar.com

2.VJ TOUR & TRAVEL旅行社

可使用簡單英文溝通。

http vanjavatour.com

❁計程車

萬隆藍鳥計程車無雅加達來的多，可嘗試其他計程車公司，如黃色AA Taxi、碧綠色GR、紅色Cipaganti 等，提醒你計程車多有低消制度(藍鳥也是)，一次搭乘約Rp.15,000～20,000元起跳。

萬隆市區有其他計程車行供選擇

❋觀光巴士

2014年推出Bandung Tour on Bus，簡稱Bandros，復古且細緻可愛的造型，格外引人注目。觀光巴士一車約容納25人，每車搭配導遊。

http www.bandros.co.id/busbandros

費用：現場購買商品折抵搭車費用

班次：09:00～16:00

巴士有不同色彩

發車地點

Taman Dewi Sartika ；發車地點時常異動，出發前請至官網做最後確認。

搭乘方式

與服務人員確認報名後，發車前15分集合。

巴士路線

以車上導覽觀光為主，藉由導覽人員從中介紹萬隆市容與重要地標。

座位簡單方便

觀光巴士外型可愛

❀市區公車

市區大型公車由Trans Metro Bandung (TMB) 與 DAMRI兩間營運，然而，萬隆公車並非像雅加達公車路線廣泛車次頻繁，通常候車需要一段時間，如果用Google導航發現車程不超過20分，建議搭乘計程車前往，會更有效率。

公車DAMRI外觀

公車站介紹

有些公車站是一個實體小站建築，有些僅用站牌作標示，還有些只要有人伸手招攬就停靠，總之撲朔迷離，若是遇到第三種情況，各位不妨問問等車的人是否在此可搭公車。

搭車與費用

不像雅加達公車需要用卡片，搭車步驟簡單，上車前與司機確認目的地後，下車時付現即可，搭乘一次價格約Rp.3,000～5,000元起，不限里程。

TMB公車外觀

車子前方會標示路線

重要巴士總站

這裡指的巴士總站包含小巴、大巴或市區公車的總站，貫穿萬隆前往其他城市或郊區的車站，Stasiun Hall與Terminal Leuwi Panjang是兩個重要的總站，Stasiun Hall又寫為ST.Hall或Stasiun，有小巴可直接前往倫邦或蘇邦，後者Leuwi Panjang可前往芝威德牛奶湖路線。

市區公車路線

TMB路線主要為4條，則DAMRI有9條路線，車子側身會標示公車名稱(TMB或DAMRI)，而車子擋風玻璃上方大都會標出路線，方便乘客辨識。

DAMRI官網

http www.damribandung.com/peta-trayek

TMB官網

http upttmb.dishub.bandung.go.id

大車站人潮多請依序排隊

萬隆公車站牌五花八門

煎餅

萬隆 美食特搜

坦白說，4座城市裡的美食，萬隆特產最貼近作者的喜好，不少烹調手法與口味較為接近國內，容易適應。

推薦 牛尾湯(Sop Buntut)

萬隆最為出名的湯頭，清澈卻富含著滿滿的高湯精華，每一口都能嘗到牛肉的清香可口，經典吃法是搭配苦豆餅與白飯。

湯汁吸附滿滿的牛尾精華

牛尾大都燉煮軟嫩

推薦 乾拌麵(Yamien／Yamin)

為萬隆獨特風味，以甜味(Manis)乾拌麵最為出名，味道甜中帶鹹，上方的肉絲、蔥花或油蔥酥，請毫不猶豫地拌入麵中，麵條口感扎實帶有嚼勁。

甜味麵外表深色，而鹹味麵則是原始黃白色

麵條極富口感

推薦 煎餅(Martabak)

作者極為喜愛的平民點心，分為甜鹹兩種口味，甜味可加入花生粒、巧克力醬或起司，嘗起來與臺灣麥仔煎有異曲同工妙，似乎麥仔煎也移民來印尼。鹹味與蔥油餅有些相似，但蛋餡更為扎實，沾染辣椒醬真是絕配。

製作過程有趣無比

鹹口味風味像極蔥油餅

Cilok Q丸子及Cireng炸物

兩種皆為街邊小吃，以炸的居多，味道來自特調醬汁，丸子口感像極臺灣的肉圓，但是稍微硬一些；Cireng炸物酥酥脆脆帶些嚼勁。

Cireng看似平凡卻是街邊熱門小吃

外型圓滾可愛

煎粿(Surabi / Serabi)

一盅一盅煎烤的煎粿，一面白色一面帶著煎烤後的咖啡色外表，QQ帶些軟嫩類似較軟的甜粿，口味眾多，有巧克力、班蘭葉、煉乳等口味。

煎粿為萬隆特色美食之一

口感Q軟獨特

Batagor炸物

金黃色外表，類似包裹餛飩皮的丸子，淋上的醬汁是靈魂人物，瞬間提升風味，也令人食慾大增。

Batagor炸物口感與炸丸子神似

萬隆景點分為市區與鄰近地區，
其行程懶人包為 5 天行程，盡可能充分涵蓋市區與
郊區元素，掌握人文與自然兼具為原則。

Day 1 萬隆市區與郊區倫邦 (P.172)

亞非會議博物館 → 萬隆清真寺 → DK 購物街 → 新市集商場 → 前進倫邦與蘇邦

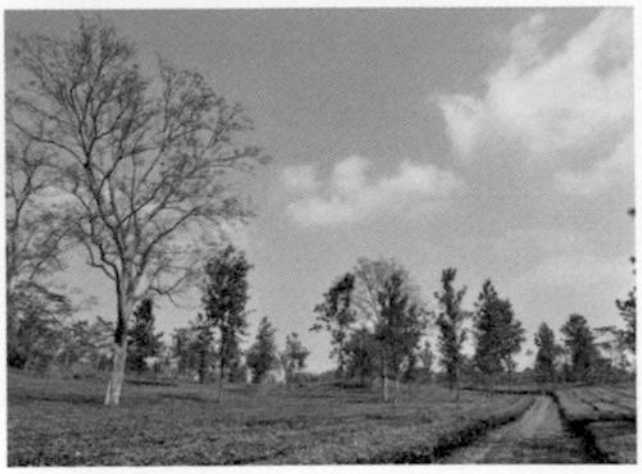

茶園景致動人

Day 2 萬隆郊區倫邦與蘇邦 (P.183)

覆舟火山 → 蘇邦茶園區 → 莎麗阿得溫泉渡假村 → 牛仔牧場 → 水上市集

Day 3 萬隆市區 (P.190)

農莊主題園區 → 驚豔博物館 → 西爪哇省府 → 地質博物館 → 遺產 Outlet 工廠 → 達戈 Outlet 街

Day 4 萬隆郊區芝威德與萬隆市區 (P.198)

牛奶湖 → 屋卓安格龍快樂村 → 蘇迪爾曼夜市街

Day 5 萬隆市區 (P.206)

早晨傳統市集 → PVJ 百貨 → 普利瑪商場 → 牛仔褲街與天空步道 → 奇沃商場 → 摩登 Outlet

萬隆與鄰近區域地圖

蘇邦
Subang
莎麗阿得溫泉渡假村
Sari Ater Hotel
覆舟火山
Gunung Tangkuban Perahu
茶園區
Ciater Perkebunan Teh
倫邦
Lembang
萬隆
Bandung
索良
Soreang
芝威德
Ciwidey
牛奶湖
Kawah Puith

萬隆重要地標地圖

驚豔博物館
Amazing Art World
車站
Terminal Ledeng
咖啡館
EXCELSO
屋卓安格龍快樂村
Saung Angklung Udjo
PVJ商場
Paris Van Java
省府
Gedung Sate
萬隆機場
Bandar Udara Internasional Husein Sastranegara(BDO)
萬隆火車站
Stasiun Bandung
車站
Terminal Cicaheum
亞非會議博物館
Museum Konferensi Asia Afrika
車站
Terminal Leuwi Panjang
往芝威德

此兩張地圖為大略位置，由於印尼城市有許多錯縱複雜的小路與單行道，若是一併放入地圖可能過於凌亂難懂，請讀者配合手機導航，掌握精確位置。

Day 1 萬隆市區與郊區倫邦 Kota Bandung・Lembang

Alun-Alun Bandung 公車站

步行3分鐘

亞非會議博物館
Museum Konferensi Asia Afrika

1小時

步行6分鐘

萬隆清真寺
Masjid Raya Bandung

0.5小時

步行2分鐘

DK 購物街
Jl. Dalem Kaum

1小時

步行9分鐘

新市集商場
Pasar Baru Trade Center

1小時

前往倫邦Lembang
車程時間：1～1.5小時

1. Pasar Baru站搭乘Damri公車至總站Ledeng再轉搭乘廂型小巴前往倫邦
2. 萬隆火車站附近的廂型小巴車站Stasiun Hall，可直接搭乘前往倫邦的路線

前進倫邦與蘇邦

注意事項

1. 若要到Alun-Alun Bandung車站，可搭乘Damri公車路線Leuwi Panjang-Cicaheum或Kebon Kelapa-Cibiru兩路線擇一。
2. 廂型小巴15分鐘路程約Rp.3,000～5,000元不等，然而有時路段熱門程度，或多或少影響定價，各位請平常心面對。
3. 從萬隆前往倫邦市區，建議各位包車尤佳，若考量司機過夜問題，可將倫邦市區行程與Day2濃縮成一天。

萬隆Day1市區地圖

萬隆火車站
Stasiun Bandung
廂型小巴
Stasiun Hall站
新市集商場
Pasar Baru
Trade Center
安倍拉飯館
Otista Warung
Nasi Ampera
歐杏油條肉餅店
Cakue & Bapia Osin
萬隆清真寺
Masjid Raya
Bandung
公車站
Alun-Alun
Bandung
亞非會議博物館
Museum Konferensi
Asia Afrika
蘇迪爾曼夜市
Sudirman Street
Day & Night Market
DK購物街
Jl. Dalem Kaum
商場
Plaza Parahyangan
Jl. Stasiun Timur
Jl. Suniaraja
Jl. Kebon Jati
Jl. Belakang Pasar
Jl. Otto Iskandar Dinata
Gg. Suniaraja
Jl. Merdeka
Jl. Braga
Jl. Morce
Jl. Lembong
Jl. Markoni
Jl. Kejaksaan
Jl. ABC
Gg. Cikapundung
Jl. Babatan
Jl. Dulatip
Jl. Ence Azis
Jl. Tamim
Jl. Alkateri
Jl. Banceuy
Jl. Naripan
Jl. Jend. Sudirman
Jl. Cibadak
Jl. Kasmin
Jl. Alun - Alun Tim.
Jl. Asia Afrika
Jl. Homan
Jl. Lengkong Besar
Jl. Dalem Kaum
Jl. Karang Anyar
Jl. Kepatihan
Jl. Kalipah Apo
Jl. Simpang
Jl. Pangarang

倫邦地圖

中華餐館
MANDARIN RESTAURANT
電信
Telkom
Toko Ria Busana Lembang
小巴聚集處
(往覆舟火山方向)
巴利布餐廳
Balibu
(Makan Khas Sunda Balibu)
牛仔牧場
De' Ranch
飯店
Grand Hotel Lembang
水上市集
Floating Market
檀香木旅館
Sandalwood
Boutique Hotel
貝久麵店
Mie Bakso Bejo
伊瑪小屋
Imah Seniman
丹茱安餐館
Rumah Makan
Bungo Tanjuang
返回萬隆市區的
小巴聚集處
(小巴會沿街停著)
市場
Pasar Panorama
Lembang
農莊主題園區
Farmhouse Susu Lembang
Jl. Raya Lembang
Jl. Raya kuTangban Parahu
Jl. Grand Hotel
Jl. Panorama
Jl. Raya Maribaya
Jl. Seskoau
Jl. Dharma
Jl. Kayu Ambon
Jl. Kolonel Masturi
Jl. Mutiara
Jl. Cijeruk
Jl. Adiwarta
Jl. Kinderdorf
Jl. Sukanagara
Jl. Pangjebolan
Jl. Areng Girang Kulon

此兩張地圖為大略位置，由於印尼城市有許多錯縱複雜的小路與單行道，若是一併放入地圖可能過於凌亂難懂，請讀者配合手機導航，掌握精確位置。

1.博物館外假日不定期舉辦市集 / 2.文物訴說著過往的亞非會議 / 3.假日博物館附近常見街頭藝人

見證歷史的一刻

亞非會議博物館

Museum Konferensi Asia Afrika

博物館記載亞非會議相關事蹟，成為萬隆見證國際盛事的回憶去處；一進大廳，地球儀巨大醒目，訴説著亞非會議為世界性的重要會議，繼續沿著指標前進，後方內容也不遜色，模型文物、國旗旗幟、照片圖説等，彷彿歷史迴廊，讓現代人吸收資訊，加以想像當時情境。博物館外圍環境，不論是建築、街道、路邊燈座等，散發著典雅復古風情。假日湧現攤販市集外，街道排排站的街頭藝人們，奇裝異服打扮精心，令人駐足欣賞，更增添博物館周圍的藝文元素。

✉Jl. Asia Afrika No.65, Braga, Sumur Bandung, Kota Bandung ☎02 24269 0705 ⏰週二至週四08:00～15:00；週五13:30～15:30；週末09:00～15:00；週一與國定假日休館 $免費 ➡Damri公車Leuwi Panjang-Cicaheum路線向至Alun-Alun Bandung站，步行3分鐘即可見博物館 ⌛1小時 http asianafricanmuseum.org/en MAP P.173

旅遊知識家

亞非會議的重要性

亞非會議是歷史上重要且具有象徵性的會議，西元1955年4月18日至4月24日於萬隆舉行，超過300位代表參與會議，其目的是奠定亞洲與非洲間的國際合作，更見證和平人權的重要性。參與的國家有印尼、印度、菲律賓、泰國、中華人民共和國、沙烏地阿拉伯、伊拉克以及敘利亞等。

外觀可愛的重要朝拜所

萬隆清真寺
Masjid Raya Bandung

清真寺一直都是穆斯林朝拜的重要場所，萬隆清真寺為市區代表性的清真寺，用色明朗素雅令人雙眼為之一亮，前方廣場人潮總是川流不息，居民帶著小朋友到此玩樂休憩。清真寺鮮豔花窗，絢麗無比，為整個大廳增加繽紛元素。觀察穆斯林認真專注的朝拜模樣，特別能感受宗教虔誠的力量。由於清真寺朝拜的空間，男女是分開的，請有意進入清真寺內部的讀者，請遵守各項規定，也勿干擾朝拜者。

1.方望見清真寺聳立的高塔 / 2.戶外聚集人潮 / 3.參觀時請保持肅靜尊重朝拜者

Jl. Dalem Kaum No.14 Bandung Damri公車Leuwi Panjang-Cicaheum路線至Alun-Alun Bandung站，即可見清真寺) 0.5小時 遵守清真寺規定 MAP P.173

攤販商家琳瑯滿目

DK購物街
Jl. Dalem Kaum

清真寺一側的街道充滿商家，儼然成為熱鬧購物街。商家以生活雜貨、服飾、鞋款為主，也有小吃飲品的流動攤聚集。整條大街中，商場Plaza Parahyangan販售著各式穆斯林服飾，像是Koko服飾、Peci帽子、女性頭巾、長裙長袍等，建議讀者進去逛逛，認識當地服飾文化。

1.大街有座商場 / 2.購物街滿滿人潮

Jl. Dalem Kaum, Balonggede, Regol, Kota Bandung 約10:00～20:00 Damri公車Leuwi Panjang-Cicaheum路線至Alun-Alun Bandung站，位於清真寺一側 1小時 可先以商場Plaza Parahyangan為目標找尋購物街 MAP P.173

傳統蠟染與華美紗質服飾來這找就對了

新市集商場
Pasar Baru Trade Center

緊密相接的商家，擁擠狹長的走道，透過雙眼感受商場進駐的商家數量。新市集商場帶有本土氣息，以服飾商品為主，蠟染與紗質服飾最為普遍；蠟染為印尼的傳統染織技術，圖案古色古香，是重要場合穿著的首選；而紗質服飾Kebaya細緻華美，一般於婚宴與表演活動派上用場。商場外圍一長排伴手禮店，擺滿道地印尼零食，有椰糖糕、炸豆餅片、樹薯片、椰棗等，一大包一大袋的販售，讓消費者秤斤論兩購買。

1

🖂Jl. Otto Iskandar Dinata, Karanganyar, Astanaanyar, Kota Bandung 🕒09:00～17:00 ➡Damri公車Leuwi Panjang-Ledeng路線至Pasar Baru站，即可見商場 ⌛1小時 ℹ建議搭配導航確認位置 MAP P.173

2

3

1.Kebaya相關服飾 / 2.新市場外觀為亮眼的橘白色 / 3.各式零食供你選擇 / 4.市場前方總是車水馬龍

購買在地零食，注意環境衛生

各家零食雖然都大同小異，然而品質有些不同，請避開直接曝曬或未封口的攤販，以免買到變質的食品。此外，部分零食品風味喜惡程度因人而異，不妨先試吃，確認可接受再購買。

4

印尼也有燒餅油條?!

歐杏油條肉餅店

Cakue & Bapia Osin

當你走進小吃店時，油條(Cakue)、芝麻燒餅(Kompia)、肉餅(Bapia)等，熟悉的華人餐點立即湧現，員工殷勤地炸著自家食品的畫面在眼前上演，現炸現賣，各種餐點價格清楚地標示在櫃檯。餐點裡最令人印象深刻的就是肉餅了，這家肉餅與臺灣的肉嗲相似，此外擺脫臺灣燒餅油條搭配豆漿，歐杏選用花生甜湯，如此搭配居然也無違和感，口味不錯。

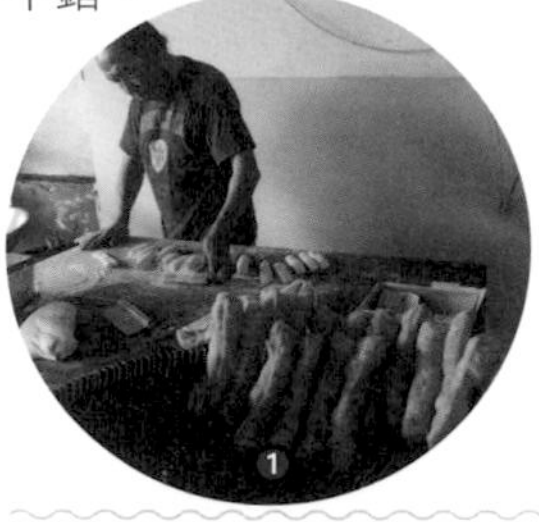

1.想吃什麼就點來試試／2.餐廳屬於樸實在地小店／3.各式餐點簡單卻可口

✉Jl. Babatanno 64A／Jl. Babatan Andir, Kota Bandung ☎02 2420 2920 ⏰05:00～12:00 $一人平均Rp.30,000元 ➡Damri公車Leuwi Panjang-Ledeng路線至Pasar Baru站，沿著Jl. Belakang Pasar前進，遇到路Jl. Babatan後左轉 ⌛1小時 ?內部沒有抽油煙機，若是介意吸到油煙，可外帶食用 MAP P.173

依序排隊挑選好料

安倍拉飯館

Otista Warung Nasi Ampera

安倍拉分店遍布爪哇，主打巽達菜，可說是印尼的人氣餐廳。類似臺灣的自助餐店，先選白飯或是紅米飯，後拿起碗盤自行夾取菜肴，有些則由人員協助裝盛，形形色色的道地菜肴，牛肉乾、烤物、炸物等，讓人胃口大開。特別注意的是，採取先結帳後用餐的方式，與巴東餐先吃後結截然不同，此外部分人員會拿去重新加熱，請稍等片刻。

✉Jl. Otto Iskandar Dinata No.61, Braga, Sumur Bandung, Kota Bandung ☎02 2420 6645 ⏰11:00～21:00 $一人約Rp.35,000元起 ➡Damri公車Leuwi Panjang-Ledeng路線至Pasar Baru站，位在Pasar Baru商場斜對面 ⌛1小時 http www.amperadalemkaum.com/2012/10/wn-ampera-otista.html MAP P.173

1.菜色豐富繽紛地擺在眼前／2.飯館招牌

深度特寫

大啖巽達菜

西爪哇傳統道地 不一樣的鹹甜滋味

巽達菜Rasa Sunda是西爪哇名菜，亦是巽達族經典美食，菜色豐富多樣，作為覓食名單也是不錯的，以下分享巽達菜特色。

一列列擺法，菜色多樣

不單是巴東餐講究擺盤，巽達菜雖無層層堆疊，但一列列整齊排放，菜色多樣，依舊擄獲饕客的胃。

口味偏鹹甜

巽達菜有許多烤物(pepes)，蕉葉烤魚、烤花枝、烤雞腿等等，口味鹹甜，部分炒菜類較符合國人口味，如苦瓜蛋、炒佛手瓜、炒豆芽等。

多樣辣椒醬與生菜(Lalap)重要元素

普遍供應辣椒醬與生菜，大型餐館的辣椒醬更有2～3種，其中加入番茄的辣椒醬，甜甜辣辣十分過癮。生菜方面，有種圓圓綠綠的茄子，本身沒有特殊味道，但沾上辣椒醬風味瞬間提升。

小型巽達菜館價格實惠

小型巽達菜館價格實惠，是上班族中餐的選擇，美味程度不輸大型菜館。

1.小型巽達餐館價格平實 / **2.4.**選好菜後員工會將需要加熱的部分拿去加熱 / **3.**生菜是巽達菜重要的配角

前進倫邦與蘇邦(Lembang・Subang)

萬隆倫邦(Lembang)與蘇邦(Subang)獨有的天然地貌，讓遊客慕名而來。

❈倫邦與蘇邦位置

倫邦與蘇邦皆位於萬隆市區北邊，屬於山區，交通便利性低，特別注意假日易塞車，建議平日或假日下午3點過後上山，避免塞車。在本書中書萬隆第二天行程的溫泉屬於蘇邦區，在此一併提供交通資訊。

❈萬隆市區前往倫邦與蘇邦

倫邦或蘇邦雖為觀光勝地，但當地計程車非常少，從萬隆前往或許還有計程車可搭，但從倫邦或蘇邦回萬隆時較難尋覓計程車，以摩托計程車或是廂型小巴為主。

以下是前往倫邦與蘇邦的交通選擇：

1.包車

包車彈性空間大，若考量到司機過夜問題，不妨將倫邦或蘇邦行程濃縮為一日遊，當日往返。

2.公車轉乘廂型小巴

搭乘Damri公車路線Leuwi Panjang-Ledeng，至Ledeng總站後搭乘廂型小巴前往倫邦。

3.廂型小巴一路坐上倫邦

萬隆火車站附近的小巴總站(Stasiun Hall Bandung或稱ST. Hall)，部分小巴可直達倫邦，湊滿人數即可發車，價格普遍約Rp.20,000～30,000元。

蘇邦區若從萬隆前往，先到倫邦區會簡單些，再從倫邦區轉搭廂型小巴或摩托計程車前往蘇邦。

1.Ledeng總站外觀 / **2.**倫邦市區假日市集人潮洶湧 / **3.**萬隆市區的Damri公車可先搭到總站Ledeng再轉搭小巴前往倫邦

歡迎蒞臨樸實卻熱鬧的小鎮

倫邦小鎮

Lembang

覆舟火山的盛名，順勢讓附近的倫邦小鎮觀光發展旺盛，旅館、餐廳以及伴手禮店樣樣具備，樸實卻又熱鬧，促使遊客選擇在此休憩一晚。

小鎮最熱鬧的地段，為Jl. Raya Lembang與Jl. Pasar Panorama，前者店家密集度高，覓食逛街容易，縱使夜晚前來，仍是燈火通明；後者有一個倫邦傳統市場Pasar Panorama，是在地人購買蔬果肉類之處。倫邦小鎮上以廂型小巴與摩托計程車為主，沒有計程車，另外，馬車也是小鎮的特色之一，傳統市場入口是馬車聚集地，普遍於此招攬乘客。

☒Jl. Raya Lembang, Jayagiri, Lembang ➡請參考P.179前往倫邦之資訊 ⌛1.5小時 MAP P.171

玩樂攻略

星期日限定市集

靠近Pasar Panorama市集的星期日早晨市集，太晚來是逛不到的，其實印尼的活動往往集中於禮拜日，包括市集也是，場面熱鬧，成為遊客觀察與感受在地生活的好時機，如果星期日早晨剛好在倫邦，就來走走吧。

1.倫邦星期日早晨市集熱鬧非凡 / **2.3.**各類小吃攤吸引嘴饞者 / **4.**馬車是小鎮代步選擇之一 / **5.**倫邦小鎮風情純樸自然

印尼中式獨特勾芡料理

中華餐館
MANDARIN RESTAURANT

MANDARIN RESTAURANT是倫邦僅有且口碑佳的中華料理，用餐環境簡單樸素，顧客多到有時需排隊等候。鐵板空心菜(Kangkung Ca Specail)為此店的招牌料理，出色可口，也是作者十分喜愛的一道菜，端上桌時，空心菜在鐵板滋滋作響，可別顧著欣賞炊煙，記得翻動空心菜，避免底部燒焦。待鐵板熱度

1.位於倫邦大街的核心地段 / **2.**餐廳位子有限建議避開顛峰時段用餐 / **3.**鐵板空心菜是招牌料理餐 / **4.**Sapo Tahu亦是不錯的選擇

下降，白煙稀少後，這個溫度品嘗最為剛好，空心菜勾芡更為滑口，香氣濃郁，應能擄獲國人的味蕾。另外Sapo Tahu也是不錯的選擇，由於每道菜分量大，適合多人分享。

✉Jl. Raya Lembang No.249, Jayagiri, Lembang, Kabupaten Bandung Barat ☎02 2278 6913 ⏲11:00～21:00 $一人平均Rp.60,000元 ➡位於倫邦Telkom電信公司旁 ⌛1小時 ?導航建議使用Mandarin Lembang搜尋位置 MAP P.173

嘗嘗萬隆特產美食Yamien

貝久麵店
Mie Bakso Bejo

Yamien是家喻戶曉的萬隆餐點，此家餐廳屬於平價路線，且方便快速，成為附近上班族與居民的覓食名單。主要分為鹹味(Asin)與甜味(Manis)兩種，甜味麵帶些醬汁的黃橙色，撒上肉絲、蔥花或油蔥酥，全部拌入麵中大幅增添麵的豐富度，而麵條甜中帶鹹，口感扎

1.鹹味麵條為慣有的白色麵體 / **2.**從外頭可見店家煮麵的過程 / **3.**以麵為主打不賣其他

實，而鹹味麵保持麵條慣有的顏色，吃起來與臺灣的相似。此餐廳湯的配料有雞腳(Ceker)及牛肚(Babat)，若不敢品嘗請避免點到。

✉Jl. Panorama No.32, Kayuambon, Lembang, Kabupaten Bandung Barat ☎0838-9335-3790 ⏲11:00～21:00 $一人約Rp.20,000元起 ➡倫邦傳統市場斜對面 ⌛0.5小時 MAP P.173

1.飯店外觀即能猜出內部風格 / **2.**大廳展示老闆過往旅遊的蒐藏品 / **3.**享用早餐處愜意宜人 / **4.**夜晚點上燈光更添迷人意境 / **5.**每個角落散發溫馨氣息

溫馨可愛小旅館

檀香木旅館

Sandalwood Boutique Hotel

倫邦五花八門的住宿選擇，Sandalwood Boutique Hotel就是其中之一。旅館外觀打造如歐洲鄉村房屋，原以為僅有外觀是歐式風格，沒想到從裡到外處處散發著可愛精巧的歐洲元素，塑造具有質感且溫馨的意象。以雙人與四人房為主，格局方正空間適中，加上倫邦的天氣較為涼爽，住起來舒適宜人。戶外區映入自然造景，增添自然清新的環境。草地旁有座游泳池，不怕冷的人可下水玩玩，享受度假時光，若是喜歡歐式鄉村風格的讀者，應會喜愛此間旅館。

對了，走過大廳時，可以短暫駐足一會兒，細細看看那些擺飾品，許多飾品皆是老闆出國旅遊時買回國作紀念之用，不少紀念品精緻可愛。

✉Jl. Kayuambon Dalam No.1, Lembang, Kabupaten Bandung Barat ☎02 2278 6104 $雙人房一晚約Rp.1,000,000元起 ➡位於牛仔牧場附近 ⌛無 http www.sandalwoodlembang.com i?無 MAP P.173

Day 2 萬隆郊區倫邦與蘇邦 Lembang · Subang

小巴站 Toko Ria Busana Lembang

搭乘廂型小巴往Cikole方向至火山售票門口

覆舟火山
Gunung Tangkuban Perahu
2小時

搭乘廂型小巴往Subang方向時，沿路可見茶園，若感興趣可下車，但下一台廂型小巴可能沒這麼好等

茶園區
Ciater Perkebunan Teh
0.5小時

搭乘廂型小巴至Sari Ater Hotel & Resort路口下車

莎麗阿得度假村
Sari Ater Hotel & Resort
2小時

搭乘廂型小巴回倫邦小巴站Toko Ria Busana Lembang

牛仔牧場
De' Ranch
1小時

搭乘廂型小巴或摩托計程車

水上市集
Floating Market
1小時

注意事項

1. 地圖請參考P.171與P.173。
2. 站名為Toko Ria Busana Lembang沒有站牌僅有廂型小巴在此招攬，有些司機會想直接載你們上山不湊人，價格較貴；但正因如此，乘客只有你們，通常司機會直接開到火山口，而非停在售票門口，自行斟酌。
3. 相反的，若你選擇等司機湊滿人再出發，可能僅到覆舟火山的售票口，之後要看當天是否有摩托計程車或是其他小巴可以轉搭至火山口，步行至火山口太遠較不建議。可以的話，由衷建議當天整個行程還是包車或請旅行社代訂較方便。
4. 小巴15分鐘路程價格約Rp.3,000～5,000元，可依此類推；然而路段熱門程度，或多或少影響定價，各位請依平常心面對。

1.覆舟火山地標 / **2.**丹茱安餐館 / **3.**蓮花池用餐

易達性超高的初階級火山

覆舟火山

Gunung Tangkuban Perahu

來到萬隆的遊客，大多數衝著覆舟火山前來，一睹壯闊山景，是萬隆必去的景點第一名。覆舟火山為活火山之一，海拔約2,000公尺，擁有4個火山口，皆為火山口湖，分別是拉都湖(Kawah Ratu)、烏帕斯湖(Kawah Upas)、新湖(Kawah Baru)、多馬斯湖(Kawah Domas)。

拉都湖為最大的火山口，也是主要亮點，易達性高，停好車即可一探火山面貌。放眼望去，一望無際的荒蕪寂寥之美，見證大自然的鬼斧神工。往湖底窺探，偌大坑口呈現乾涸狀態，若是雨季前來，興許湖水更為豐沛些。時間足夠的話，其他3個湖亦可一探究竟，推薦前往多馬斯湖，即便需步行一段山路，能夠觀賞奇景同時享受溫泉，視覺與觸覺兼具的休閒體驗，頗富價值。

1.看到此地標表示你已在覆舟火山的拉都火山湖 / **2.**有時遠眺人群也是一種趣味 / **3.**俯瞰碩大的拉都火山湖口

4.多馬斯湖更為貧瘠 / **5.**多馬斯湖需步行一段山路 / **6.**附近聚集小攤販

Jl. Tangkuban Parahu No. 282, Cikole, Lembang, Kab. Bandung Barat/Jl. Raya Tangkuban Perahu, Lembang, Ciater, Kota Bandung(Google地址) 022 8278 0654 07:00～17:00 外國遊客價格平日Rp.200,000元、週末與國定假日Rp.300,000元，停車費Rp.25,000元，若要入多馬斯湖需額外付費，導覽費Rp.300,000元，可2～6人共攤費用 Toko Ria Busana Lembang站搭乘小巴，往cikole方向火山售票口下車 2小時 (欲前往火山其他湖請多估1～1.5小時) twatangkubanparahu.com 火山有些微硫磺味，較敏感者建議戴口罩 MAP P.171

旅遊知識家

火山傳說

傳說過去有位公主，織布時工具掉了，允諾誰替她撿起就嫁給誰，之後有隻狗將工具撿起，所以公主於是嫁給狗，生了一個兒子。由於兒子並不知狗為父親，打獵時誤殺了狗，公主知道後打了兒子並將他趕出家門，兒子頭上也留下疤痕。

某天兒子長大後與公主相遇，由於公主容顏不會衰老沒認出是母親，想要娶她，但是公主卻發現他頭上的傷疤，已知是自己兒子。

為阻止婚約，要求他在河上建大船，而且要在隔天雞鳴前完成，才願意出嫁。兒子快完成時，公主讓雞鳴提早，進而無法完成，兒子一怒之下，將大船踢翻，正是覆舟火山名稱由來；不過傳說眾說紛紜，聽聽即可。

| 旅人手帳 |

多馬斯湖新奇有趣

到達多馬斯湖需耗費半小時腳程，讓人苦盡甘來。眼前白煙裊裊寸草不生，比拉都湖更為淒美。幾處溫泉池成為遊客腳部塗滿火山泥泡湯的池子，據說有美容療效，現場也出現服務按摩的人，不斷毛遂自薦。還有一處泉水洶湧噴出，滾燙高溫無法想像，商家提供煮蛋服務，讓人有得泡有得吃，趣味十足。

體驗泡腳時保持當地整潔

幅員遼闊的茶園風光

茶園區
Ciater Perkebunan Teh

萬隆為印尼主要茶區之一，得天獨厚的涼爽氣候，讓年年採收的茶葉有一定品質，從覆舟火山前往蘇邦，沿途大片茶園風光接二連三。如果打算下車走走，建議至小攤位surVive GIEZAG Ciater附近的茶園，有一處立著牌坊寫著Citer Tea Mountain，此茶園規模無法一眼看穿，但綠油油的景致確實心曠神怡。茶園裡有時出現婦人採茶，有些婦人發現遭拍攝時會想索取小費，如果介意收費請避免拍攝她們。

1.前往溫泉區時片片茶園盡收眼前 / 2.若剛好於山竹盛產期，買上幾顆嘗鮮

Jl. Tangkuban Perahu, Ciater, Kabupaten Subang 廂型小巴往蘇邦方向，沿路可見茶園，可下車欣賞但另一台小巴不好等 0.5小時 MAP P.171

大型溫泉泡湯趣

莎麗阿得度假村
Sari Ater Hotel & Resort

蘇邦區自然而生的溫泉資源，塑造在地旅遊價值，Sari Ater是出名的溫泉度假村，民眾純粹泡湯外，亦可入住於此。隨著地勢順延而下，設計多個溫泉池，打造大規模的溫泉樂園。善用小橋、流水、瀑布以及石墩等，造景精心講究，加上氣候涼爽，來此泡湯再適合不過。

Jl. Raya Ciater, Ciater, Kabupaten Subang 02 6047 1700 入園票一人Rp.25,000元，住宿雙人房一晚約Rp.1,000,000元起 廂型小巴往蘇邦方向至Sari Ater Hotel & Resort路口，沿著指標前往 2小時 http sariater-hotel.com/v1 MAP P.171

1.度假村Sari Ater門口外觀 / 2.溫泉區造景用心 / 3.度假村擁有多處溫泉池

騎馬遊走農場

牛仔牧場
De' Ranch

牧場訴求成為清新自然的旅遊空間，大片草原呼應後方小山景致，毫無拘束的草地，心情更加愉悅灑脫。分為遊樂設施區、騎馬區、草地區、畜牧區以及用餐區等，騎馬是重頭戲，儘管不是策馬奔騰，是由人員牽著馬兒繞上一圈，仍然吸引大批民眾躍躍欲試。其實，對於初學者這樣的騎馬方式較為安全，畢竟坐在馬背的高度以及晃動感，易讓人感到緊張，記得保持放鬆，隨著馬兒律動。

1.牧場設有其他遊憩設施 / 2.牛仔牧場外觀 / 3.騎馬務必注意自身安全

⊠Jl. Maribaya No.17, Kayuambon, Lembang, Kabupaten Bandung Barat ☎02 2278 5865 ⊙平日09:00～17:00；週末或國定假日08:00～18:00 $一人門票Rp.10,000元 ➡廂型小巴返回倫邦Toko Ria Busana Lembang站，步行前往牧場 ⧗1小時 http deranchlembang.com/id ?騎馬時請注意自身安全 MAP P.173

水上攤販綿延湖畔

水上市集
Floating Market

打造休閒遊樂性質的園區圍繞在水邊，並加以隔開不同主題區，環境宜人。整座園區包含湖面遊船區、伴手禮紀念品區、水上市集區以及可愛動物區等，不定期舉辦表演與活動，值得一探的水上市集，是用餐的去處之一，載浮載沉的小船販們，各個別出心裁，以印尼經典小吃與飲品居多，可一次嘗遍。

1.整座園區圍繞水元素 / 2.攤位販售印尼餐點居多

⊠Jl. Grand Hotel No.33E, Lembang, Kabupaten Bandung Barat ☎0823 1727 0000 ⊙平日09:00～17:00；週末或國定假日09:00～20:00 $門票一人Rp.20,000元 ➡廂型小巴至Floating Market 路口，從萬隆來到倫邦可在飯店Grand Hotel Lembang路口下車，步行前往 ⧗1小時 http www.floating-market-bandung.com MAP P.173

巴東菜肴自己挑

丹茱安餐館

Rumah Makan Bungo Tanjuang

還記得前方提過巴東餐吃法嗎？此間巴東餐館可以坐在餐桌上，等候服務人員端菜過來，也可以在櫥窗直接點菜湊成一盤。若是選擇後者，川燙樹薯葉、滷波羅蜜以及墨綠色辣椒醬，是巴東餐常有的必備配菜。此間餐館規模不大，但菜肴頗為豐盛全面，如果你來的時間，正好還有辣椒茄子(Terong)與滷花枝(Gulai Cumi)，別錯過它們，是此間巴東餐的暢銷菜肴，經常銷售一空。

Jalan Panorama No, 6, Lembang, Kabupaten Bandung Barat, 0811 2374 999 10:00～20:00 一人Rp.20,000～30,000元 廂型小巴至Toko Ria Busana Lembang站，餐廳位於傳統市場Pasar Panorama附近 1小時 桌上小碗水盆用來清洗雙手 P.173

1.可至櫥窗前點菜 / 2.亦可坐在餐桌等候員工上菜 / 3.巴東餐普遍口味較重

感受印尼盤坐用餐方式

巴利布餐廳

Balibu(Makan Khas Sunda Balibu)

主推印尼菜，不知選擇哪樣時，牛尾湯(Sop Buntut)與羊肉沙嗲(Sate Kambing)皆是不錯的選擇。牛尾湯是萬隆特產，清湯頭吸附滿滿的牛尾精華，已成高湯口感；而羊肉沙嗲，不強烈的羊肉香氣，沾些特調醬汁格外好吃，不過羊肉沙嗲一串會夾附一小塊內臟，不喜愛吃內臟者可把它挑去。

說說用餐環境，坐落在印尼傳統房屋中，空間傳統樸素，除了提供椅子座位，涼亭採用席地而坐，是印尼常見用餐方式，不少在地餐廳，也可看見。

Jl. Tangkuban Perahu Raya, Kayuambon, Lembang, Kabupaten Bandung Barat 02 2278 9582 10:00～20:00 一人平均Rp.50,000元 廂型小巴至Toko Ria Busana Lembang站，往覆舟火山方向步行 1小時 導航請用Balibu Eating Sundanese Lembang搜尋 P.173

1.羊肉沙嗲 / 2.推出的印尼菜色多元 / 3.餐廳外觀傳統

爪哇傳統小屋經濟實惠

伊瑪小屋
Imah Seniman

距離倫邦小鎮約10分鐘車程的Imah Seniman，因應觀光人潮，推出住宿與餐廳服務。住宿方面，房間擺脫新興現代，保留爪哇原始傳統的住屋風格，紅色瓦片、木造小屋與雕刻等經典建築巧思，環境古色古香，加上水池環繞於房間旁，畫面靜謐安詳。大部分房間可直接透過大片落地窗，欣賞窗外的池水景致。

住宿區的另一側，提供用餐地點，亦開放遊客來此享用餐點，餐廳依照水景構思，建造寬闊的蓮花池景，小木屋的三角造型無法忽視，瞬間成為餐廳的特色之一。

Jl. Kolonel Masturi No.8, Cikahuripan, Lembang, Kabupaten Bandung Barat 02 2278 7768 雙人房入住一晚約Rp.500,000元起 搭摩托計程車前往，但回程不易找車，建議包車 imahseniman.com 建議配合導航定位找尋地點 MAP P.173

1.用餐區位於蓮花池旁/ **2.**房型簡約純樸(1.2.照片提供/Imah Seniman) / **3.**餐廳主打印尼菜色

玩家提醒

伊瑪小屋住宿注意事項

Imah Seniman交通位置離小鎮有些距離，建議沒有包車的人，還是住在倫邦或萬隆市區中。另一方面，要是您嚮往或堅持選擇新穎時尚的飯店住宿，此住宿地點可能無法符合您的期待，不妨另尋飯店。

Day 3

萬隆市區 Kota Bandung

倫邦返回萬隆小巴聚集處

搭乘廂型小巴前往Ledeng或Stasiun Hall方向至Farmhouse前方下車

農莊主題園區
Farmhouse Susu Lembang
1.5小時

搭乘廂型小巴前往Ledeng或Stasiun Hall方向至博物館前方下車

驚艷博物館
Amazing Art World
1.5小時

步行至Terminal Ledeng總站，1.搭小巴往Cicaheum方向應可至Gedung Sate附近，下車後步行(上車前再次與司機確認目的地)；2.不想搭小巴可嘗試Damri公車Leuwi Panjang-Ledeng路線到Paskal RSHS，再轉搭計程車前往

西爪哇省府
GEDUNG SATE
0.5小時

步行5分鐘

地質博物館
Museum Geologi
1小時

步行15分鐘

遺產Outlet工廠
Heritage Factory Outlet
1小時

可選擇步行慢慢逛那條街或搭計程車前往(地標醫院Rumah Sakit Santo Borromeus附近為最精華地段)

達戈Outlet街
Dago Outlet
1.5小時

注意事項

1. Day3行程如果看到計程車，可搭計程車以減少等車時間；不排斥搭摩托計程車也可以嘗試。然而不管你選搭哪種交通工具，建議搭配手機導航即時確認。
2. 小巴15分鐘路程價格約Rp.3,000～5,000元，可依此類推；然而路段搭熱門程度，或多或少影響定價，各位請依平常心面對。

此地圖為大略位置，由於印尼城市有許多錯縱複雜的小路與單行道，若是一併放入地圖可能過於凌亂難懂，請讀者配合手機導航，掌握精確位置。

請同時參考第五天地圖，可更精確知道精華地段。

萬隆Day3市區地圖

童話故事的歐式莊園

農莊主題園區

Farmhouse Susu Lembang

歐式莊園的設計，總給人浪漫夢幻的感覺，Farmhouse莊園是倫邦的新興景點，雄偉漂亮的莊園建築佇立在涼爽的山丘，每一個場景元素非常適合外拍。富含多元的休閒遊憩區，莊園建築區人潮最盛；紀念品區精心絢麗，吸引年輕

1.園區內有幾處餐飲區 / **2.**很適合喜愛外拍的民眾 / **3.**主打歐式莊園的迷人場景

朋友駐足挑選；可愛動物區由眾多小朋友集結同樂，若此時餓了，提供餐廳與攤位，解嘴饞或飽足一頓皆可。

🖂Jl. Raya Lembang No.108, Gudangkahuripan, Lembang, Kabupaten Bandung Barat ☎022 8278 2400 🕘09:00～18:00 $門票一人Rp.20,000元；停小客車費用Rp.10,000元 ➡搭乘廂型小巴路線Stasiun Hall-Lembang方向，至Farmhouse下車 ⌛1.5小時 MAP P.173

置身視線錯覺的繽紛世界

驚豔博物館

Amazing Art World

驚豔博物館以3D藝術為主題，占地約2公頃，擁有150多張大大小小的立體圖，構圖比例充分展現畫家毫無保留的專業能力，騙過觀賞者的眼睛，讓人沉浸於錯覺當中。

分為6座藝廊，包含恐龍時代、知名畫作區、螢光藝術區、主廳區等，每一張圖都會標示適合拍照的絕佳位置，拍

1.2.與圖畫互動拍出趣味性 / **3.**博物館外觀顯眼易辨識

起來效果最為明顯喔。其中知名畫作區將眾所皆知的世界名畫透過特殊處理，合影時畫面逗趣好玩。另外，主廳區採用挑高設計，讓圖案更為壯觀浩蕩。

🖂Jl. Setiabudhi No. 293, Isola, Sukasari, Isola, Sukasari, Kota Bandung ☎022 8200 3777 🕘09:00～21:00 $平日Rp.130,000元；假日Rp.170,000元 ➡Damri公車Leuwi Panjang-Ledeng路線或廂型小巴至Ledeng總站，博物館靠近總站 ⌛1.5小時 http amazingartworld.co.id ❓入內需脫鞋 MAP P.171

到印尼本土咖啡館享用道地咖啡

EXCELSO咖啡館
EXCELSO

印尼本土咖啡品牌，推出的咖啡除了大賣場量販店可尋覓外，創立咖啡館，打造下午茶、聚餐以及品嘗咖啡的空間，讓人愜意度過用餐時光。

以西式餐點為主，沙拉、義大利麵、三明治等，咖啡飲品為主打商品，濃縮咖啡、拿鐵、卡布奇諾以及咖啡冰沙等選擇多樣，推薦嘗試爪哇阿拉比卡，咖啡香氣濃郁，溫和不強烈，而酪梨咖啡口感滑順，風味創新獨特，皆值得一嘗。

Jl. Sukajadi No.228, Gedung Mayfair. Lt. Dasar, Pasteur, Sukajadi, Kota Bandung 022 204 1143 09:00～22:00 一人平均Rp.50,000元起 Damri公車Leuwi Panjang-Ledeng路線至Sukajadi站下車，步行前往 1.5小時 excelso-coffee.com 導航請用EXCELSO Sukajadi，因為萬隆有3間分店 P.171

1.EXCELSO為印尼本土品牌 / **2.**三明治系列味道可口 / **3.**EXCELSO菜單設計精美 / **4.**餐廳主打咖啡飲品

旅遊知識家

咖啡小百科

咖啡的迷人之處唯有喜愛之人方能領悟，不少人將咖啡作為伴手禮，其實常喝的咖啡品種主要有3～4種，阿拉比卡、羅布斯坦、立柏立卡等，這些品種來到不同地區種植，隨著氣候、土壤、淺焙、深焙等條件，成就出各式獨特的咖啡風味。

以印尼為例，蘇拉維西島的托拉加Toraja、爪哇Java阿拉比卡與蘇門答臘Sumatera曼特寧等聲名遠播；托拉加口感醇厚帶果香；爪哇風味細緻溫順，曼特寧酸度適中。而麝香貓咖啡Kopi Luwak，更是享譽國際的頂級奢華咖啡，為行家之選。

高雅尊貴的重要地標

西爪哇省府
GEDUNG SATE

爪哇島劃分為東、西、中爪哇，3區各有專屬的省府，西爪哇省府位於萬隆，建立於西元1920年，過去為荷蘭殖民時期的辦公室，最上方屋頂採用塔式設計，保留印尼傳統元素。

省府外觀高雅，門口水池噴起水柱時，呈現動態之美，前方大大GEDUNG SATE地標是民眾爭相合影的熱門位置，此起彼落的合影民眾活絡省府氣氛。跨越馬路來到正前方的操場，居民紛紛在此休閒運動外，亦是萬隆舉辦許多大型活動的地點。

☒Jl. Diponegoro No.22, Citarum, Bandung Wetan, Citarum, Bandung Wetan, Kota Bandung ➡若從萬隆市區前往，可搭乘Damri公車Dipatiukur-Jatinangor路線至Gedung Sate站下車後，步行即可 ⌛1.5小時 MAP P.191

1.省府為萬隆重要地標 / 2.省府前方的小廣場假日成為休憩之所

館藏豐富精心

地質博物館
Museum Geologi

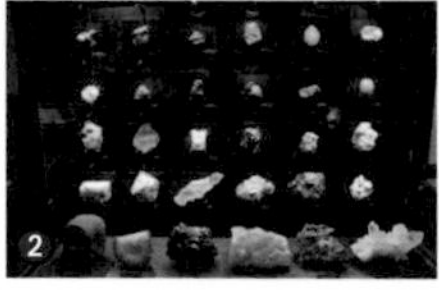

地質博物館以地質文物為主題，珍藏品極富教育價值，是萬隆難得一見的優質博物館。一樓分為兩區，一區介紹礦石，透過打光效果閃閃動人，另一區展示化石，從恐龍時期一路帶到史前文化。二樓介紹印尼火山與地震。整體而言，不論是動線、互動設施、資訊板、文物陳列，屬於高質感博物館。

☒Jl. Diponegoro No.57, Cihaur Geulis, Cibeunying Kaler, Kota Bandung ☎022 720 3822 ⊙平日08:00～16:00；週末08:00～14:00(週五及國定假日休館) $一人Rp.10,000元 ➡若從萬隆市區前往，可搭乘Damri公車Dipatiukur-Jatinangor路線至Gedung Sate站下車後，步行前往 ⌛1.5小時 http museum.geology.esdm.go.id MAP P.191

1.不少民眾衝著恐龍前來 / 2.館內設計精心美麗 / 3.地質博物館頗負盛名

款式齊全熱門商場

遺產Outlet工廠
Heritage Factory Outlet

Heritage為萬隆Outlet之一，外觀亮眼，商品齊全多樣，涵蓋上衣、長短褲、裙類以及穿戴飾品，男性、女性以及孩童服飾應有盡有，只要時間足夠，應能尋覓合適商品。這裡提供試穿機會，如此一來，減少買到不合身或款式不搭的情況。要想逛得舒適不擁擠，記得選擇平日前來，少掉一半人潮，可盡情購物，建議先到官網瀏覽，再到現場挑選，會讓購物更有效率。

1.外觀帶些歐式風格 / 2.琳瑯滿目的商品可供選擇 / 3.介意剪標者可先留意商品是否有剪標

Jl. R.E. Martadinata No.63, Citarum, Bandung Wetan, Kota Bandung 022 422 0545 11:00～21:00 依照個人購買項目 若從萬隆市區前往，可搭乘Damri公車Dipatiukur-Jatinangor路線至Gedung Sate站下車後，步行前往 1.5小時 heritagefactoryoutlet.com MAP P.191

價格實惠血拼好去處

達戈 Outlet街
Dago Outlet街

萬隆加工紡織工廠多，Outlet紛紛成立，久而久之萬隆Outlet遠近馳名，不少外地來的遊客，總是挑上幾間Outlet逛逛，滿足購物欲望。Blossom與JETSET特別出名，商品五花八門，House Of Donatello主打優質鞋款，設計匠心獨具。部分Outlet販售H&M、ZARA、Forever 21等品牌，但要特別注意是否有瑕疵、贗品、剪標等情況，介意者請先檢查。

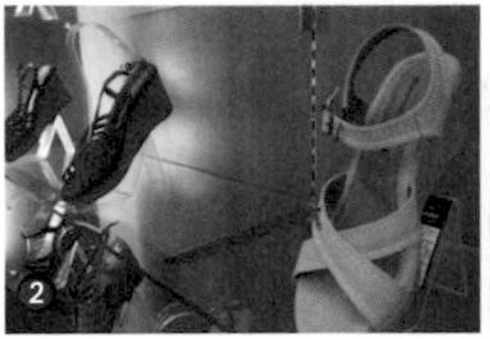

1.萬隆Outlet成為民眾購物去處 / 2.House Of Donatello主打鞋品深受民眾青睞 / 3.Blossom為數一數二的Outlet店

JL. Ir. Haji Juanda/JL.Dago, Lebak Gede, Coblong, Lebakgede, Bandung, Kota Bandung 店家普遍於10:00～20:00營業 若從萬隆市區前往，可搭乘Damri公車Leuwi Panjang-Dago路線至Dago(RS Borromeus)站下車後，步行前往；搭計程車可用醫院Rumah Sakit Santo Borromeus作為目標 1.5小時 MAP P.191

播放電影的創意餐廳

覓食吧餐館
Warung Misbar

覓食吧餐館是以電影為主題的創意餐廳，營造早期復古戲院風格，電影海報、今日播放電影公告欄、播放布幕與座位等一一到位，別以為僅是環境裝飾，餐館也會播放電影，是名副其實的電影主題餐廳。

集結印尼四面八方的當地料理，巴東餐、巽達菜以及中爪哇菜等，陣仗豐盛浩大，數十種菜肴，的確讓人眼花撩亂。點菜方式簡單，決定好飯類後，依序排隊前進，把欲享用的菜肴，夾入自己的碗盤中，也可請服務人員協助裝盤，分量以一份或半份計算。結帳後自行找座位，打算邊吃邊觀賞電影者，挑選內部座位，想要細細品嘗不受干擾，那就挑選靠近門口的座位，大快朵頤。假設你來到萬隆的時間較短促，想要盡量於一間餐廳蒐羅印尼菜肴，來這就對了。

Jl. R.E. Martadinata No. 28A, Riau, Bandung/Jl. Riau No. 28 A, Citarum, Bandung Wetan, Kota Bandung 0878 2412 4251 09:00～20:00 一人約Rp.30,000元起 若從萬隆市區前往，可搭乘Damri公車Dipatiukur-Jatinangor路線至Gedung Sate站下車後，步行前往 1.5小時 MAP P.191

1.菜肴多元滿足不同消費者 / **2.**Warung Misbar是以電影為主題的特色餐廳 / **3.**門口告示撥放的電影訊息 / **4.**菜色樣樣香味俱全 / **5.**用餐時可邊欣賞電影

步行可到萬隆火車站

阿利昂飯店

Arion Swiss-Belhotel Bandung

Swiss-Belhotel約有14種飯店類型，分布於中國、澳洲、越南、菲律賓與印尼各大城市。萬隆的Arion占有地利之便，靠近萬隆火車站，以四星級飯店來說，屬於經濟實惠型，成為不少隔日即將動身其他城市的過夜首選。

Arion共有100間客房，分為豪華、商務、家庭套房、商務套房、小型套房以及總統套房等5種房型。飯店外雖然購物性質的商店不多，但想要找飽足一頓的餐廳仍是不少，從簡便的路邊攤或是擁有座椅與舒適環境的餐廳都有，覓食不成問題。

Jl. Otto Iskandar Dinata No.16, Pasir Kaliki, Sumur Bandung, Kota Bandung 022 424 0000 雙人房一晚約Rp.650,000元 位於萬隆火車站旁，步行2分鐘 1.5小時 www.swiss-belhotel.com/id-id/arion-swiss-belhotel-bandung MAP P.191

1.飯店提供多種房型 / **2.**百匯式早餐選擇多元 / **3.**Swiss-belhotel屬於連鎖型飯店 / **4.**從飯店步行即能到萬隆火車站 / **5.**飯店亦提供印尼傳統早餐

Day 4 萬隆郊區芝威德與萬隆市區 Ciwidey · Kota Bandung

此天行程規畫的景點單純，牛奶湖為半日行程(需預留來回時間)，而安格龍的表演也需要2～3小時，剛好將一天的上下午排滿。包車請直接參考景點介紹

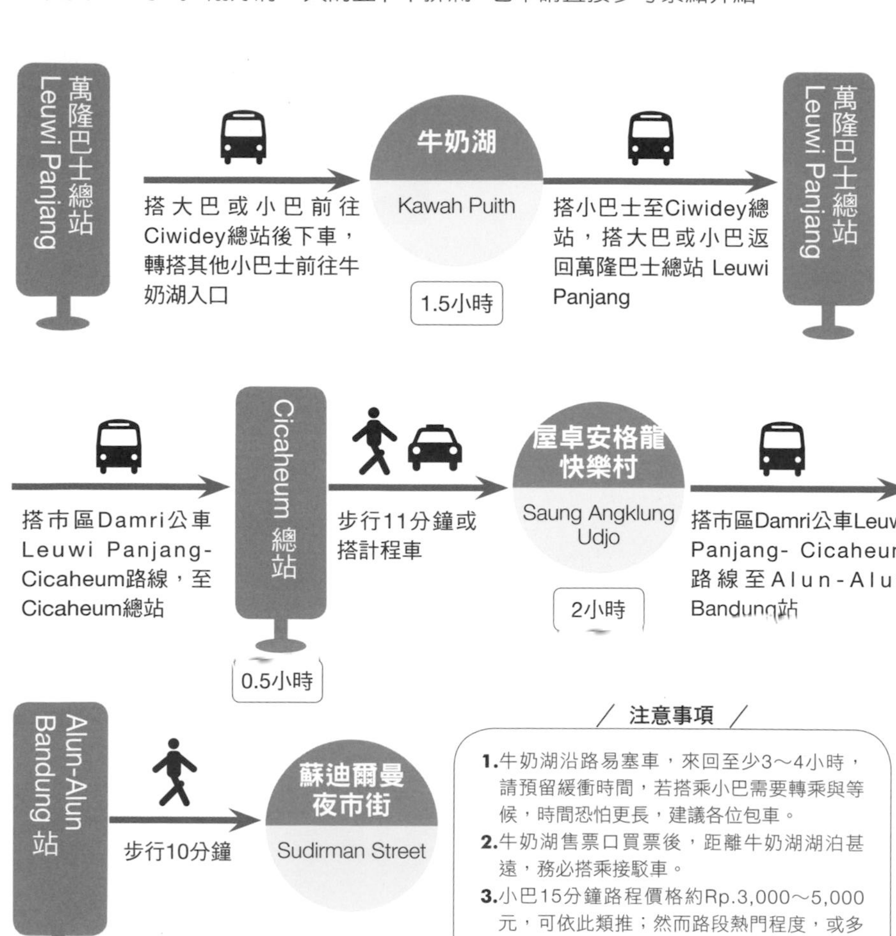

注意事項

1. 牛奶湖沿路易塞車，來回至少3～4小時，請預留緩衝時間，若搭乘小巴需要轉乘與等候，時間恐怕更長，建議各位包車。
2. 牛奶湖售票口買票後，距離牛奶湖湖泊甚遠，務必搭乘接駁車。
3. 小巴15分鐘路程價格約Rp.3,000～5,000元，可依此類推；然而路段熱門程度，或多或少影響定價，各位請依平常心面對。

前進牛奶湖(Kawah Putih)

牛奶湖距離市區較遠，提供牛奶湖相關介紹，請做好交通準備。

❁牛奶湖位置

牛奶湖位於萬隆市區南邊，位於芝威德，與倫邦相反方向，不論包車或是搭乘小巴，牛奶湖山路居多，平日也常塞車，假日更是壅塞不已，最好於早晨6～7點前出發，減少塞車。

❁從萬隆市區前往牛奶湖

1.包車

包車彈性空間大，塞車時，包車坐起來也較舒適，若是途中想要上廁所或買水及零食，亦可隨機下車解決。來到牛奶湖售票入口後，自行開車者除了牛奶湖門票的花費外，需付停車費用，即可行駛至牛奶湖旁的停車場。

2.廂型小巴

萬隆巴士總站Terminal Leuwi Panjang搭乘Bandung-Ciwidey方向至芝威德(Ciwidey)車站後，轉搭小巴前往牛奶湖，上車前與司機確認是否會抵達目的地。此外，一樣會出現部分司機，問你要不要包下一台車，不用等其他人，各位自行評估價格。搭乘小巴來到牛奶湖，僅會停在售票入口附近，一樣先買票，並購買牛奶湖園區接駁車票，建議各位一定要搭接駁車，因為售票入口離牛奶湖還有一大段距離，步行太過遙遠。

1.牛奶湖接駁車容易辨識 / 2.抵達牛奶湖門口後，可搭乘接駁車 / 3.自行開車者若要直接開往牛奶湖需付停車費用

夢幻淡藍的可爾必思湖

牛奶湖

Kawah Putih

Kawah為湖，Putih為白色之意，因此又稱為牛奶湖。牛奶湖是帕杜哈(Patuha)火山的火山口湖之一，目前為休眠狀態，海拔約2,400公尺，西元1987年開放參觀，至今已是萬隆十分出名的景點。要見到牛奶湖本尊，不須親自跋山涉水，車子可直接抵達牛奶湖的出入口，約走幾步路，不超過10分鐘，即可一睹牛奶湖風光。

牛奶湖顛覆對湖水的既定意象，非清澈湖水，反倒如可爾必思般的乳白色彩，由於周圍土地與湖面顏色相近，牛奶湖視覺效果延伸，顯現風光遼闊旖旎外，更呈現得天獨厚的特色美景。參觀時請注意牛奶湖的硫磺氣味甚是強烈，就連湖面旁的土地，也包覆著一層白黃色的硫磺粉末，強烈建議戴上口罩。

❶ ❷

Jl. Raya Soreang Ciwidey, Ciwidey, Bandung, Jawa Barat　08:00～17:00　入園票一人Rp.20,000元，停車費Rp.150,000元　萬隆巴士總站Terminal Leuwi Panjang搭乘至Ciwidey總站，轉搭其他小巴至牛奶湖　1.5小時　硫磺氣味明顯，呼吸道不好的人請注意防護措施　MAP P.171

❸

1.牛奶湖晴天可一覽無遺 / 2.看到此地標表示離牛奶湖不遠 / 3.牛奶湖獨特景致成為萬隆的熱門景點 / 4.遊客圍觀了解牛奶湖資訊 / 5.周圍植物光禿貧脊 / 6.不少攤販售牛奶湖粉末 / 7.跟隨遊客的腳步即可找到牛奶湖

| 旅人手帳 |

世上罕有的絕美奇景

牛奶湖有著與世隔絕般的夢幻神祕，豔陽天與陰雨天的美景都作者都碰過，豔陽高照時，全景一覽無遺，湛藍天空與湖水呼應，襯托出牛奶湖水的獨特；陰雨天湖面瀰漫山嵐，那若隱若現的湖面，十分詩情畫意。然而，對於一生可能僅來一次的讀者來說，預祝來的時節為晴天，才能一覽清晰風光。

無孔不入的硫酸味

牛奶湖的進出口清楚標示請攜帶口罩，也請勿於湖面待超過15分鐘，別不相信，那硫磺的濃度，確實無法在湖面待太久。儘管戴上口罩，硫磺氣味仍可從口罩沒有貼合的地方吸入，囤積在鼻腔與喉嚨，累積到一定量，一定會感覺到喉嚨不適，千萬別逗留太久，注意身體狀況。

①

感受安格龍悅耳的打擊旋律

屋卓安格龍快樂村

Saung Angklung Udjo

②

③

安格龍快樂村成立於西元1966年，由Udjo Ngalagena先生所建立，藝術表演之餘，更把技藝傳承後人，持續將爪哇島特色樂器發揚光大，其樂器就是安格龍(Angklung)。安格龍2010年列入聯合國教科文組織認定的世界無形遺產，由竹子製成，透過敲打晃動發出聲音，音調清脆悅耳，旋律和諧優美，適合演奏休閒或是活潑俏皮的曲風。

快樂村表演分為木偶戲、舞蹈表演、安格龍表演等，所有演出濃縮於1.5小時，舞者的動作、服飾、配樂等，充滿爪哇藝術的獨特性，而安格龍演奏，除了演奏爪哇傳統音樂外，還能發揮於流行音樂中，具有無限的創意空間。演出的小朋友眾多，少部分小朋友表演時雖然會小小分神，但從小耳濡目染，相信未來有更為傑出的表現。快樂村裡附設餐廳與紀念品店，讓遊客觀賞表演之外，還能享受當地餐點與購物樂趣。

Jl. Padasuka 118, Bandung 022 727 1714 / 710 1736 表演時間每日15:30～17:00；週六兩場13:00與15:30；週日兩場10:00與15:30，週末建議先預約 表演門票外國遊客一人Rp.110,000元 Damri公車Leuwi Panjang-Cicaheum方向至Cicaheum總站，步行11分鐘或搭計程車 2小時 www.angklung-udjo.co.id MAP P.171

1.大家一起合作演奏美妙旋律／2.購買門票時可愛的安格龍模型即為門票／3.快樂村募集小朋友一同表演／4.安格龍由竹子製成／5.木偶戲與臺灣布袋戲有些神似之處/ 6.現代音樂透過安格龍演奏有不同巧思／7.快樂村將安格龍演奏發揮的淋漓盡致／8.現場技工製作安格龍

| 旅人手帳 |

前所未聞的竹筒樂

作者認為安格龍值得列入萬隆的必訪名單中，因為快樂村匯集爪哇藝術，1.5小時的表演，能夠滿足對當地文化的探索欲望。主持人詢問是否有外國人時，請大方舉手，這樣才能讓主持人介紹時附上英文解說。

整場演出會讓遊客參與互動，共同演奏安格龍，成為當天特約音樂家，每人發配一組安格龍，上方會註明號碼，而這正是主持人控制演奏的技巧，當主持人出示號碼正是你手中的號碼時，要立刻反應，扮演好你的角色，認真地晃動安格龍，一起譜出美妙旋律，趣味十足。

精緻印尼菜與紀念品

安格龍餐廳

SAU Food And Beverages/ Souvenir

屋卓安格龍快樂村附設的紀念品店與餐廳。紀念品店販售經典傳統的商品，如木偶、安格龍樂器、面具以及蠟染等，走上一圈，應對爪哇島紀念品熟識了，嚮往收集異國紀念品的話，木偶特別精緻，感興趣者看看是否有中意的選擇。餐廳主打巽達菜色，爪哇代表性點心與飲品也不少，吃飽吃巧皆宜，牆上掛著安格龍相關的插圖或相片，讓用餐者了解屋卓安格龍發展的故事，等餐時不妨靜靜欣賞。

Jl. Padasuka 118, Bandung 022 727 1714 / 710 1736 08:00～18:00 同前方屋卓安格龍快樂村交通資訊 1小時 www.angklung-udjo.co.id

1.欣賞完表演可順道在此用餐 / 2.用餐環境簡潔素雅 / 3.戲偶為爪哇藝術國粹

相約來去逛夜市

蘇迪爾曼夜市街

Sudirman Street Day & Night Market

夜幕低垂時，商家此起彼落擺攤，為當天的用餐者，準備可口佳肴，當時間來到用餐巔峰，每家力推自家餐點，場面熱鬧。

加分的是，夜市裡豬肉餐點占比高，走個幾步就能看見，從烤豬肋排、肉骨茶、燒臘飯等華人料理，到結合印尼料理，豬肉沙嗲、Matabak豬肉蔥油餅，樣樣令人蠢蠢欲動，急著想大快朵頤。

Jl. Jend. Sudirman No.107, Karanganyar, Astanaanyar, Karanganyar, Astanaanyar, Kota Bandung 16:30～21:00 一人平均Rp.40,000元起 Damri公車Leuwi Panjang-Cicaheum路線至Alun-Alun Bandung站步行9分鐘 1小時 假日與夜晚攤位較多更熱鬧 P.173

1.推出入豬肉料理的攤位不少 / 2.夜市居然可見酸菜豬肉湯 / 3.蘇迪爾曼夜市是夜晚覓食的去處之一

鬧中取靜的優質飯店

格蘭喬科羅飯店
Grand Tjokro Bandung Hotel

Grand Tjokro為四星級飯店，主要分為5種房型，豪華、高級、頂級、套房以及家庭式套房，而房型偏向現代簡約風格，俐落大方。公共設施包含游泳池、Spa館與健身室等，早餐料理精心豐盛，採用百匯方式，結合印尼式、西式與中式等多國料理，空間寬敞舒適，用起餐來特別愜意。

入住後可別將自己局限於飯店中，到車水馬龍的Jl. Cihampelas路上逛逛吧，是萬隆極為出名的鬧街購物區，沿途服飾店、伴手禮店以及餐廳比比皆是，繼續往下走，有座Ciwalk百貨商場，若要買伴手禮，建議選擇提供試吃的店家，先品嘗口味，喜歡再買。此外，附近也有便利商店，要買水或是小零食都很方便，地段十分便捷。

1.早餐提供多國料理 / **2.**早餐百匯多元性頗受好評 / **3.**房型別致宜人 / **4.**基本備品皆提供

Jl. Cihampelas No.211-217, Cipaganti, Coblong, Kota Bandung 022 8202 1220 雙人房一晚約Rp.800,000元 Damri公車Kota Baru Parahyangan(KBP)-Alun-Alun路線至Jl. Cihampelas站，步行至飯店 www.grandtjokro.com/hotel-grand-tjokro-bandung-in-bandung 飯店外的馬路為單行道，不管搭公車或計程車，請留意方向以免要再繞一圈才能回來 P.207

Day 5

萬隆市區 Kota Bandung

飯店 Grand Tjokro Bandung

步行11分鐘或搭乘計程車(飯店可協助叫計程車)

早晨傳統市集 Pasar Sederhana 1小時

步行10分鐘或搭乘摩托計程車

PVJ 百貨 Paris van Java 1.5小時

搭市區公車DamriLeuwi Panjang-Ledeng路線，或搭廂型小巴，至醫院Paskal RSHS站下車，步行3分鐘

普利瑪伴手禮店 Prima Rasa 1小時

步行15分鐘或搭乘計程車

牛仔褲街與天空步道 Jl.Cihampels, Sky walk 1小時

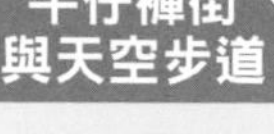

步行3分鐘

奇沃商場 Ciwalk 1小時

搭計程車前往(商場Ciwalk出入口有計程車)

摩登Outlet Rumah Mode Outlet 1.5小時

注意事項

1. 早晨傳統市集旁有個廂型小巴的小型車站，各位也可試著詢問司機是否有前往PVJ百貨。
2. 小巴15分鐘路程價格約Rp.3,000～5,000元，可依此類推；然而路段熱門程度，或多或少影響定價，各位請依平常心面對。

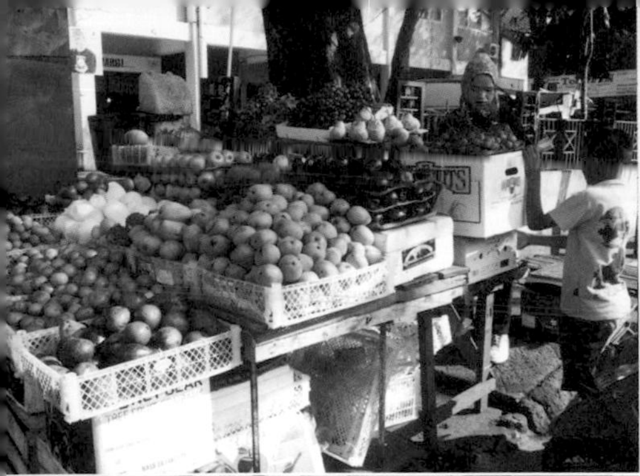

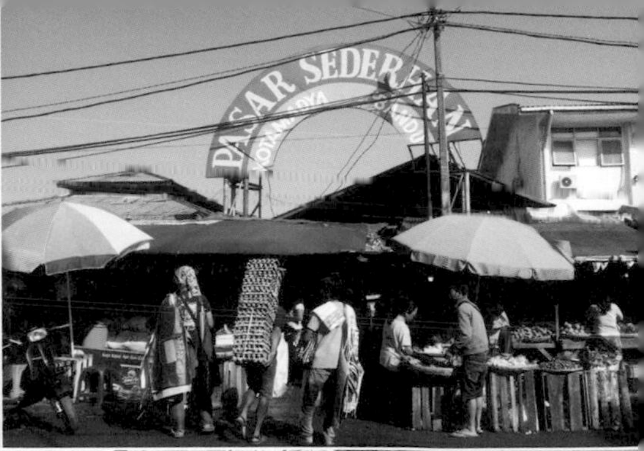

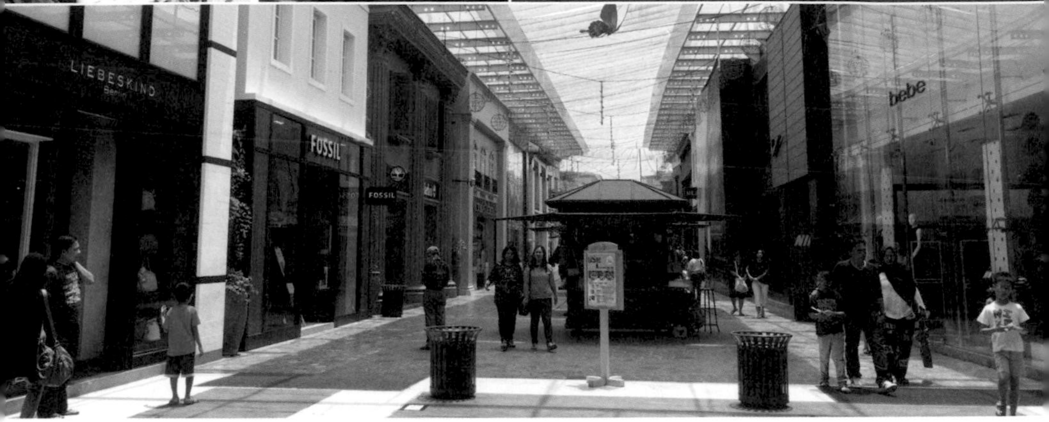
LIEBESKIND
FOSSIL
FOSSIL
bebe

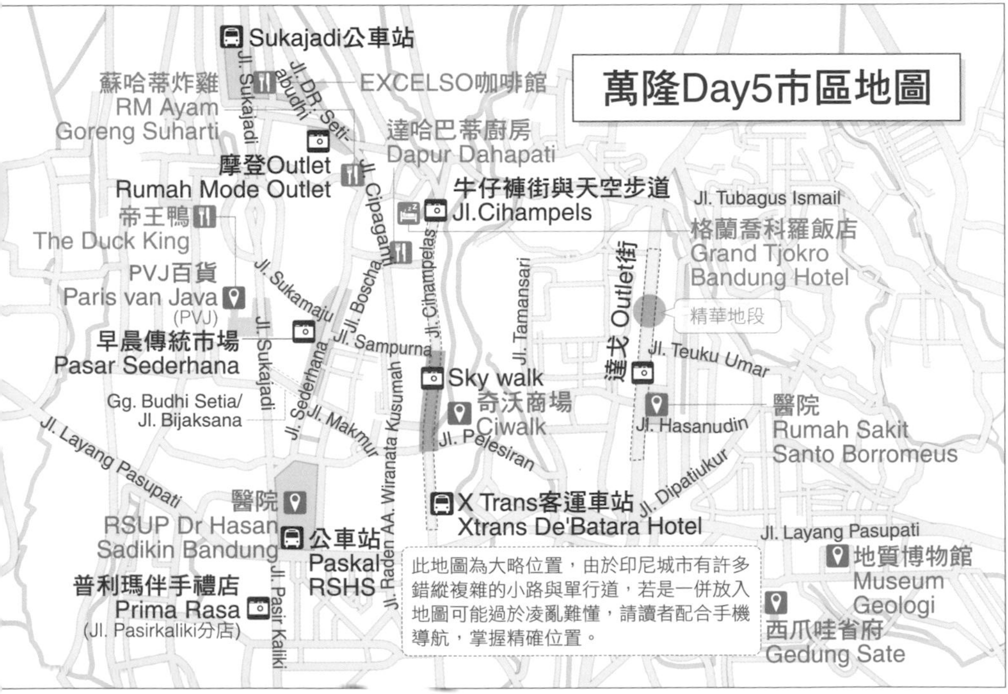
萬隆Day5市區地圖
Sukajadi公車站
蘇哈蒂炸雞
RM Ayam
Goreng Suharti
EXCELSO咖啡館
Jl. Sukajadi
Jl. DR. Setiabudhi
達哈巴蒂廚房
Dapur Dahapati
摩登Outlet
Rumah Mode Outlet
Jl. Cipaganti
牛仔褲街與天空步道
Jl.Cihampels
Jl. Tubagus Ismail
帝王鴨
The Duck King
格蘭喬科羅飯店
Grand Tjokro
Bandung Hotel
PVJ百貨
Paris van Java
(PVJ)
Jl. Sukamaju
Jl. Boscha
Jl. Cihampelas
Jl. Tamansari
達戈Outlet街
精華地段
早晨傳統市場
Pasar Sederhana
Jl. Sukajadi
Jl. Sederhana
Jl. Sampurna
Sky walk
Jl. Teuku Umar
奇沃商場
Ciwalk
Gg. Budhi Setia/
Jl. Bijaksana
Jl. Makmur
Jl. Pelesiran
Jl. Hasanudin
醫院
Rumah Sakit
Santo Borromeus
Jl. Layang Pasupati
Jl. Raden AA. Wiranata Kusumah
醫院
RSUP Dr Hasan
Sadikin Bandung
公車站
Paskal
RSHS
X Trans客運車站
Xtrans De'Batara Hotel
Jl. Dipatiukur
Jl. Layang Pasupati
地質博物館
Museum
Geologi
普利瑪伴手禮店
Prima Rasa
(Jl. Pasirkaliki分店)
Jl. Pasir Kaliki
此地圖為大略位置，由於印尼城市有許多錯縱複雜的小路與單行道，若是一併放入地圖可能過於凌亂難懂，請讀者配合手機導航，掌握精確位置。
西爪哇省府
Gedung Sate

用早晨市集開啟一天旅程

早晨傳統市集

Pasar Sederhana

早晨的萬隆天氣涼爽，逛起市場來更為舒服，由於印尼人普遍早起，大約05:00早已蓄勢待發，開始迎接叫賣的一天，此時，居民也不甘示弱地出現在市集。Pasar Sederhana裡的攤販，分為室外與室內區域，室外區域是市場的延伸，主要販售水果與生活用品居多，而室內區域是核心區，販售蔬菜、肉類、海鮮、米類雜糧與香料等，可見多種異國食材。想要了解一個城市的飲食文化，來一趟傳統市場包準大獲豐收，增廣見聞。

1.一趟市集之旅能夠了解當地飲食文化 / **2.**當地發酵長菌的Ocom特殊食材無法想像 / **3.**約莫6、7點攤販們早已忙進忙出

✉Ps. Sederhana, Jl. Jurang, Pasteur, Sukajadi, Kota Bandung 🕒市集約04:30擺攤，約11:00收攤 ➡Damri公車Leuwi Panjang-Ledeng路線至百貨Paris van Java(PVJ Mall)附近下車後步行前往，或搭計程車前往 ⌛1小時 MAP P.207

各種品牌匯集的熱門百貨

PVJ百貨

Paris van Java

百貨簡稱為PVJ，不少旅行團將此作為旅程一站，因為這裡的商場氛圍佳，雲集國際品牌，餐廳多元，更有電影院與大賣場，可說是萬隆市區優異且功能全面的百貨，百貨裡Resort Level樓層為精華地段，H&M、ZARA、Charles & Keith等品牌皆坐落於此，而半露天的廣場區，引入室外光，打造露天市集的場景，清新自然。餐廳引進多國料理，印尼餐、中式、日式、速食與咖啡廳等，平價到中高價位皆有，滿足不同消費市場。

1.百貨打造歐洲購物商場 / **2.3.**在PVJ有各式異國料理

✉Jl. Sukajadi No.131～139, Cipedes, Sukajadi, Kota Bandung ☎022 206 0800 🕒10:00～22:00 ➡Damri公車Leuwi Panjang-Ledeng路線至百貨Paris van Java(PVJ Mall)附近下車後步行前往 ⌛1.5小時 http paris-van-java.com MAP P.207

享用茶點時間

帝王鴨
The Duck King

帝王鴨屬於中高價位的中式飲茶餐廳，桌上菜單是用來點港式點心(Dim Sum)，而後奉上的大本菜單，則是點合菜、甜點與飲品類，皆附上中文。推薦試試港點，近100種選擇，蝦餃、燒賣、腸粉、包子、水餃外，更有可以飽足一餐的燒鴨飯、雲吞麵、粥品。特別注意為因應印尼市場，每樣茶點以海鮮、牛肉或雞肉取代國內常見的豬肉餡料，儘管如此，新鮮與美味仍舊不變。

1.在印尼想吃中式料理不妨到帝王鴨 / **2.**近百種茶點供人選擇 / **3.**每樣點心細緻可口 / **4.**帝王鴨餐廳遍布印尼大城市

位於PVJ百貨內 電話 022 8206 3768 時間 10:30～21:30 $ 一人平均Rp.80,000元 交通 Damri公車Leuwi Panjang-Ledeng路線至百貨Paris van Java(PVJ Mall)附近下車 停留時間 1小時 http www.theduckking.com MAP P.207

採購伴手禮絕佳去處

普利瑪伴手禮店
Prima Rasa(Jl. Pasirkaliki)

帶些伴手禮店回國，才算是圓滿畫上句點，Prima Rasa遠近馳名，作者也是從當地人口中推薦才得知。店家專門製作糕點麵包，除了布朗尼蛋糕(Brownies)為招牌，香蕉巧克力蛋糕(Bolen Pisang Cokelat)與野餐捲(Picnic Roll)也是人氣商品，當日現做，趁早來剛出爐還熱熱的，怪不得大家總拎著兩三條回家。另一方面，也推出早餐，薑黃飯、糯米糕捲、甜粿等樣樣可口誘人。

1.香蕉巧克力蛋糕風味獨特 / **2.**Prima Rasa提供包裝輕巧簡潔的伴手禮 / **3.**專門製作烘焙糕點的Prima Rasa吸引饕客前來 / **4.**糕點類讓人食指大動

Jl. Pasirkaliki No. 163, Pamoyanan, Cicendo, Pamoyanan, Cicendo, Kota Bandung, 電話 0878 2538 3883 時間 07:00～20:00 $ 依照個人消費而定 交通 Damri公車Leuwi Panjang-Ledeng路線，至醫院Paskal RSHS站，步行3分鐘 停留時間 1小時 http primarasabandung.com 備註 Prima Rasa有好幾家分店，此家是Jl. Pasirkaliki分店 MAP P.207

上下皆可逛的特色街

牛仔褲街與天空步道

Jl. Cihampelas . Sky Walk

Jl.Cihampelas街是萬隆著名的購物商街，也有人稱為牛仔褲街，主要是街上服飾店特多，牛仔褲又最為常見，而得此稱號。街上的伴手禮店也不少，想買椰糖糕(Dodol)、炸豆餅片(Keripik Tempe)或香蕉片(Keripik Pisang)等可在此尋寶，地面逛完記得走上樓梯，將Sky Walk街逛上一回，購物屬性不太相同，是近年新興景點，以紀念品、小吃攤居多，到處可見Bandung字眼的鑰匙圈與服飾，是條充滿觀光性質的步道。

✉Jl. Cihampelas , Cipaganti, Coblong, Kota Bandung ⏲店家約10:00～20:00營業 $無 ➡Damri公車Kota Baru Parahyangan(KBP)-Alun-Alun，路線至Jl. Cihampelas站，步行前往 ⌛1小時 ℹ為單行道，不管搭公車或搭計程車時，若錯過需要再繞一圈才能回來 MAP P.207

1.Sky Walk位於購物街上方 / **2.5.**此條購物街亦有Outlet店面 / **3.**豆餅片接受度兩極建議試吃看看 / **4.**特色攤位充斥於Sky Walk

綠意盎然的漂亮商場

奇沃商場
Ciwalk

Ciwalk位於Jl. Cihampelas街上，商場大量保留自然植物，特別是Young Street區域種了一排林蔭樹木，綠意盎然。分為4層樓，規模雖然不大，但功能齊全，商家、餐廳、超市賣場、電影院皆包含。倘若想在此覓食，吉野家與J.CO都是不錯的選擇，吉野家來到善於烹煮牛肉的印尼，作者認為風味似乎勝於臺灣，特推原味牛肉丼飯。J.CO是印尼本土咖啡廳，供應咖啡飲品外，甜甜圈口味多元，深受當地人喜愛。

1.Ciwalk屬於萬隆熱門商場 / 2.此地也是當地人購物天堂之一 / 3.商場購物與休閒功能齊全

✉Jl. Cihampelas No.160, Cipaganti, Coblong, Kota Bandung, ☎022 206 1122 🕒10:00～22:00 ➡Damri公車Kota Baru Parahyangan(KBP)-Alun-Alun路線至Jl. Cihampelas站下車，步行前往 ⏳1小時 http ciwalk.com ❓為單行道，不管搭公車或搭計程車時，若錯過需要再繞一圈才能回來 MAP P.207

購物小天堂

摩登Outlet

Rumah Mode Outlet

Rumah Mode號稱是萬隆數一數二的Outlet，外地來的遊客幾乎被推薦來此。這裡有各個購物區，將商品分門別類，包包鞋款區、蠟染區、時尚服飾區、用餐區、伴手禮區，其中時尚服飾區的人潮最多，集結眾多國際品牌，Hugo Boss, Burberry、Forever 21、ZARA、H&M等，各種過季或是折扣優惠等著消費者挖掘。不過要提醒各位，購買時請務必試穿，買回國發現有問題，想要退貨將會很麻煩，只要事先留意，相信你可以逛得很開心。

Rumah Mode美食區不遜色於購物區，環境採用半露天方式，座位多小吃攤位也多，提供顧客在此用餐的機會，如炸物(Batagor)、煎粿(Surabi)以及煎餅(Matabak)等萬隆特產，不妨多加嘗試。

Jl. Doktor Setiabudi, Pasteur, Sukajadi, Pasteur, Sukajadi, Pasteur, Sukajadi, Kota Bandung 022 203 2938 平日09:30～20:30；週末營業至21:30 依照個人消費而定 直接搭乘計程車前往或Damri公車Leuwi Panjang-Ledeng路線至Sukajadi站後步行 1.5小時 MAP P.207

1.Rumah Mode可說是超級出名的購物處 / **2.**內部設有伴手禮區 / **3.**想找蠟染服飾亦可來此 / **4.**Rumah Mode附設多種用餐區

老闆，來一碗牛尾湯！

達哈巴蒂廚房

Dapur Dahapati

牛尾湯(Sop Buntut)是萬隆的靈魂湯品，專賣牛尾湯的Dapur Dahapati，儘管平日仍是高朋滿座。此家牛尾湯頭雖然有些微鹹度，但清湯帶有的滿滿精華實在誘人，順口且濃郁，牛尾肉也早已燉煮軟嫩，湯中的馬鈴薯與胡蘿蔔讓口感更加豐富。想品嘗的話，建議於平日或是中午前往，太晚來小心撲空；最後給各位一些價格上的心理建設，作者喝過這麼多牛尾湯，價格往往落在Rp.50,000~70,000元，價格不算便宜，並非僅有此間價格如此，各位可自行斟酌。

1.餐廳外觀 / 2.牛尾湯是萬隆特色美食

Jl. Cipaganti No.146, Cipaganti, Coblong, Kota Bandung 022 2042 751 10:00～21:00 一人平均Rp.70,000元 直接搭乘計程車前往或Damri公車Leuwi Panjang-Ledeng路線至Sukajadi站下車後步行前往 1小時 此間分店位於Jl. Cipaganti路上 MAP P.207

酥脆炸雞好美味

蘇哈蒂炸雞

RM Ayam Goreng Suharti

來到印尼，沒嘗嘗炸雞，興許愧對到貴寶地了，印尼炸雞烹調手法多如繁星，此家炸雞會附上調味麵粉屑，此為中爪哇炸雞的獨特處，吃炸雞時搭配麵粉屑，口感酥脆，沾些辣椒醬更是迷人，非常適合來此大嗑一整隻雞。除此之外，餐點也提供中爪哇城市的特色料理滷味餐(Gudeg)，讓未去過中爪哇或是懷念那裡特色美味的人，可在萬隆吃個過癮。提醒各位不管是什麼炸物，記得趁熱吃，方能感受最佳賞味期。

1.少人用餐可點套餐類型 / 2.此間炸雞擁有中爪哇特色料理方式 / 3.餐廳可容納團體用餐

Jl. Cipaganti No.171, Pasteur, Sukajadi, Pasteur, Sukajadi, Kota Bandung 022 2038 677 11:00～21:00 一人平均為Rp.50,000元 直接搭乘計程車前往或Damri公車Leuwi Panjang-Ledeng路線至Sukajadi站下車後步行前往 1小時 MAP P.207

日惹

Yogyakarta

奔向文化古城，探究靜謐古蹟之歷史起源

大啖日惹特色美食

置身水宮優雅情調

蒞臨婆羅浮屠

踏入普蘭巴南遺產

必體驗樂事

夜間舞蹈表演

蠟染 DIY 體驗

品嘗日惹街邊小吃

漫步日惹皇宮

日惹 城市巡禮

蘊藏輝煌年代的文化古城

日惹擁有數百年歷史的城市，更是爪哇古老城市的代表，過去爪哇歷經過多個王朝，曾經中爪哇王朝Mataram和Sailendra勢力在此不斷深耕，藝術、音樂與戲劇累積深厚，佛教與印度教亦盛行一時，誕生多個壯觀的宗教遺跡。而後日惹王朝皇室名為蘇丹(Sultan)，儘管經歷過荷蘭殖民，仍然於日惹特區屹立不搖，更是印尼目前唯一握有政權的皇室，歷史的積累讓日惹成為文化古城，蘊藏難得的傳統價值。

❶

日惹區域旅遊解析

日惹旅遊分為市區與郊區兩部分，日惹市區熱鬧繁華，古代沿襲至今的文化成就古城風貌，甘美朗音樂、皮影戲、舞蹈以及蠟染等珍貴的爪哇藝術，在此發光發熱。日惹皇宮、水宮以及大街Jalan Malioboro的周圍，古典雅致，不可多得。往郊區走，舉世聞名的兩座雄偉廟宇，婆羅浮屠與普蘭巴南，可親身感受佛教與印度教的過往風華。整體而言，日惹的文化、藝術與傳統應是四城之最，歡迎到古城發掘迷人之處。

1.日惹街景 / 2.印尼的皮影戲以爪哇最有名 / 3.日惹傳統典雅的住宅裝潢 / 4.街邊小販

日惹小檔案

名稱	Yogyakarta 又稱 Jogjakarta 與 Jogja
位置	位於中爪哇
行政區域	為日惹特區
人口	約 41 萬人
面積	32 平方公里
機場	Bandar Udara International Adisucipto(JOG)
主要火車站	Stasiun Yogyakarta(YK)
跨城客運	Terminal Giwangan

（製表／ PJ 大俠）

日惹 交通介紹

前方的行前準備篇，闡述四城整體情況，然而各城風貌不同，以下針對日惹，分享更為詳細的叮嚀。

機場前往日惹市區

計程車或飯店接駁

搭乘計程車選擇清楚標示價格或跳表的計程車，也可運用飯店提供的免費機場來回接駁，訂房後不妨確認是否有接駁車。

公車

沿著指標找尋公車站，進入車站後告知目的地，費用為Rp.3,500元(不限里程)；服務人員協助感應票卡後，於車站候車。若你已在雅加達搭乘過市區公車或機場火車，其多功能卡(類似悠遊卡/各家銀行發行)，大部分應可於市區公車Trans Jogja使用，直接感應閘門與搭車，不妨與服務人員確認是否能使用，也請記得先確認卡內是否仍有儲值。

沿著指標前往公車站

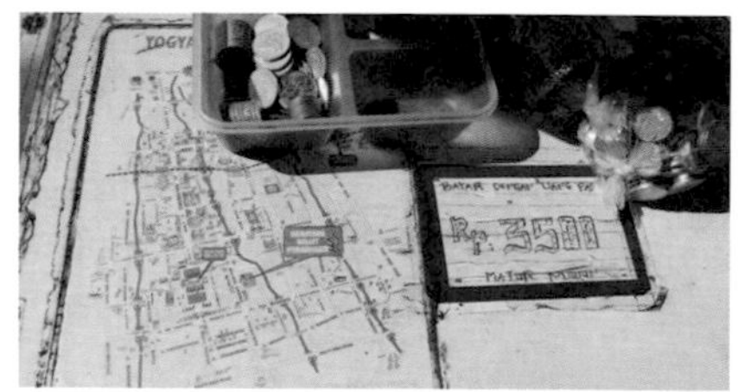

告知目的地費用為Rp.3,500元

公車站候車

日惹前往其他城市

飛機

JOG機場可前往雅加達、萬隆與泗水，方便快速。

火車

Stasiun Yogyakarta火車站是日惹主要樞紐。

客運

巴士總站Terminal Giwangan位於南邊，雅加達、萬隆與泗水皆有班次，但路線太遠，不建議搭乘。

日惹火車站外觀

利用交通工具安排市區行程

市區行程透過公車、計程車、三輪車等，可順利到達。郊區行程，與市區有段距離，建議包車或與旅行社訂購行程。以下資訊供參考，各位也可自行網路搜尋，若是會印尼語，嘗試搜尋印尼文商家，價格會優惠些。

1.Sewa Mobil Jogjakarta Malioboro(可用簡單英文)

http www.facebook.com/ervad.aryanto

2.Tourjogja(可用簡單英文)

http www.tourjogja.com/about-us.html

市區公車

市區公車名為Trans Jogja，目前8條路線貫穿日惹重要區域，更對外連結跨城與郊區的其他巴士總站，為民眾主要的大眾交通選擇。

市區公車地圖

http dishub.jogjaprov.go.id/trans-jogja

辨識車站與公車路線

大部分車站有實體月臺，想搭車直接進入車站內。公車路線普遍標示於車子擋風玻璃上，車體側邊標示Trans Jogja，容易分辨，因此搭錯車的機率小。

公車外觀

有時可見綠色車體的Trans Jogja

公車側邊會標示Trans Jogja字眼

市區公車搭乘流程

STEP 1 進入公車站買車票

告知目的地後，付費Rp.3,500元，不限里程。

STEP 2 服務人員協助感應票卡

由於是遊客，付費後服務人員會協助票卡感應，而後過閘門即可。若你已在雅加達搭乘過市區公車或機場火車，其多功能卡(類似悠遊卡/各家銀行發行)，大部分應可於市區公車Trans Jogja使用，直接感應閘門與搭車，不妨與服務人員確認是否能使用，也請記得先確認卡內是否仍有儲值。

STEP 3 確認搭乘路線等候公車

公車前方會標示路線號碼，上車時，車上有一位車掌，可再次確認目的地的下車站。

車上往往有車掌

STEP 4 下車後直接出站

每過一站車掌會提醒，不妨搭配導航確認距離，到站後直接出站。

到站後直接出站

注意事項

1.市區景點近，走路或許更省時

公車貫穿日惹市區，不過許多景點距離相近，如果僅是一兩站距離，不妨選擇步行，省下候車時間。

2.公車路線多有重複，請先看地圖確認

公車8條路線，有些停靠車站是重複的，舉例來說，會停靠Jl. Malioboro大街的公車路線，就有3～4條；每條路線方向不同，停靠站數也有差別，進而影響各路線抵達的時間，可先大致看過地圖，確認哪個路線最有效率。

其他交通工具

在日惹市區除了可以搭乘公車外，還可見計程車、三輪車以及馬車，其中三輪車分為摩托車與人力車，一次頂多搭乘兩位乘客，體型較大者建議一人搭一臺，搭一趟10分鐘車程約為Rp.15,000～30,000元，提供參考。

三輪車於日惹隨處可見

搭乘馬車別有一番風情

搭車注意事項

請特別注意，司機常與商家有合作，有時司機會沒有經過你的同意，途中載至某家店讓你參觀(沒強迫要買)，或者你要去某家店，卻跟你說倒閉了，要帶你去另外一間，只要確定商家沒有倒閉，那就堅持說要去目的地吧。

日惹
美食特搜

別於西爪哇鮮明的香料氣味，日惹口味普遍偏甜，特別是滷味，顏色較深帶些甜度。

推薦 滷味餐(Gudeg)

為日惹與中爪哇的代表性餐點，街道舉目皆是，通常有白飯、牛皮、波羅蜜、滷蛋等，別讓他們的深色外表震懾住，顏色越深表示滷得越入味，鹹中帶甜的口感，接受度挺高。

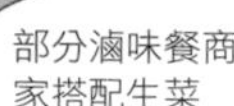

滷味餐是日惹平民美食

運用椰糖滷出深色外表

推薦 炸雞(Ayam Goreng Kremes)

印尼炸雞作法多元，中爪哇炸雞堪稱一絕，一口雞肉一口炸麵粉屑，口感酥酥脆脆，瞬間多了一道層次，敢吃辣就沾上辣椒醬，滋味更為道地。

日惹炸雞獨具特色

沙拉(Sego Pecel)

竹盆裝滿川燙蔬菜，常見空心菜、胡蘿蔔、長豆、豆芽等，店員湊成一盤後淋上醬汁，偏甜帶辣蔬菜爽口，喜愛清淡口味可請店家醬汁淋少些。

市區十分常見沙拉攤販

沙拉由多種蔬菜組成

肉餅(Bakpia)

遊客帶回家鄉的必備伴手禮中，肉餅也非常受歡迎，Bakpia直翻雖為肉餅，扎實的餡料中沒半點肉絲，微甜微鹹的滋味，像小型綠豆椪。

肉餅是日惹最受歡迎的伴手禮

QQ軟糖(Yangko)

上方附著的糖霜，隱隱約約夾帶著不同色彩，每一種口味散發淡淡香氣，口感QQ軟軟的，口味偏甜，建議配茶或咖啡。

軟糖Yangko是日惹的特色甜點

軟糖偏甜適合搭配飲品

椰絲糖塊(Geplak Bantul)

圓圓滾滾色彩繽紛的椰絲球，主要由糖與椰絲組成，甜度極高，單吃可能太甜了，建議搭配茶或咖啡，建議試吃後確定喜愛再購買。

椰絲糖塊甜度高請小口食用

日惹市區景點集中，交通便利；
而郊區景點中，普蘭巴南有公車可抵達，
婆羅浮屠與默拉皮火山需轉乘，建議包車，
將兩景點排入同天行程。日惹懶人包為 3 天行程，
以文化知性為主題的遊程，各位也可自行調整內容。

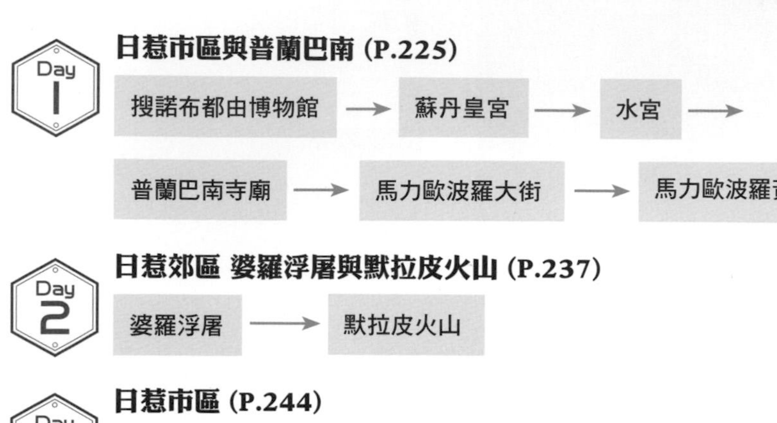

Day 1 日惹市區與普蘭巴南 (P.225)

搜諾布都由博物館 → 蘇丹皇宮 → 水宮 → 普蘭巴南寺廟 → 馬力歐波羅大街 → 馬力歐波羅黃昏市場

Day 2 日惹郊區 婆羅浮屠與默拉皮火山 (P.237)

婆羅浮屠 → 默拉皮火山

Day 3 日惹市區 (P.244)

蠟染 DIY 體驗 → 三月紀念碑 → 堡壘博物館 → 蠟染傳統市場

日惹與郊區地圖

日惹市區與普蘭巴南 Yogakarta · Prambanan

公車站 1A 或 2A Jl. Margo Mulyo → 步行 6 分鐘 → 搜諾布都由博物館 Museum Sonobudoyo（1小時）→ 步行 5 分鐘 → 日惹蘇丹皇宮 Keraton Ngayogyakarta（1小時）→ 步行 10 分鐘 → 日惹水宮 Taman Sari（1小時）→ 搭乘市區公車 1A 至車站 Terminal Prambanan → 公車站 Terminal Prambanan → 步行10分鐘或搭摩托計程車 → 普蘭巴南 Candi Prambanan（1.5小時）→ 步行10分鐘或搭摩托計程車 → 公車站 Terminal Prambanan → 搭乘市區公車1A至馬力歐波羅大街Malioboro站 → 公車站 Malioboro → 步行 10 分鐘 → 馬力歐波羅黃昏市場 Pasar Sore Malioboro（1小時）

注意事項

由於公車路線繁複，搭車時告知車掌要去的「景點(目的地)」，再請車掌提醒最近的車站下車，同時請搭配導航。

1.到處可見攤販蹤影 / **2.**普蘭巴南廟中雕刻 / **3.**蠟染布料

日惹市區地圖

此地圖為大略位置，由於印尼城市有許多錯縱複雜的小路與單行道，若是一併放入地圖可能過於凌亂難懂，請讀者配合手機導航，掌握精確位置。

蘊藏傳統珍貴文物

搜諾布都由博物館

Museum Sonobudoyo

博物館收藏6萬多件來自印尼等地文物，數量驚人珍貴。分為地質、生物、民族、考古、人文藝術、工藝技術等，動線清楚，陳列整齊，提供的文物介紹，並非草草帶過，適切地提供精簡扼要的解說，讓人一看即可掌握資訊。舉例來說，對於戲偶的介紹，除了展示常見的皮影戲(Wayang Kulit)與巽達木偶(Wayang Golek)外，更有Wayang Sadat、Wayang Kancil、Wayang Gedhog 等，一眼盡覽多種精緻戲偶。倘若嚮往看一場古色古香的皮影戲，博物館夜間提供皮影戲表演，傳統到位的舞臺、樂器、戲偶以及專業人員等，藉由長達兩小時的精心演出，娓娓闡述日惹經典的皮影戲劇，全程樂師與操偶師沒有過多休息的時間，讓人不得不佩服皮影戲團隊的專業水準。

1. 操偶師專注於表演上 / **2.3.**館內珍藏無數文物

地址：Jl. Pangurakan No. 6, Ngupasan, Gondomanan, Kota Yogyakarta 電話：0274 385 664 時間：週二至週四08:00～15:30；週五08:00～14:00；週末08:00～15:30(週一與國定假日休館)；皮影戲表演週一至週六20:00～22:00 費用：博物館門票Rp.3,000元；皮影戲表演Rp.20,000元 交通：市區公車1A、2A或3A至Halte Ahmad Yani(Jl. Margo Mulyo)站；步行6分鐘 停留時間：1小時 網址：www.sonobudoyo.com/id 注意事項：皮影戲沒有劃位建議提前入場 MAP P.226

邁入兩世紀的悠久皇宮

日惹蘇丹皇宮

Keraton Ngayogyakarta

日惹皇宮又稱為Kraton Yogyakarta，建造於西元1755年，邁入兩世紀的皇宮，象徵著日惹蘇丹(Sultan)皇室的存在，更是日惹市區必去景點。皇宮的建築、大廳、露臺，各角落擺放著皇宮文物，樂器、馬車以及皇室服裝等，其中在展覽室欣賞歷任國王的肖像時，不妨稍加留意下方國王的資訊，讀者可觀察哪一位國王的孩子最多，為旅途增添更多樂趣。

1.日惹蘇丹皇宮外觀 / 2.運用模型讓參觀者更加了解皇宮

✉Jl. Rotowijayan Blok No. 1, Panembahan, Kraton, Kota Yogyakarta ☎0274 373 721 ⏰08:30～14:00；唯獨週五僅到13:00(建議提前半小時買票) $門票Rp.15,000元；拍照需額外付費Rp.2,000元 ➡市區公車1A、2A或3A至Halte Ahmad Yani(Jl. Margo Mulyo)站後步行10分鐘 ⌛1小時 ?皇宮分為兩個入口兩個區域，沒有互通 MAP P.226

淡雅優美的水池景致

日惹水宮

Taman Sari

於西元1785年國王 Sultan Hamengku Buwono I 決定建立水宮，提供皇室休憩、冥想以及沐浴的處所，如今成為日惹悠久遺產之一。儘管水宮範圍不大，白牆細膩的雕刻紋路中，散發斑駁年代感。水池是主要亮點，碧綠色水池依稀倒映出建築身影，雖無法觀察透徹，卻不失迷人意境，吸引許多愛好攝影者前來，更有不少新人會來此拍婚紗照。

1.水池依稀看見建築倒影 / 2.細緻雕刻歷經年代

✉Komplek Wisata Taman Sari, Taman, Patehan, Kraton, Patehan, Kraton, Kota Yogyakarta ⏰09:00～15:00(建議提前半小時買票) $門票Rp.15,000元；拍照需要額外付費Rp.2,000元 ➡公車1A、2A或3A至Halte Ahmad Yani(Jl.Margo Mulyo)站步行20分鐘並搭配導航；但水宮有許多小路不好找，建議搭乘三輪車 ⌛1小時 MAP P.226

品嘗Gudeg餐首選之地

Gudeg美食街

Jl.Wijilan

Gudeg滷味是日惹的名產，走到哪永遠少不了它，宛如將日惹與Gudeg劃上等號一般。位於日惹皇宮附近的大街Jl. Wijilan，一邊的街頭至巷尾如出一轍，販賣Gudeg餐，只差於販售的商家不同。每家餐廳各憑本事招攬客人，有些主打歷史悠久，掛出年代以顯示為老字號餐廳；有些強調自身為連鎖餐廳，賣出自我品牌。假設讀者會有選擇不定的情況，推薦至Gudeg Bu Slamet用餐，幸運的話還可以遇到老奶奶本尊。餐點道地價格不貴，入味十足的滷蛋，略帶彈牙的口感，搭配牛皮軟嫩微辣的風味，道地可口的好味道。若真打算來Bu Slamet這間用餐，可不要太晚來喔，因為東西很容易銷售一空。

1.滷味餐接受度應蠻高的 / **2.**一長排的Gudeg餐廳挺壯觀 / **3.**顏色越深通常表示越入味 / **4.**此間阿婆滷味餐風評不錯

✉Jl. Wijilan, Panembahan, Kraton, Kota Yogyakarta ⏲店家普遍10:00～20:00營業 $一份Gudeg餐(附飯)約Rp.30,000～50,000元 ➡公車1A、2A或3A至Halte Ahmad Yani(Jl.Margo Mulyo)站，步行8分鐘 ⌛1小時 MAP P.226

玩樂攻略

Gudeg滷味必備元素解析

遨遊印尼最大的印度教寺廟

普蘭巴蘭

Candi Prambanan

列入聯合國教科文組織世界遺產的普蘭巴南寺廟，從西元9世紀留存至今，目前為印尼最大的印度教寺廟。寺廟最高為47公尺，高聳壯觀，3座主廟分別是焚天(Brahma)為創造之神、濕婆神(Shiva)為毀滅之神、毗濕奴(Vishnu)為維護之神等印度教三大神祇。由於寺廟靠近機場，部分航線行駛過上方時，古雅情調中現代飛機滑過天際，畫面充滿古今交錯的意境之美。推出的Ramayana Ballet舞蹈表演，於19:30～21:30上演，若前往時間並非舞蹈表演期，市區依然有Ramayana舞蹈的表演可看。

1.每個雕刻透露著不同故事 / **2.**無數雕刻圍繞著寺廟 / **3.**艷陽高照時普蘭巴南顯得特別耀眼 / **4.**南寺規模不大但仍然蘊藏重要歷史

Bokoharjo, Prambanan, Sleman Regency 06:00～17:00 $外國遊客門票約USD25 公車1A至Terminal Prambanan站，步行10分鐘或搭摩托計程車至入口 1.5小時 http borobudurpark.com MAP P.224

玩樂攻略

Plaosan寺廟

包車來到普蘭巴南寺廟的話，附近Plaosan寺廟可作為順遊景點，Plaosan規模雖不大，然而蘊藏的宗教意涵，不亞於普蘭巴南，主要分為南寺Plaosan Kidul與北寺Plaosan Lor。

深度特寫

夜間羅摩衍那舞

史詩羅摩衍那 日惹夜間經典

日惹的夜間活動，以文化性質的表演來說，Ramayana Ballet舞蹈深受歡迎。可請旅行社代購，大部分飯店也會提供預訂服務，價格從Rp.100,000～200,000元不等，包餐方案價格則會更高。

Ramayana，常譯為羅摩衍那，為印度史詩，講述王子Rama與妻子Shinta的故事，普遍演出的情節為魔王Rahwana命令手下化身金鹿，吸引Rama與Shinta；魔王趁機抓走Shinta，王子得知情況後，決定與神猴合作對抗魔王，將公主救出。各舞團會將情節些微調整，使表演更具張力，然而不論劇情如何演變，故事主軸始終是圍繞於Rama與Shinta。

將近2小時的傳奇舞蹈，所有舞者服裝皆精心打造，絢麗奪目。隨著劇情轉折，不同舞者各自呈現優美柔和、迅速有力以及誇張激動等神情與動作，過程中更加入特技表演，甚至運用火把或火光，增添夜晚的詭譎氣氛，觀看者大飽眼福，徹底感受爪哇舞蹈之魅力。

1.羅摩衍那屬於十分出名的印度史詩 / 2.故事中添加火光橋段 / 3.認真演出的表演者們

日夜風貌兩樣情

馬力歐波羅大街

Jl.Malioboro

天色亮起後

白天來到馬力歐波羅大街，是一條熱鬧非凡的街道，人聲鼎沸，若要與之相比，其繁華程度猶如臺北西門町或是沖繩國際通。約莫800公尺的街道，布滿著各式商家，相信密度極高的蠟染店早已印入腦海中，這裡的蠟染服飾從平價到高檔規格皆有，儼然成為日惹購買蠟染的絕佳去處。而店家前方的騎樓空間，林立著眾多紀念品與服飾攤位，騎樓空間所剩無幾，只要人潮一多，無法自在地穿梭，更添擁擠繁華的景象。大街上停靠的馬車，是遊客前往其他景點的交通之一，陣陣的馬蹄聲徘徊，增添了街道的古早味。另外，大街各條小巷也不要錯過，餐廳與小吃攤大都隱身於此，靜待遊客發掘。

1.車水馬龍的馬力歐波羅大街／**2.**挑選蠟染來這準沒錯／**3.**馬力歐波羅大街為日惹市區的觀光大街／**4.**大街中後段有不少迷人小吃攤

夜幕低垂時

大街的車馬喧囂夜晚仍然不間斷，燈光亮起景象絢麗，靠近Pasar Sore夜市的地段特別熱鬧，夜裡攤位多出幾家伴手禮，點心層層堆疊，通常都會提供試吃，購買數量多的話更可來一場價格廝殺。

建議各位不要飽足後才來逛街，讓胃保留部分空間，因為琳瑯滿目的美食攤位，也於夜間紛紛竄出，由於價格實惠，屬於平民料理，生意不會太差。一排販售類似餐點的婦人們，等候顧客大駕光臨，在攤位前簡單地擺上幾張椅子，有些連桌子都省了，每人手中一盤可口佳肴，率性自然地享用一餐。

炒麵、炒冬粉、沙拉Sego Pecel、以及一盤盤類似國內東山鴨頭的滷味食材令人躍躍欲試，小吃點心炸春捲、甜湯、糕粿等，亦是目不暇給，倘若遊客搭著馬車在此下車用餐，真是符合聞香下馬的趣味意境了。

1.夜裡人潮不減反增 / **2.**泛起燈光的大街夜裡更為溫馨 / **3.**店面式的伴手禮店林立 / **4.**大街的美食攤位不怕沒得找

Jl. Malioboro, Suryatmajan, Danurejan, Kota Yogyakart 店面式商家約10:00～21:00營業 公車1A、2A或3A至Jl. Malioboro站，即為大街 1.5小時 MAP P.226

深度特寫

日惹街邊坐食文化

日惹街邊坐食 賣什麼吃什麼

黃昏時分，馬力歐波羅大街人行道出現有趣的現象，有一種攤位開始擺出「店面」，準備張羅生意。作者稱此種攤位為坐食餐廳。與行動式攤位車截然不同，行動攤位車可沿路叫賣，邊走邊做生意；而坐食餐廳採取駐點式經營，舖上墊子及桌子，將食材陳列於烹煮檯面，等待顧客上門，類似臺灣夜市的快炒攤。

放眼望去，人行道上坐食餐廳多到無法數，畫面挺有看頭。選定餐廳後，走入座位前先把鞋子褪去，這是當地習慣，況且若把鞋子穿進去，墊子很快就髒掉了。餐點以印尼菜為主，看不懂印尼文沒關係，部分坐食餐廳提供圖片，讓觀光客參考，畫好菜單後，拿給服務人員，普遍於用餐完再結帳。

整體來說，坐食餐廳販售的不僅是餐點，更是當地的一種餐飲文化，代表著日惹的飲食習慣。喜好嘗鮮的遊客，嘗試坐食的用餐風俗吧！不過在此提醒各位，坐食餐廳的水源取得不易，衛生程度有待評估，對於飲食習慣較為嚴謹的讀者，請自行斟酌食用性。

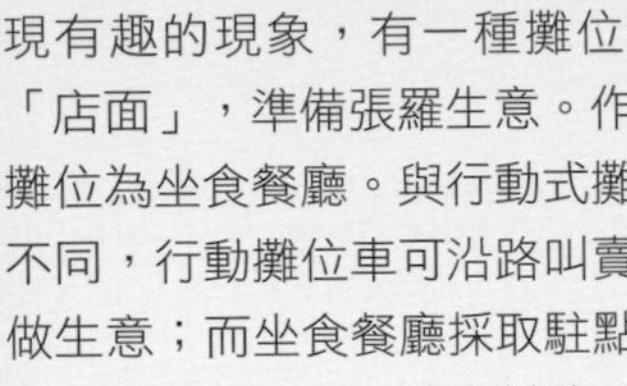

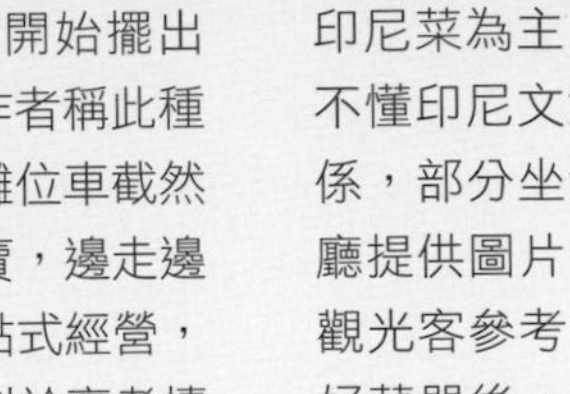

1.點菜後，等待服務人員上菜 / **2.**等餐時看看攤販主打菜色 / **3.**餐點以道地印尼菜為主

傳統擺攤市集

馬力歐波羅黃昏市場

Pasar Sore Malioboro

若你對逛街仍未感到過癮，可至Pasar Sore走走，只要從馬力歐波羅大街往日惹皇宮方向走去，必定會經過它。Pasar Sore是露天市場，大大的牌坊，容易辨識，Sore是指下午至黃昏時段，約莫16:30才會逐漸出現攤位，偏向鄉村型態的集中式在地市集，散發親民風格，攤位販售衣褲、鞋子、飾品以及紀念品居多，由於是在地產品，價格也較為便宜些。然而一分錢一分貨，購買時需注意是否有瑕疵，產品材質是否符合期待。

Jl. Ahmad Yani, Ngupasan, Gondomanan, Kota Yogyakarta 商家約16:30開始擺攤 公車1A、2A或3A至Halte Ahmad Yani(Jl.Margo Mulyo)站，步行1分鐘 1小時 馬力歐波羅大街(Jl. Malioboro)接續Jl. Ahmad Yani大街，同一條路 MAP P.226

1. 市集外觀 / **2.**市集內批發服飾攤位居多

大街上的購物商場

馬力歐波羅百貨

Mall Malioboro

馬力歐波羅百貨位於馬力歐波羅大街，商場規模不大，但鄰近市區諸多景點，占盡地利優勢，故仍為熱門商場。以在地品牌居多，少部分知名品牌進駐。餐飲方面，速食店、異國料理以及小型美食街等餐飲供選擇，其中EXCELSO與J.CO都是印尼本土品牌，主攻咖啡飲品，各位可諸多嘗試。商場地下一樓進駐量販店，蔬果、民生用品或零食點心可在此採買，做為旅途補給站，對於入住於附近的遊客來說十分方便。

Jl. Malioboro No. 52 - 58, Suryatmajan, Danurejan, Kota Yogyakarta 0274 551 888 10:00～21:30 公車1A、2A或3至Jl. Malioboro站，百貨位於馬力歐波羅大街 1小時 www.malmalioboro.co.id MAP P.226

1. 馬力歐波羅百貨外觀 / **2.** 百貨內部喧嘩精采

瀰漫古雅質感的經典飯店

Grand Inna Malioboro

Grand Inna Malioboro

靠近日惹火車站的Grand Inna，西元1908年營運至今，從荷蘭殖民時期已存在，其歷史地位是新興飯店無法比擬的。不斷的翻修與更新，與時代共同進步，讓飯店保持古色古香，卻又不會過於老舊。

大廳有一處展示區，述說飯店的悠久歷史與演變，而飯店名字至今更改過6次，由於最新名稱剛換不久，當地人較熟悉Inna Garuda Malioboro這個名稱。

Grand Inna擁有222間客房，營造溫馨宜人的空間，休閒設施也很講究，Spa館、游泳池、咖啡廳、餐廳等設施，供旅客使用。早晨用餐採取多樣化的百匯餐點，有時伴隨著樂師們演奏，傳來陣陣古典悅耳的甘美朗旋律，增添用餐興致，走出飯店後，便利商店，餐廳、商店即在眼前，覓食與購物，十分方便。

Jl Malioboro No.60, Suryatmajan, Danurejan, Suryatmajan, Danurejan, Kota Yogyakarta 0274 566 353 雙人房一晚約Rp.700,000元起 公車1A、2A或3A至Jl. Malioboro站，位於馬力歐波羅大街 www.grandinnamalioboro.com 提供接駁機場服務 MAP P.226

1.泳池空間寬廣舒適 / **2.**飯店外觀高雅 / **3.**早餐採用百匯方式 / **4.**飯店早餐精心豐盛 / **5.**房型簡約整潔/ **6.**享用早餐時有時伴隨樂師演奏

Day 2

日惹郊區 婆羅浮屠與默拉皮火山 Borobudur · Merapi

日惹市區

搭乘市區公車2B或2A至車站Terminal Jombor，下車後轉搭小巴前往車站Terminal Borobudur下車後步行前往

婆羅浮屠

Candi Borobudur

2.5小時

返回車站Terminal Borobudur搭乘巴士至車站Terminal Jombor

車站 Terminal Jombor

搭乘市區公車Transjogja路線2B至車站Terminal Condong Catur，下車後轉小巴士前往Kaliurang小鎮，至Terminal Tlogo Putri下車後找尋套裝行程

默拉皮火山災後區之旅

Gunung Merapi

2小時

注意事項

1. Day2行程建議包車，若非包車，建議於婆羅浮屠先行用餐，再前往默拉皮(婆羅浮屠近出口處有不少用餐選擇)。
2. 此行程的默拉皮火山，以包套行程為主，因此交通資訊僅至小鎮，建議別去到現場才買行程，先在日惹訂購行程，以免現場無法訂購(沒有空車)。

1.爪哇古老遺跡 / **2.**默拉皮火山災區之旅 / **3.**璞真自然的飯店Duta Garden Hotel

嘆為觀止的世界級古蹟

婆羅浮屠

Candi Borobudur

婆羅浮屠為聯合國教科文組織認定的世界遺產，爪哇島首屈一指的大乘佛教遺跡，來到日惹的旅客大多為它而來。

西元780～840年間Sailendra王朝時所建，整體由石頭組成，透過簡單卻牢固的卡榫方法，成就出名垂千古的歷史古蹟。不論是遠眺或是近距離觀賞，皆使人臣服於它的浩瀚壯麗。遠眺時，整體一致的素淨莊嚴，宗教建築之美令人讚嘆。近距離欣賞時，一景一物背後蘊藏過往歲月，石壁浮雕刻畫著各種故事，讓世人從中省思與頓悟哲理。走著走著，或許會發現不少石雕的顏色夾帶著黃白色痕跡，主要是曾經歷火山爆發，遭火山灰掩埋所造成，1814年起不斷整修維護，再次重見天日。

如果你願意起個大早，日出亦是迷人之處，不少愛好攝影的人，在此等候那天空泛起光線的剎那，見證日出升起與婆羅浮屠的互動景象。另一方面，每年

的4月或5月，婆羅浮屠會舉辦Vesak節日活動，場面盛大隆重，碰巧遇上活動的話，記得別錯過。

Jl. Badrawati, Borobudur, Magelang, Jawa Tengah 0293 788 266 06:00～17:00 外國遊客門票約USD25元 公車2B或2A至Terminal Jombor站，轉搭小巴前往Terminal Borobudur站，後步行至寺廟 2.5小時 http borobudurpark.com 若搭乘市區公車前往婆羅浮屠，請注意從婆羅浮屠返回日惹的最後一班車為15:00 MAP P.224

1.婆羅浮屠前方有著鮮豔的裝置藝術 / **2.**每個牆面擁有無數雕刻 / **3.**遠眺婆羅浮屠之美 / **4.9.**出口處有附設紀念品街 / **5.**唯有親身踏上古蹟才能感受其魅力 / **6.7.**從不一樣的角度觀看不同風貌 / **8.**佛塔充滿濃厚的宗教意涵

旅遊知識家

婆羅浮屠背後含意

婆羅浮屠整體面積為2,520平方公尺，坐落著504座佛像，下方四層為方形；上方三層為圓形；最上方為尖塔造型。整座婆羅浮屠分為3個境界，透過無數浮雕石壁述說佛教故事，第一層欲界、第二層色界、第三層無色界，為最為亮眼的精華地段，聳立著72座佛塔，塔內一樣有著佛像。

深度特寫

巴翁寺與門都寺 Candi Pawon Candi Mendut

輕鬆順遊 佛教寺廟巡禮

假設你是包車，巴翁寺與門都寺這兩寺廟與婆羅浮屠連成一線，不妨一探，下方也推薦餐廳給各位參考。

巴翁寺 Candi Pawon

同屬佛教寺廟，佇立於鄉村中，與婆羅浮屠相比，巴翁寺顯得迷你可愛些，雖然規模小，但寺廟的石雕亦富含哲理。

1.巴翁寺外觀／2.門都寺同屬世界遺產／3.日惹特色炸雞餐

門都寺 Candi Mendut

門都寺內有3尊佛像，中間為釋迦摩尼佛像，約有3公尺高，別於常見的盤坐姿勢，佛像為坐姿，左側為觀世音菩薩，頭冠有著阿彌陀佛像，右側為大勢至菩薩，頭冠則為寶瓶。

玩樂攻略

寺廟附近的BS Resto餐廳

空間舒適宜人，更有傳統小草屋，用餐時欣賞水池景致，悠閒愜意。印尼菜為主，提供英文介紹，每道料理講究配色擺盤，樣樣令人垂涎。

古典璞真的傳統住宿

杜達花園飯店
DUTA GARDEN HOTEL & BOUTIQUE VILLA

飯店引入傳統風情，打造經典住宿類型，分為別墅Villa與飯店Hotel兩種房型，兩種住宿種類雖於同一區域，藉由馬路隔開，區分不同類型的顧客。而櫃檯大廳裝潢古色古香，吊燈、花紋磁磚、紅磚瓦、木雕等，建構復古不失情調的巧思，別出心裁。別墅房型空間適中，與大廳風格如出一轍，沒有過多華麗絢爛的豪氣裝潢，取而代之的是淡雅清新的格局，散發舒適親切的溫馨感。

走出戶外，坐在露臺座椅時，能夠充分享受戶外花園景色。造景精心細緻，善用大量自然元素，呈現綠意盎然的休閒愜意。另一側的飯店房型中規中矩，一樣是復古風格，相較於別墅房型，則更為精簡些，以整潔自在為主，適合預算有限或講求經濟的旅客。

1.坐在房外悠閒度日 / **2.**飯店大廳一景 / **3.**房型復古典雅 / **4.**飯店一景一物樸實迷人

Timuran MG.III/103, Jl. Parangtritis, Brontokusuman, Mergangsan, Kota Yogyakarta
$ 別墅房型雙人房一晚Rp.120萬，飯店房型Rp.100萬 ➡若從日惹市區前往，建議搭乘計程車或三輪車為佳，因此此站會繞道而行且沿途停靠，需花費不少時間，不過仍提供公車資訊給各位。搭乘2A、3A或3B至Halte Jokteng Wetan/ Jl. Kol Sugiono(全名Jl. Kolonel Sugiyono)站，步行前往 MAP P.226

震撼於火山的侵襲威力

默拉皮火山災後區

Gunung Merapi

火山小檔案

火山一直是印尼自然界的重要元素，它們的存在無法撼動，屹立不搖地環伺於島上的諸多城市，爪哇島的活火山群數量更是驚人。而日惹最有名的，非默拉皮火山莫屬了。默拉皮屬於錐形火山，海拔高度約2,900公尺，是印尼活動最活躍的火山之一，因此默拉皮噴發情況相對頻繁，政府至今持續監測火山最新情況。

1.透過圖片一一感受火山侵襲 / 2.吉普車收費通常以一車為主 / 3.吉普車是參與行程的主要交通工具 / 4.小鎮附近吉普車商家林立 / 5.行程大都參觀火山爆發所侵襲的地點

默拉皮常見行程

關於火山行程，以吉普車之旅Merapi Jeep Tour最為普遍，火山附近的Terminal Tlogo Putri站沿路吉普車商家多，不過建議別去到現場才買行程，以免現場無法訂購(沒有空車)。行程分為4種；短、中、長程以及日出行程。短中長程內容基本含文物館或洞穴探索；至於日出行程，即是一大早前往山上看默拉皮火山日出景象。

造訪默拉皮火山災後區

選定參加短程內容後，直接前往文物館，將火山爆發與災後經過，透過圖片呈現，現場也保留過去來不及帶走的物品，物品布滿塵埃，甚至成為殘骸，讓參觀者對火山帶來的衝擊，震撼不小。

隨後前往遠眺火山侵襲低窪處的痕跡，觀望點附近有顆大型石塊，稱為外星人石(Alien Stone)，由於外型特殊，聚集不少人合影留念；最後一站來到Bunker Kaliadem洞穴，據説火山爆發時有兩人躲在此處，不幸罹難。整個行程，以默拉皮火山為主題，雖無法近距離觀賞火山，但透過災後遺跡依舊能感受到大自然的威力。

提醒各位，由於吉普車本身是開放式空間，搭乘車子時風沙迎面吹來，且停留的景點沙塵也多，呼吸道容易敏感的人，建議準備更為強效的口罩；而衣褲也盡量以深色為主，不然不小心就會弄髒，另一方面，若擔心攝影器材的防沙不夠齊全，也請自行準備防護方式。

⊠Jl. Tlogo Putri, Hargobinangun, Pakem, Kabupaten Sleman, Daerah Istimewa Yogyakarta $ 吉普車短程行程約Rp.350,000元、日出行程約Rp.450,000元 ➡公車2B至Terminal Condong Catur站，轉小巴士前往Kaliurang小鎮(告知要去默拉皮火山)，至Terminal Tlogo Putri站 ⌛2小時 ?建議與旅行社訂購行程，通常包含接駁 MAP P.224

6.文物館內保留侵襲後的原貌 / **7.**洞穴Bunker Kaliadem外觀

Day 3

日惹市區 Yogyakarta

搭乘計程車或三輪車前往蠟染店

蠟染DIY體驗
Batik Winotosastro
2小時

搭乘計程車或三輪車前往三月紀念碑

三月紀念碑
Monumen Serangan Umum Maret
0.5小時

步行5分鐘

堡壘博物館
Museum Benteng Vredeburg

步行2分鐘

蠟染傳統市場
Pasar Beringharjo
1小時

注意事項

若前一晚入住杜達花園飯店，可直接步行前往維諾多莎絲綿蠟染店，路程約6分鐘。

1.蠟染體驗 / 2.攤販忙碌的身影 / 3.假日市集

蠟染DIY體驗感受在地文化

維諾多莎絲綽蠟染店

Batik Winotosastro

蠟染是印尼不可取代的國粹，儘管世代演變，蠟染服飾依然流行於街頭，甚至成為印尼重大場合的穿著選擇。Winotosastro蠟染店販售蠟染相關服飾、枕頭套、圍巾、手帕以及床單，多元精緻且實用。其實此店還有另一個功能——提供蠟染DIY體驗，讓民眾藉由體驗過程，更深入認識蠟染文化。

由人員帶領到蠟染加工區，先選擇布料，尺碼不同價格就不同，選定後進行體驗，開放親自DIY的部分主要為挑選蠟染圖案與描色，後續染色、浸泡及定色程序較為複雜，由員工協助完成。如此一來，才能夠確保各位手中的蠟染作品，能夠順利完工。透過體驗了解蠟染製作的每個過程，頗富教育意義，適合家庭旅遊或是嚮往感受當地藝術的遊客。

⊠Jl. Tirtodipuran No.54, Mantrijeron, Kota Yogyakarta ☎0274 375 218 ⏲09:00～17:00 $蠟染體驗一人Rp.50,000元起 ➡若從日惹市區前往，建議搭乘計程車或三輪車為佳，因此此站會繞道而行且沿途停靠，需花費不少時間，不過仍提供公車資訊給各位。搭乘2A、3A或3B至Halte Jokteng Wetan/ Jl. Kol Sugiono(全名Jl. Kolonel Sugiyono)站，步行前往 ⌛2小時 http www.winotosastro.com/batik ❓DIY體驗團體一定要先預約 MAP P.226

1.店裡販售各式各樣的蠟染商品 / 2.提供蠟染DIY體驗 / 3.蠟染店門面古色古香 / 4.員工正為蠟染商品加工

蠟染 DIY

深度體驗印尼國粹

將臘液與樹汁結合後，布料描繪上汁液的部分，不會染上色彩，運用如此原理加以發揮，延伸出各種圖案，每種圖案代表各種意涵，甚至有城市自創圖案，如今蠟染圖案多達百種。蠟染製作看似簡單，卻包含繁複過程，才能造就精緻的蠟染作品。

STEP 1 繪圖(Nyorek)

透過鉛筆描繪圖案或文字，也可使用模型直接進行拓印。

STEP 2 印上輪廓(Nglowong)

蠟液的熱度足夠後，將模型沾染蠟液拓印於布料上方。

STEP 3 複印輪廓(Isen-isen and Nembok)

加強蠟液的紋路，以確保圖案不會上色。

STEP 4 上色(Medel)

過程會隨著布料底色，進行多段上色。

STEP 5 除臘(Ngebyok)

上色完畢後，將布料丟入沸水中攪拌，去除蠟液。

STEP 6 完成品

曾經拓印上蠟液的圖案，則呈現紋路沒有上色。

※DIY過程較為簡單，若是正式的蠟染製作，除臘後會再次上蠟，並且二次上色以及徹底除臘等反覆加強。

特色丸類大集合

甘荳餐廳
Ny. Kamto

小巷內的Ny. Kamto，猶如鄉村小吃店，主推各式丸類，類似印尼版的關東煮。而這些特色丸子在印尼稱為Pempek，相傳Pempek來自蘇門答臘的巨港(Palembang)，將魚漿混合木薯而成，演變至今，延伸出內餡包蛋、魚餃、魚卷等，透過煎炸、水煮淋醬、湯品等呈現魚丸滋味，若擔心吃不飽，餐廳亦有搭配米粉與麵條的餐點；吃魚丸時，別忘記搭配醬料，更加美味誘人。

✉Jl. Beskalan No. 3, Ngupasan, Gondomanan, Ngupasan, Gondomanan, Kota Yogyakarta ☎0274 514 291 ⏰09:00～21:00 $一人平均Rp.30,000元 ➡公車1A、2A或3A至Jl. Malioboro站，步行於馬力歐波羅大街，位於大型中國式牌樓(閣丹檀村對巷內) ⌛1小時 ?各式丸類售完為止，太晚來可能可挑選的餐點會少些 MAP P.226

1.不想單吃魚丸也可點上一份麵類 / **2.**魚餃味道不錯國人應可接受 / **3.**特色丸類讓人躍躍欲試 / **4.**餐廳環境簡單實在

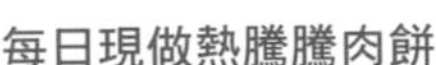

每日現做熱騰騰肉餅

25肉餅專賣店
Bakpia Pathok 25

肉餅是日惹伴手禮的熱門排行榜，內餡沒有加入肉類或肉絲，而是添加綠豆餡料，吃起來神似臺灣的綠豆椪，因此接受度頗高。25肉餅專賣店為人氣商家，每日現做肉餅，要是剛好於出爐的時間來此，盒中的肉餅可是帶有餘溫的。店家除了原味綠豆餡，更有巧克力、鳳梨、起司、榴槤等，現場也有其他伴手禮。如果剛好有開放試吃，可先嘗試，畢竟有一些口味，在國內較少見。

1.Bakpia Pathok 25肉餅店是日惹極受歡迎的店家之一 / **2.**店家不僅販售肉餅仍有其他伴手禮選擇 / **3.**肉餅口感與綠豆椪相似

✉Ps. Patuk, Jl. Bhayangkara, Ngupasan, Gondomanan, Kota Yogyakarta (Kois Pasar Pathok 14-18) ☎0274 561 551 ⏰09:00～22:00 $依照個人消費而定 ➡公車1A、2A或3A至Jl. Malioboro站，步行於馬力歐波羅大街，看見大型中國式牌樓(閣丹檀村)後，於對巷繼續走一小段路 ⌛0.5小時 http bakpia25.com ?此間為Toko Pasar Pathuk分店 MAP P.226

述說日惹過往歷史

三月紀念碑

Monumen Serangan Umum 1 Maret Yogyakarta

三月紀念碑紀念碑最上方佇立著雕像，呈現拿旗子和攻打的姿態，下方牆面則是述說著戰爭經過，主要是紀念西元1949年3月1日，印尼軍隊在獨立期間對抗荷蘭人的事件，此場戰役鼓舞印尼各地軍人士氣。如今廣場是舉辦大型活動的地點，不論白天或是夜晚，大日子一來到，紀念碑熱鬧非凡；而廣場一旁的草地，提供當地休閒遊憩的場所，總能見到人群在此徘徊休息。

Jl. Margo Mulyo No.6, Ngupasan, Gondomanan, Kota Yogyakarta 公車1A、2A或3A至Halte Ahmad Yani(Jl.Margo Mulyo)站，步行1分鐘 0.5小時 MAP P.226

1.夜裡亮起燈光創造不同情調 / 2.廣場經常舉辦活動活絡氣氛

探究印尼軍事與戰爭

堡壘博物館

Museum Benteng Vredeburg

鄰近三月紀念碑的堡壘博物館，建於西元1760年，1992年成為一座博物館，藉由歷史脈絡作為4個展區，第一區涵蓋多個時期；第二區是荷蘭人殖民與印尼宣布獨立；第三區進入承認主權與協議時期；第四區邁向印尼獨立至今的事蹟。博物館清楚具體地展示各時期，模型生動地刻劃每個史蹟，使參觀者了解當時情況。

Jl. Margo Mulyo / Jl. A. Yani No.6, Ngupasan, Gondomanan, Kota Yogyakarta 0274 586 934 週二至週日08:00～16:00(週一休館) 門票一人Rp.10,000元 公車1A、2A或3A至Halte Ahmad Yani(Jl. Margo Mulyo)站，步行1分鐘 1小時 http vredeburg.id/en MAP P.226

1.天氣不錯時來此拍照十分適合 / 2.博物館運用各種資訊盡可能告知印尼歷史 / 3.人物模型較容易吸引注視 / 4.廣場內有座小型日惹地標

眼花撩亂的蠟染商品

蠟染傳統市場
Pasar Beringharjo

來一趟Pasar Beringharjo，包準讓你對蠟染挑到無所適從，無法望穿市集終點，帶給遊客強烈映象。各式蠟染服飾供你精挑細選，由於屬於批發型傳統市場，這裡的價格往往比市售來的便宜許多，人潮也順勢集中至此。要是於某家看見想要的款式，但卻沒有合適尺寸，不用特別擔心，試著再往其他家走走，應該能找到類似的服飾。市場商家大都接受議價，一次買多件，還可以打折扣，不過也叮嚀各位，如果議價過程已進入正向結果，也就是符合你開出的價格，那就請買下它，可別殺了半天卻不買了，當一個優質消費者吧。

1.有許多俏麗繽紛的蠟染花色供人選擇 / **2.**綠色的市場外觀一眼即能認出 / **3.**入內逛街時人潮擁擠

Jl. Margo Mulyo No.16 / Jl. A. Yani, Ngupasan, Gondomanan, Kota Yogyakarta 攤販約08:00～16:00營業 $依照個人消費而定 公車1A、2A或3A至Halte Ahmad Yani(Jl.Margo Mulyo)站，步行1分鐘 1小時 空間有些擁擠，請保管好自身財物 MAP P.226

挑選蠟染衣停看聽

蠟染的圖案往往花俏繁複，臺灣似乎較不流行，購買前可試著想想，蠟染花樣是否適合於國內穿著？穿它的頻率高嗎？另一方面，在此呼籲一分錢一分貨，並非指便宜就沒好貨，只是要各位購買前細心留意材質與染色技術，以免買到瑕疵品喔。

泗水

Surabaya

邁進第二大城，沉浸陌生卻相似之華人風情

探擁有中國元素的清真寺

欣賞泗水地標

到訪11月10日博物館

陸地上感受潛水艇博物館

必體驗的樂事

Bromo 火山之旅

場 Pasar Genteng 買伴手禮

英雄紀念碑合影

享用華人料理

泗水 城市巡禮

熱絡古港蛻變成商貿之城

泗水，一個華人密度相當高的印尼城市，西元18～19世紀殖民時期的泗水，擁有海港貿易的重要角色，荷蘭人在此出口無數商品，打造繁華熱絡的泗水港城；隨著時間推移，印尼面臨即將獨立的時期，泗水為獨立而發起抗爭，故泗水被當地人稱為「英雄之城」。市區存在著各式英雄雕像地標，讓後人景仰。如今的泗水，雖非印尼首都，但在商業貿易上，沿襲過往風光，持續發光發熱，許多商人會來此設廠，大展鴻圖。

泗水旅遊解析

提到泗水，工業城市應是第一聯想，然而將此番意象褪去後，泗水市區與郊區的觀光景點等待著遊客探索。市區景點集中於火車站附近，鄭和清真寺、潛水艇博物館、香菸博物館等，依循著歷史演進，座落於市區。市場 Pasar Atom，可搜尋思念家鄉中式餐的地方。郊區景點中，婆羅莫火山首屈一指，是東爪哇家喻戶曉的經典火山，儘管路途遙遠，更需親力親為的爬上山頂，但帶來的震撼，前所未有。興許有人會說，泗水觀光沒有他城精采，然而當你研究過泗水的歷史演變，即會發現它存在著他城無法抹滅與取代的價值。

1.泗水為印尼獨立奉獻諸多心力/ **2.**泗水特色建築景觀 / **3.**觀賞婆羅莫火山之日出行程 / **4.**搭乘三輪車細細品味城市

泗水小檔案

名稱	Surabaya
位置	位於東爪哇
行政區域	東爪哇省府
人口	約有 300 萬人
面積	約 350 平方公里
城市排名	國內第二大城
機場	Bandar Udara Internasional Juanda (SUB)
主要火車站	Stasiun Surabaya Gubeng (SGU)
跨城客運	Terminal Purabaya (又稱Terminal Bungurasih)

(製表／ PJ 大俠)

泗水
交通介紹

前方的行前準備篇，闡述4城整體情況，然而城市風貌各異，以下針對泗水，分享更為詳細的叮嚀。

機場前往泗水市區

由於機場與市區有段距離，以計程車最為方便，入境後出口有私家車招攬生意，開出低廉價格吸引你，建議仍是選擇計程車較佳，以免遇到事後抬價。

靠近入境門口有許多計程車商家

泗水機場動線簡單易懂

泗水前往其他城市

飛機

前往雅加達、萬隆與日惹航線可於SUB機場搭乘。

火車

不管前往哪個城市，大都在Surabaya Gubeng火車站啟程居多。

客運

巴士總站Terminal Purabaya(又稱Terminal Bungurasih)是前往其他城市的樞紐。雅加達、萬隆與日惹都有班次，但時間耗費8～9小時以上，不建議搭乘。

❁利用交通工具安排市區行程

市區行程自己安排即可，搭乘計程車較有效率，交通不成問題；而郊區景點婆羅莫火山，無便捷交通且須轉乘廂型小巴或摩托計程車才能抵達，建議包車或請旅行社代辦行程。網路有不少婆羅莫行程，隨著人數與內容價格有所調整，若是會印尼語，嘗試搜尋印尼文商家，價格會優惠些，以下提供兩家旅行社資訊。

市區各景點距離不遠可自行安排

1.Yogi旅行社(可用簡單英文)

@ wahyu.yogi@gamil.com

2.Eagle旅行社(可用簡單英文)

http eagletour-id.com

火車軌道貫穿爪哇重要城市

搭乘廂型大巴或小巴留意抬價問題

火車站Surabaya Gubeng是泗水重要交通樞紐

❀計程車

由於泗水的公車仍不完善，廂型小巴居多，但搭乘計程車較有效率。泗水市區內藍鳥計程車普遍，主要有Blue Bird與Pusaka兩個系列，於車子側門或是擋風玻璃上方，標示Blue Bird字眼易辨識。提醒你計程車多有低消制度(藍鳥也是)，搭乘低消約Rp.15,000～20,000元起。

藍鳥計程車擋風玻璃可見Blue Bird字眼

藍鳥計程車APP叫車教學

印尼的藍鳥Blue Bird和摩托計程車Gojek目前都有提供APP叫車服務，與臺灣國內常見的計程車叫車APP類似，在進行叫車之前，初次使用者請先填入個人資料，並需要手機認證，最好使用當地手機，以便司機即時聯絡，如果沒有當地手機號碼也沒關係，APP系統裡提供線上通訊軟體，只要有網路就可撥打給司機。因此來到印尼前，先將印尼需要的網路辦妥，並下載APP，就能在印尼使用藍鳥計程車的叫車服務囉。Gojek亦是類似的使用方法，在此不多贅述。

計程車APP叫車流程

登入叫車 APP

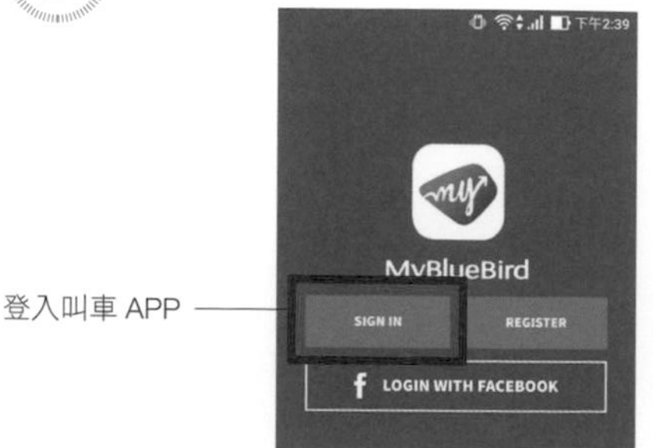

登入叫車 APP

若第一次使用請先填入個資

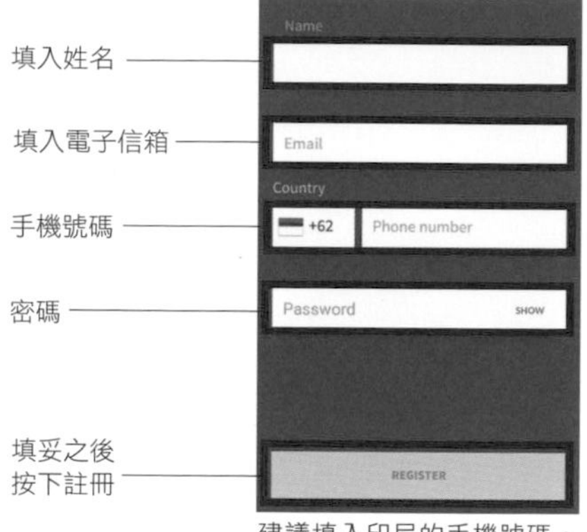

填入姓名

填入電子信箱

手機號碼

密碼

填妥之後按下註冊

建議填入印尼的手機號碼，以便司機聯繫

輸入上車與下車地點

選擇好上車與下車地點請點選下方框框

填入上下車地點（上車地點可使用定位系統鎖定）

點選叫車

確認價格、搭乘時間與付費方式後點選叫車

完成叫車

按下預訂，出現完成叫車的頁面

等車

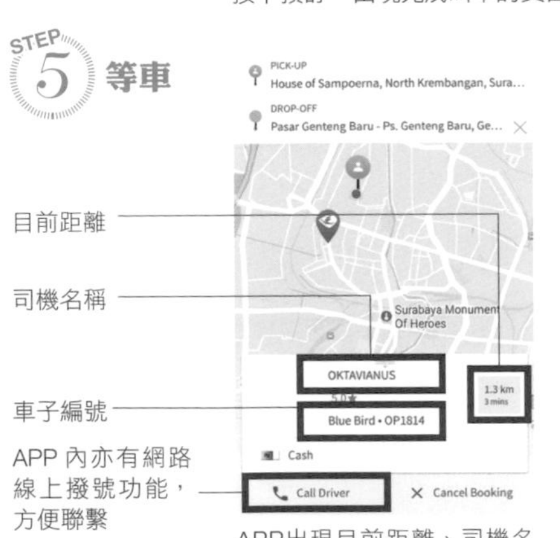

APP出現目前距離、司機名稱與車子編號等資訊

上車

上車後，APP會自動出現已在路途上(On your way)的頁面

上車前確認車子編號是否正確

玩家提醒

難以尋找地點司機會打電話確認

有時自己等待的地點有些難以尋找，譬如說百貨公司會有好幾個大門出口，司機可能會打電話跟你確認具體位置，然而司機不一定會中文或英文，建議可開擴音請一旁管理員或當地人協助，告知司機確切位置。

印尼文關鍵協助用語：

Tolong Bantu katakan sopir dimana saya？(請幫我跟司機說我在哪？)

泗水 美食特搜

既然是華人密度相當高的城市，街頭總能見著華人料理，各式類似卻又不同的中式餐點，是到訪泗水找尋華人飲食之樂趣。

推薦 牛肉湯(Rawon)

泗水特色湯品中，Rawon當之無愧，賣場調理包也看見它；深沉暗色的神祕湯頭，散發牛肉塊熬煮出的精華；正宗吃法搭配豆芽、鹹蛋與苦豆餅，不妨一試。

湯頭已有鹹度，請自行評估是否加鹹蛋

豬肉沙嗲(Sate Babi)

由於印尼多數人信奉伊斯蘭教，豬肉料理少，但來到泗水，想吃豬肉簡單易找，豬肉沙嗲有瘦肉串與肥花肉串兩種，帶些肥花的豬肉串口感較佳，甜度明顯。

豬肉沙嗲
肉質扎實

豬肉沙嗲可於市場Pasar Atom找尋

推薦 肉嗲(Ote Ote)

與國內的蚵嗲或肉嗲，外觀幾乎一模一樣，當地搭配辣椒吃，韭菜、蚵仔、豬肉以及蔥花等餡料相同，然而餡料混合的麵粉糊較多，滋味不同以往。

懷念肉嗲
就吃上幾塊

肉丸湯(Bakwan Surabaya)

各城肉丸湯有著不同風味，泗水版湯頭清澈，加入丸子、釀豆腐、餛飩等，最後撒上油蔥酥或蔥花，是一道口味較清淡、接受度高的選擇。

推薦 苦豆糕餅(Kue Belinjo)

咬第一口覺得與方塊酥極為相似，然而品嘗至中段時，苦豆餅的苦甘細膩味道呼之欲出，加上本身帶些鹹度，小小一塊令人意猶未盡。

推薦 泗水千層蛋糕 (Lapis Surabaya)

泗水千層蛋糕並非擁有細緻的堆疊層次，簡潔的三層，中間層為咖啡色蛋糕體，整體奶油香氣瀰漫，扎實中帶點鬆軟，適合搭配茶飲或咖啡。

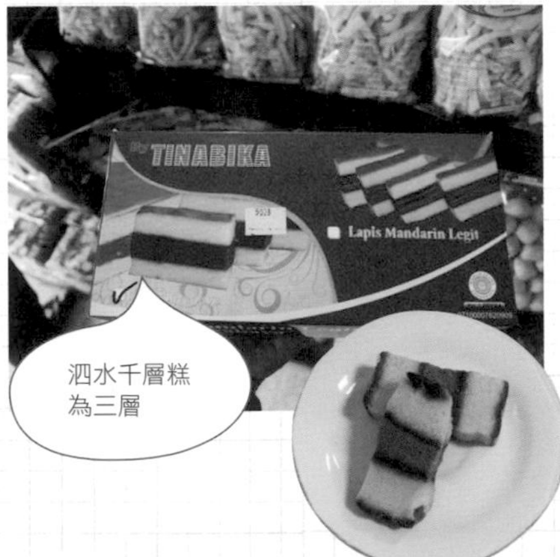

杏仁餅乾 (Almond Crunchy)

泗水近期竄起的伴手禮，講求薄度，品嘗時請小心拿取，起司、抹茶、巧克力以及香草等，咀嚼時可明顯感受杏仁風味。

泗水市區景點集中，搭乘計程車或是三輪車皆可；而婆羅莫火山，沿途需跋涉山路，建議選擇旅行社包套行程。泗水懶人包為 3 天行程，盡可能涵蓋市區與郊區元素，各位可自行調整內容。

泗水市區與婆羅莫火山山腳 (P.261)

香菸博物館(附觀光巴士) → 阿東傳統市場 → 前進婆羅莫火山山腳

婆羅莫火山與泗水市區 (P.270)

觀賞婆羅莫火山日出與火山口 → 鄭和清真寺 → 佛像遺跡

泗水市區 (P.278)

英雄紀念碑 → 潛水艇博物館 → 泗水地標 → 哥登市場 → 泗水動物園

泗水與鄰近區域分布圖

泗水 Surabaya
火車站 Stasiun Surabaya Gubeng (SGU)
公車總站 Terminal Purabaya/ Terminal Bungurasih
泗水機場 Bandar Udara Internasional Juanda (SUB)
峇里海
龐越 Problinggo
婆羅莫火山 Gunung Bromo
瑪琅 Malang
婆羅莫火山山腳 Cemoro Lawang

Day 1

泗水市區與婆羅莫火山山腳 Surabaya · Bromo

香菸博物館
House of Sampoerna

2小時

搭乘計程車

阿東傳統市場
Pasar Atom

1.5小時

搭乘計程車

泗水車站或泗水火車站

搭火車至 Probolinggo車站；搭巴士至 Probolinggo車站，約2.5～3小時

Probolinggo 車站或 Probolinggo 火車站

下車後轉乘小巴前往Cemoro Lawang火山山腳約1.5小時，價格Rp.20,000~30,000元

婆羅莫火山山腳
Cemoro Lawang

注意事項

到龐越 Probolinggo 車站後，車站內有不少旅行社或是吉普車商家可考慮。另外，準備找小巴轉乘時，有些私家車司機會告訴你沒有小巴前往 Cemoro Lawang(也稱 Cemara Lawang)，要你搭乘他的私家車，此種價格較貴，但其實走出車站後就會看見小巴了，這點請特別留意。

1.泗水市容 / **2.**香菸博物館一景 / **3.**阿東傳統市場

泗水市區地圖
此地圖為大略位置，由於印尼城市有許多錯縱複雜的小路與單行道，若是一併放入地圖可能過於凌亂難懂，請讀者配合手機導航，掌握精確位置。
香菸博物館
House of Sampoerna
Jl. Gresik
Gadukan Timur
Jl. Rajawali
Jl. Kembang Jepun
Jl. Kapasan
Jl. Kenjeran
Jl. Indrapura
Jl. Demak
Jl. Veteran
阿東傳統市場
Pasar Atom
Jl. Raya Dupak
Jl. Pahlawan
鄭和清真寺
Masjid Muhammad Cheng Hoo
英雄紀念碑
Monumen Tugu Pahlawan Surabaya
Jl. Tembaan
Jl. Kalianyar
Jl. Ngaglik
Jl. Undaan Wetan
Jl. Kramat Gantung
Jl. Kramat
Jl. Tambaksari
哥登市場
Pasar Genteng Surabaya
泗水地標
Surabaya Landmark
Jl. Tembok Dukuh
Jl. Kranggan
Jl. Kusuma Bangsa
拉翁餐廳
Rawon Setan
Jl. Tidar
Jl. Tunjungan
Jl. Embong Malang
滿者伯夷飯店
Majapahit Hotel
Jl. Pacar Keling
雕像
Monumen Patung Gubernur Suryo
Jl. Raya Arjuno
Jl. Kedungdoro
商場
Grand City Mall
頓江安商場
Tunjungan Plaza
Jl. Pemuda
Jl. Prof. Dr. Mustopo
Jl. Panglima Sudirman
佛像遺跡
Arca Joko Dolog
Jl. Basuki Rahmat
泗水火車站
Stasiun Surabaya Gubeng
(SGU)
泗水城地球度假村
Bumi Surabaya City Resort
潛水艇博物館
Monumen Kapal Selam
Jl. Banyu Urip
Jl. Pasar Kembang
Jl. Raya Gubeng
泗水套房飯店
Surabaya suites hotel
政府機關
Gedung Negara Grahadi
Jl. Urip Sumoharjo
Jl. Sulawesi
Jl. Kertajaya
Jl. Manyar Kertoario
商場
Plaza Surabaya
永和清粥豆漿大王
Yung Ho
Jl. Raya Ngagel
Jl. Dr. Soetomo
泗水美居飯店
Mercure Surabaya
Jl. Raya Diponegoro
Jl. Raya Malang-Surabaya
Jl. Raya Darmo
Jl. Bung Tomo
Jl. Ngagel Jaya Sel
Jl. Mayjen Sungkono
商場
Surabaya Town Square
公園
Taman Bungkul
奇普拉百貨
Ciputra World Surabaya
泗水動物園
Kebun Binatang Surabaya

氣質十足的博物館

香菸博物館

House of Sampoerna

博物館建築興建於西元1862年，原為荷蘭人管理的孤兒院，直到西元1932年由Liem Seeng Tee將它買下，賦予不同以往的生命，成立香菸公司Sampoerna，後來成為印尼數一數二的大型香菸公司。走一圈博物館，優雅質感無所不在，一樓為展覽室，呈現製作香菸的過程以及相關文物之外，述說創業經過與歷代經營者的故事。幸運的話，可至二樓觀看工作人員進行菸草的加工過程。

Taman Sampoerna No.6, Krembangan Utara, Pabean Cantian, Kota SBY　031 3539000　週一至週六 09:00～19:00；週日與國定假日 09:00～18:00　免費參觀　搭乘計程車前往，距離泗水火車站約 15～20 分鐘　1 小時　houseofsampoerna.museum/e_home.htm　二樓加工廠禁止拍照　MAP P.262

1.館內散發古典質感 / **2.**博物館外觀引人注目 / **3.**透過文物更加了解創始人的故事

旅遊知識家

華人在印尼

西元15世紀起，不少華人紛紛從大陸移民至此，多為閩南人與客家人，以泗水的華人密度較高，發展紡織、鞋品、菸草以及樹薯等加工產業。由於過去印尼曾經發布同化政策，禁用中文字或華語，如今的華人，儘管老一輩字裡行間參雜中文，但年輕華人中文流利的不多，甚至中文也不太懂，因此到印尼旅遊時，可別想說遇到當地華人，就狂說中文，對方可能聽不懂喔。

香菸公司創始人為華人

門窗造型可見中文字

沿途盡覽泗水城市風光

觀光巴士造型可愛亮眼

觀光巴士

報名處位在香菸博物館咖啡館旁，搭車地點亦是，每臺巴士搭配一位導遊，安排景點下車踏青，導遊也會下車帶領。一天僅能參加一次巴士行程。

031 3539000 每天3個班次 免費參加 位於香菸博物館內 1.5小時(須提前半小時至現場等候) houseofsampoerna.museum/e_sht_main.htm 由於有限制人數，且只接受現場報名，建議早些或平日前往

須提前至現場領取車票

泗水有許多大型地標

導遊細心講解

班次資訊

日期	主題路線	班次／時間
週二至週四	Surabaya - The Heroes City (Heroes Monument - PTPN XI)	10:00～11:00
	Surabaya - The Trading City (Hok Ang Kiong Temple - Escompto Bank)	13:00～14:00
	Surabaya during The Dutch Occupation (Kebonrojo Post Office - Kepanjen Church - Ex. De Javasche Bank)	15:00～16:30
週五至週日	Exploring Surabaya (Balai Pemuda - City Hall - Ex. De Javasche Bank)	10:00～11:30
	Surabaya -The Heroes City (Heroes Monument - GNI - PTPN XI)	13:00～14:30
	Babad Surabaya (Kampung Kraton - City Hall - Cak Durasim)	15:00～16:30

泗水老字號商場一遊

阿東傳統市場

Pasar Atom

阿東傳統市場是泗水著名的市場，成立於西元1972年，為立體式建築，分為四層樓。一、二樓屬於傳統市場，是富有年代感商場風格，主要販售零食小吃、生活雜貨店以及加工用品；邁入二樓後，像是將百貨公司的商場搬到這裡，璀璨現代的精品服飾店居多；而三樓美食城，是覓食的絕佳去處，這裡充滿著各式華人美食，瞄準豬肉料理的人亦可大獲豐收。

綿延的美食店家排排站好，幾乎都會派出人馬佇立於外頭，招攬生意，大都會將餐點的圖片呈現於牆面或是菜單中，點好餐後直接付款，拿著號碼牌隨性找位子坐。雲吞麵、叉燒飯、水餃鍋貼等華人美食雲集，推薦別錯過豬肉沙嗲，點選帶些肥花的豬肉沙嗲，口感較不會過柴。若打算來此享用美食，需特別留意時間，市場的營業時間只到17:00。

Jl. Bunguran No.45, Bongkaran, Pabean Cantian, Kota SBY 031 355 1995 10:00～17:00 搭乘計程車前往，距離泗水火車站約15～20分 1.5小時 pasaratom.com MAP P.262

1.5.各種華人美食齊聚一堂 /**2.**市場聚集各式服飾商家 / **3.**市場Pasar Atom屬於綜合型商場 / **4.** 來到市場可試試豬肉沙嗲 / **6.**美食街攤位五花八門

前進婆羅莫(Bromo)

從泗水前往婆羅莫(Bromo)仍有一大段距離，沿途幾乎是山路，至少耗費半天時間，若選擇搭乘客運、火車以及小巴，時間則需拉更長。

婆羅莫火山位置

距離泗水約120公里，一趟車程超過3～4小時，鄰近的龐越(Probolinggo)鎮與碼琅(Malang)鎮是前往婆羅莫火山的兩大轉乘點。

來到婆羅火山，必看的經典行程主要有兩個，其一是遠方眺望婆羅莫火山日出，其二為登上火山口俯瞰。

前進婆羅莫火山方式

自行前往

如不考慮包車或旅行社行程，建議最後至Cemoro Lawang小鎮(也稱Cemara Lawang)投宿一晚，也就是婆羅莫山腳，以免過於奔波勞累，隔日租吉普車登山，路線如下。

①

②

③

路線一

泗水客運車站(Terminal Purabaya，又稱Terminal Bungurasih) → Probolinggo車站 → 小巴到Cemoro Lawang小鎮

(客運車程約3小時，價格Rp.60,000～80,000元起；小巴車程約1.5小時，價格Rp.20,000～30,000元)

路線二

泗水火車站(Stasiun Surabaya Gubeng)→Probolinggo火車站→小巴到Cemoro Lawang小鎮

(火車車程約2～2.5小時，價格Rp.90,000～120,000元起；小巴車程約1.5小時，價格Rp.20,000～30,000元)

旅行社接洽行程

到婆羅莫有包車以及和旅行社買行程這兩種方式，作者建議各位向旅行社購買行程，因為包車去到山腳後，由於火山地形與路況不佳，最後還是要租吉普車，而旅行社是一次包套，不需自行再找吉普車商家。

市面上旅行社推出的行程，以半夜上山或2天1夜行程居多；從泗水出發的話，半夜上山的行程深夜12點從泗水出發，2天1夜則於山腳休息一晚，凌晨3點出發，兩行程皆會看日出與火山口後下山返回泗水。

隨著各家旅行社行程內容會影響價格，與旅行社接洽時，可嘗試議價，找出合適的選擇。特別注意，如果不是跟團(與陌生人湊團)，而是專屬行程，價格更會高出許多。

1.為了一睹日出曙光需凌晨上山等候 / **2.**廂型小巴於印尼偏遠小鎮扮演重要的角色 / **3.**搭乘火車請預留誤點的緩衝時間 / **4.**不少人選擇前一晚投宿山腳 / **5.**山路崎嶇因此吉普車是主要的代步選擇

婆羅莫山腳餐廳與住宿等級叮嚀

選擇2天1夜，甚至是3天2夜以上的火山行程，勢必會在山腳小鎮用餐投宿，與泗水相比，小鎮的旅館與餐廳純樸許多，也請做好心理準備，畢竟前往婆羅莫火山，是為一睹火山的瑰麗美景，而非享受度假的奢華行程喔。

住宿選擇

大都為旅社或是旅館等級，價格落於Rp.750,000～800,000元之間，房間中規中矩。想要節省預算的，可選擇投宿Home stay，不過可能為公共衛浴，房型一般。

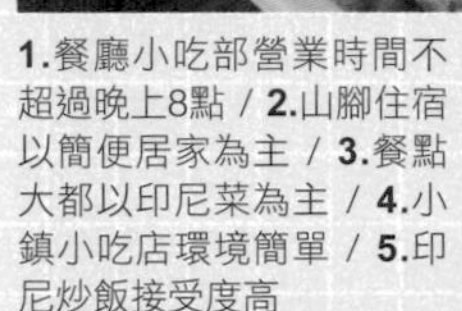

1.餐廳小吃部營業時間不超過晚上8點 / 2.山腳住宿以簡便居家為主 / 3.餐點大都以印尼菜為主 / 4.小鎮小吃店環境簡單 / 5.印尼炒飯接受度高

餐廳選擇

撇除旅館的附設餐廳，外頭餐廳偏向於小吃部，餐點單純簡單，有些超過晚間7點半，就準備結束當天營業，建議早些用餐。最好選擇有水源與冰箱的餐廳，衛生程度會高一些。要是自己腸胃不好，擔心影響隔日的爬山行程，請帶妥腸胃藥，以備不時之需也可自行準備糧食。

婆羅莫行前準備

婆羅莫火山無法輕易抵達，需要體力、時間以及適當穿著，建議平日完全沒有或極少運動的朋友，出發前鍛鍊體力，以下針對配件提供建議。

運動鞋

不對的鞋款讓腳丫子受罪外，也無法順利進行，特別火山口那段路，崎嶇且沙土易滑，請穿著運動鞋或登山鞋款。

防風外套

山區溫差大，觀賞日出處的寒風迎面吹來，可是不輸寒流喔，一定要帶一件防風外套，搭配洋蔥式穿法，因為火山口可能會比較熱。

1.登上火山口的風沙大請做好防塵準備 / **2.**路上可見小吃攤供遊客覓食攝取熱量 / **3.**登山之路崎嶇務必穿著適當鞋款 / **4.**看日出的地方沿路可租借防風外套 / **5.**當地人早晨吃炸物不足為奇

口罩防沙塵

婆羅莫火山沒有明顯硫磺味，主要是抵擋沙塵，火山口附近稍微有風或有人踏過，即會塵土飛揚。對於攝影器材防塵也應做好防護準備，換洗衣物或濕紙巾備妥為佳。

飲用水與零食小吃

由於半夜就開始行程，下山後才有機會好好吃飯，路途中可能會餓肚子，建議帶飲用水與零食小吃，以備不時之需。

Day 2

婆羅莫火山與泗水市區 Bromo · Surabaya

吉普車旅館接駁或自行上山

最後一段需步行至觀賞日出處

婆羅莫火山日出 Gunung Sunrise

2.5小時

吉普車上山，最後一段需自行爬至火山口

踏上火山口 Bromo Crater

3小時

吉普車返回住宿地點

婆羅莫山腳 Cemoro Lawang

搭乘小巴前往方向Probolinggo車站

Probolinggo車站或Probolinggo火車站

或搭火車至泗水火車站Surabaya Gubeng約2～2.5小時，價格Rp.9～12萬，或搭巴士至泗水車站TerminalPurabaya (Bungurasih) 約3小時，價格Rp.60,000～80,000元起

泗水車站或泗水火車站

搭計程車

鄭和清真寺 Masjid Muhammad Cheng Hoo

0.5小時

搭計程車

佛像遺跡 Arca Joko Dolog

0.5小時

注意事項

1. 看日出與登上火山口的位置不同，且有段距離，少部分人會選擇全程徒步，作者認為，若非體力非常好的人，請不要輕易嘗試，畢竟不論是看日出或是登上火山口，最後一段都需要自己步行，因此搭乘吉普車可保留體力。
2. 來到火山口，要再一段路才會到火山口登山梯，爬上登山梯才能看見火山口，沿途周圍牽馬的人們，會詢問要不要騎馬至登山梯附近，皆是要額外付費的。
3. 欲知泗水如何前往婆羅莫火山，請參考P.266。

見證火山奇景的一刻

婆羅莫火山

Gunung Bromo

婆羅莫火山位於東爪哇，海拔約2,300多公尺，目前是活火山，近幾年仍有噴發。

看日出的地方主要可見3座山，火山外型內凹為婆羅莫火山，也正是可以步行俯瞰火山口的所在地；在它一旁為呇豆山(Gunung Batok)，山形特殊，吸引眾人目光；而在兩山後方的高山，為瑟梅魯山(Gunung Semeru)，是爪哇島數一數二的高山。

Gunung Bromo,Podokoyo, Pasuruan, Java Timur 請參考 P.266 因行程而異 MAP P.260

1.太陽照耀時可清楚見到3座山 / **2.**登上婆羅莫火山口時一併眺望呇豆山 / **3.**騎馬上山需額外付費主要來到登山梯

| 旅人手帳 |

火山驚豔之美

凌晨4點多起床出發至日出觀賞處，冷風中等待又等待後，終於，曙光乍現，天空開始上演橘色光芒雲海翻騰，瞬間成為動態場景。正當大多數人還在感慨美景時，我們拍到好照片後，快馬加鞭到另一側拍火山，不為什麼，太慢過去就擠不進去拍照了。在這裡可以拍遠眺版的峇豆山、婆羅莫火山以及瑟梅魯山英姿，其中峇豆山貧瘠帶有明顯線條的奇特外表，令人印象深刻。

接著前往火山口，當天遊客量多到像是沒有管制，有些人不想排隊，索性開闢另一條道路，透過雙手雙腳真正地「爬山」，就連我先生也加入「爬山」聯盟，非常不好爬，每一個都灰頭土臉。留下我這個小孬孬排了一個半小時的隊伍，才見到火山口。

一踏上火山口浩蕩壯觀，是心中最直接的感受，縷縷白煙配上發出猶如環繞音響的巨大聲響，奇景深深烙印在心頭，一切瞬間甘之如飴啊，愛好見證奇山者，真的不要錯過。

1.火山口人潮擁擠時請注意安全 / **2.**大家共同等待日出時刻 / **3.**火山口發出轟隆巨響

鄭和下西洋，含括印尼?!

鄭和清真寺

Masjid Muhammad Cheng Hoo

鄭和下西洋這句話，大家應該十分熟悉，鄭和，本名姓馬，雲南昆明人，為回族。明朝期間，鄭和屢次遠洋至諸多王國，拓展文化與商業往來，印尼的蘇門答臘島、爪哇島的三寶瓏、泗水皆有蹤跡。西元2001年，後人為表示對鄭和的敬重，建造了鄭和清真寺，清真寺保留中國廟宇的巧思，運用綠、紅、黃三色，而屋頂為八角形，取中國諧音「發」的吉祥之意，成為泗水獨具特色的清真寺。

⊠ Jl. Gading No.2, Ketabang, Genteng, Kota SBY ➡搭乘計程車前往，從泗水火車站出發約10 分鐘 ⌛ 0.5 小時 MAP P.262

1.外觀看似中式廟宇實為一座清真寺 / **2.**清真寺一旁畫著鄭和圖案 / **3.**清真寺人煙稀少十分靜謐 / **4.**清真寺融合中華與伊斯蘭教元素

泗水雕像遺跡

佛像遺跡

Arca Joko Dolog

過去爪哇島歷經多任輝煌的王朝，西元1289年，東爪哇Singo Sari王朝興建了這些雕像，其實這些雕像原本並不在泗水，遺跡從坐落於鄉村Bejijong Trowulan中。西元1827年，將雕像移出，而後眾多考量下，將雕像保存於泗水，成為泗水的景點。雖然這些遺跡沒有龐大壯觀的數量，但仍代表過去東爪哇的歷史，目前位於泗水省府附近，環境清幽。

🖂 Jl. Taman Apsari, Embong Kaliasin, Genteng, Kota SBY ➡搭乘計程車前往，位於 Monumen Patung Gubernur Suryo 雕像後方，步行約 2 分鐘 ⌛ 0.5 小時 ?走上雕像前須脫鞋 MAP P.262

1.遺跡位於雕像後方 / 2.環境清幽祥和 / 3.信眾來此供奉神像 / 4.周圍雕像可看出悠久年代的斑駁感 / 5.神像下方有著精細的刻文

到悠久飯店享受閒情逸致的下午茶

滿者伯夷飯店

Majapahit Hotel High Tea

西元1910年建立的滿者伯夷飯店，從荷蘭殖民時期營運，成為泗水地標性飯店，加上鄰近百貨Tunjungan Plaza，深受眾多遊客歡迎。古典優雅的滿者伯夷飯店，推出下午茶專案，提供單點與套餐系列，各式經典印尼點心，鹹與甜口味皆有，推薦點份套餐，每一套餐皆有其特色主題，更有專屬泗水名產點心的整套下午茶，令人心動。

Jl. Tunjungan No. 65, Genteng, Kota SBY 031 5454333 14:00～18:00 一人平均 Rp.150,000 元 搭乘計程車前往，位於百貨 Tunjungan Plaza 旁邊 1 小時 hotel-majapahit.com MAP P.262

1.下午茶精緻可口／**2.**下午茶的戶外座位能欣賞庭園造景

1.餐廳外觀／**2.**決定好想點的菜肴後再請服務人員裝盤

熟悉卻又不一樣

永和清粥豆漿大王

Yung Ho

泗水的永和豆漿，與臺灣的有些不同，主打粥品，反倒像是國內的清粥小菜店。進門後，往餐點櫥窗走去，挑選想要的小菜，接著選出粥品，也可順勢點一杯豆漿喝喝。每一份小菜的風味十分熟悉，口味雖然偏甜一些，但風味不減，較特別的是印尼的中式菜肴普遍都會勾芡，讓口感更為滑順細膩，可來此點一些勾芡料理，從中比較差異之處。

Jl. Manyar Kertoarjo No.34, Manyar Sabrangan, Mulyorejo, Kota SBY 031 5929 653 11:30～20:00 一人平均Rp.50,000元 搭乘計程車前往，泗水火車站約10分鐘附近無明顯地標，請配合導航 1小時 MAP P.262

寬敞舒適的住宿環境

泗水城地球渡假村

Bumi Surabaya City Resort

價格親民卻保有優質品質的市區度假村，提供242間客房，房型落落大方，空間寬敞，風格沉穩內斂，部分房型更能遠眺風景，白天欣賞泗水城市風貌，夜晚眺望各家燈光通明；度假村提供的公共設備亦是加分之處，餐廳、游泳池、健身室、Spa館等，滿足不同住客需求。

值得一提的是，早餐稱為早晨市集Pasar Pagi，分為好幾個區域，如同一座小型美食市集，清楚劃分每一區，住客可遊走於每區，尋覓合適的餐點；粥品飯類區、熱炒區、沙拉區、麵包區、印尼傳統早餐區等，還有外圍攤位，更將多國餐點搬進來，的確猶如市集般，因此有顧客專門來此享用早餐。

✉ Jl. Jend. Basuki Rahmat No.106-128, Embong Kaliasin, Genteng, Embong Kaliasin, Genteng, Kota SBY ☎ 031 5311 234 $ 雙人房一晚Rp.950,000元 ➡ 搭乘計程車，距離泗水火車站約5～8分鐘 http bumisurabaya.com MAP P.262

1.大廳格局落落大方 / 2.異國料理亦在早餐區可尋 / 3.部分房型能夠觀賞泗水市容 / 4.房間內斂整潔 / 5.不要錯過飯店早餐

1

2

3

4

5

火車站附近的便利選擇

泗水套房飯店
Surabaya suites hotel

套房飯店以小型套房、商務套房、豪華套房等3種套房系列為主，房型格局適中簡約，除了鄰近火車站，步行可直接到達一旁的百貨公司 Plaza Surabaya，用餐購物皆可解決。總而言之，飯店擁有極佳的地段，不論交通、購物或用餐，大都可透過步行以及搭乘計程車短程前往，是個經濟實惠飯店。

Jl. Pemuda No. 33-37, Embong Kaliasin, Genteng, Kota SBY 031 5316 833 $雙人房一晚約Rp.550,000元 搭乘計程車，距離泗水火車站Surabaya Gubeng車程約5分鐘；步行前往約13分鐘 http www.surabayasuites.com MAP P.262

1.早餐以印尼式為主 / **2.**飯店大廳

親切舒適的經濟型選擇

泗水美居飯店
Mercure Surabaya

Mercure美居飯店為印尼知名的連鎖型飯店，遍布印尼的重要城市，泗水此間屬於中型規模，四星級飯店主打經濟親民的住宿價格，推出高級、豪華、市景與行政套房等，房型偏向商務風格。房外設施包含3間餐廳、咖啡廳、游泳池、健身房與Spa館外，由於泗水市區的景點普遍不遠，提供自行車出租服務，適合喜好騎車悠遊的遊客們。

Jl. Raya Darmo No.68-78, DR. Soetomo, Tegalsari, Kota SBY 031 562 3000 $雙人房一晚約Rp.500,000元 搭乘計程車，距離泗水火車站Surabaya Gubeng車程約12分鐘 http www.mercure.com/gb/hotel-6155-mercure-surabaya/index.shtml 若介意菸味請選擇禁菸房 MAP P.262

1.飯店提供健身空間 / **2.**房間溫馨宜人

Day 3 泗水市區 Surabaya

英雄紀念碑 Monumen Tugu Pahlawan Surabaya　1小時

→ 搭計程車 →

潛水艇博物館 Monumen Kapal Selam　1小時

→ 步行4～5分鐘 →

泗水地標 Surabaya Landmark　0.5小時

→ 搭計程車 →

哥登市場 Pasar Genteng Surabaya　0.5小時

→ 搭計程車 →

泗水動物園 Kebun Binatang Surabaya　2.5小時

1.泗水動物園 / **2.**潛水艇外觀 / **3.**英雄紀念碑廣場 / **4.**哥登市場可買伴手禮

瞭解泗水為印尼追求獨立的可貴

英雄紀念碑

Monumen Tugu Pahlawan

西元1945年8月17日印尼宣布獨立，代表著印尼邁向國家的一個起點，然而印尼並非順順利利就成為國家，泗水英雄紀念碑即是見證英雄們為獨立奮鬥的價值與可貴。紀念碑又稱為Heroes Monument，外觀高聳清雅，高度約有41.1公尺，紀念1945年11月10日在泗水戰役期間所喪命的英雄們。

紀念碑前方有一座小型廣場，林立著第一任總統蘇卡諾(Soekarno)與副總統哈達(Hatta)的雕像，相傳蘇卡諾總統出生於泗水，因此雕像意義深遠。

後方菱形建築是一座博物館，名為Museum Sepuluh Nopember，Sepuluh Nopember是印尼文11月10日的意思，呼應紀念碑的精神指標，博物館內珍藏與印尼獨立相關的文物，當然，關於英雄們如何為獨立盡一份心力，亦可於博物館中細細瞭解。

1.博物館內部環境 / **2.**英雄紀念碑 / **3.**博物館主題圍繞於11月10日發生的事件 / **4.**博物館菱形外觀讓人印象深刻

Jl. Pahlawan, Alun-alun Contong, Bubutan, Kota SBY 031 3571 100(為博物館電話) 博物館週二至週四08:00～15:00；週五08:00～14:00；週末08:00～13:00(週一與國定假日休館) 一人Rp.5,000 搭乘計程車，從泗水火車站車程約12分鐘 1小時 MAP P.262

真真切切的潛水艇在眼前

潛水艇博物館

Monumen Kapal Selam

對於海上交通工具，以往只能在海上看見，而潛水艇博物館於陸地上就能一睹英姿。全長約76.7公尺、寬度6.3公尺，總重約1,300噸；前後皆設有魚雷裝置，前方4個，後方2個。對於潛水艇內的所有裝置、設備以及起居區皆能一覽無遺，整趟走下來，想像船員在如此擁擠的空間，度過數月，由衷佩服。提醒各位，入口處有一個測試門框，如果無法通過門框，那就別堅持要進去潛水艇內部，以免卡住喔。

Jl. Pemuda No.39, Embong Kaliasin, Genteng, Kota SBY 031 5490 410 08:00～20:00 一人Rp.15,000元 搭乘計程車前往，若從泗水火車站前往則步行4～7分鐘即可抵達 1小時 體型較大或身材魁梧者一定要先確認是否能通過入口測試的最小閘門 MAP P.262

鱷魚鬥鯊魚畫面生動

泗水地標

Surabaya Landmark

鯊魚與鱷魚互鬥的雕像，是在地人再熟悉不過的泗水地標，亦是泗水地名Surabaya的由來。相傳是鯊魚與鱷魚皆為生命力強的動物，鯊魚印尼文Sura，鱷魚印尼文為Baya，為了爭奪地盤而互相攻擊，而泗水地名就是取自兩字結合。關於地標傳說眾說紛紜，姑且聽聽當作樂趣即可，僅要知道此地標代表著泗水，而泗水動物園旁也有此類地標。

位於潛水艇博物館旁，往河邊方向步行約4～5分鐘 0.5小時 MAP P.262

1.潛水艇外觀 / **2.**進入潛水艇內部了解構造 / **3.**泗水動物園外也有此類地標

伴手禮天堂

哥登市場

Pasar Genteng Surabaya

來到一個城市，不買點伴手禮或小點心，感覺有些過意不去。泗水的點心，以泗水千層蛋糕(Lapis Surabaya)、杏仁餅乾(Almond Crunchy)和苦豆餅(Kue Blinjo)最為經典。Pasar Genteng街道上林立著眾多伴手禮店，讓市場與購買伴手禮劃上等號，每家伴手禮店擺出琳瑯滿目的商品，不過較可惜的是，大部分的商品皆以包裝完整，無法進行試吃。

⊠Jl. Genteng Besar, Genteng, Kota SBY ⊙伴手禮店約從10:00～20:00營業 $依據個人消費而定 ➡搭乘計程車，若從泗水火車站前往約15～18分鐘 ⌛0.5小時 MAP P.262

1.市場瀰漫在地情懷 / 2.商家擁有不少泗水名產

泗水必品嘗之湯頭

拉翁餐廳

Rawon Setan

Rawon是泗水出了名的湯頭，不同店家皆有各自愛戴者，其中Rawon Setan深受歡迎，湯頭色澤深，無法見底，但在這黑暗神祕的湯頭裡，蘊藏著高湯的濃厚感，正宗的吃法會搭配豆芽與鹹蛋，若是擔心豆芽味道過於強烈或是鹹蛋過鹹，可適量加入或不要加。除此之外，店家通常會附上一盤牛雜，吃什麼就算什麼的錢，其中牛雜有些內臟部位，敢嘗試就不要錯過。

⊠Jl. Embong Malang No. 78I, Genteng, Kota SBY ☎0813 3111 8190 ⊙07:30～21:00 $一碗湯約Rp.50,000元起 ➡搭乘計程車，若從泗水火車站前往約9～12分鐘 ⌛1小時 ℹ如果店家沒有給一盤牛雜，可直接跟店家吩咐 MAP P.262

價格親民的市區動物園

泗水動物園

Kebun Binatang Surabaya

Binatang為印尼文動物的意思，顧名思義，可得知為泗水市區的動物園，西元1916年營運至今，占地約15公頃，又稱為Surabaya Zoo，由於價格十分親民，加上地點便利，在地居民假日亦會帶著小朋友來此遊玩，觀察每種動物，來一趟休閒教育之旅。

建議可先看看長鼻猴與科莫多龍，兩者皆是印尼的特殊生物，長鼻猴長相奇特，帶些幽默感；科莫多龍為大型蜥蜴，屬於國寶級傳奇生物，口水含有大量的細菌，若是遭牠咬上一口，可能會致命。

整座動物園林蔭面積範圍廣大，走到哪幾乎都可愜意遊走於樹下，減少太陽直曬的情況，動物園隨處可見指標，因此不怕走錯方向。提醒各位，由於泗水動物園大部分非為玻璃櫥窗，而是以鐵籠居多，空隙不小，小朋友的手若是想要伸進去，是絕對有辦法的。請務必看好自己的小孩，畢竟孩子對於動物防衛性較低。

✉Jl. Setail No.1, Darmo, Wonokromo, Darmo, Wonokromo, Kota SBY ☎031 567 8703 🕘週一～週五08:00～16:00；週末07:30～16:30 $一人Rp.15,000元 ➡搭乘計程車前往，若從泗水火車站前往約13～15分鐘 ⌛2.5小時 ?帶小朋友前往要小心小孩伸手入籠子內 MAP P.262

1.售票處買票後即可進入動物園 / **2.**長鼻猴慵懶生活著 / **3.**幸運的話可見小科莫多龍 / **4.**園區提供遊船欣賞動物

泗水市區大型百貨商場

頓江安商場
Tunjungan Plaza

邁入30多年歷史的大型商場，不斷地進步與擴增，Tunjungan Plaza 5於2015年9月擴增完畢，而Tunjungan Plaza 6於2017年持續擴增，為泗水市區以及周圍郊區的民眾，引進更多元的購物選擇，書局、家居店、電影院以及超級市場等，打造多功能的消費天堂。近期UNIQLO進駐於此，是泗水第一間UNIQLO，深受簡約服飾的購物者歡迎。

Jl. Basuki Rahmat No.8-12, Kedungdoro, Tegalsari, Kota SBY 031 5311 088 10:00～22:00 搭乘計程車前往，若從泗水火車站前往約7～10分鐘 1小時 www.tunjunganplaza.com MAP P.262

1.商場內部璀璨繁華 / 2.在Tunjungan Plaza覓食不成難題

1.商場中式餐廳特別多 / 2.印尼中式餐常會勾芡

中式餐廳選擇多

奇普拉百貨
Ciputra World Surabaya

這間百貨是泗水市區購物熱門排行榜中，較為新穎的百貨公司，知名品牌Longchamp、Tod's、Bally、Armani、Jeans等進駐。在Ciputra World 百貨，方可找到不少中式餐廳。其中Porong Wei中式料理餐廳，推出中式菜之餘，更有中式點心，Ote-Ote Porong值得一試，Porong為泗水在地美食之一，有些類似臺灣的蚵嗲，屬於炸類料理，內餡包含蔬菜與肉類，滋味不錯。

Jl. Mayjen Sungkono No.89, Gn. Sari, Dukuh Pakis, Kota SBY 031 5120 0088 10:00～22:00 搭乘計程車前往，從泗水火車站前往約14～17分鐘 1小時 www.ciputraworldsurabaya.com MAP P.262

深度旅行

114 **印尼爪哇：雅加達．萬隆．日惹．泗水**
作者／陳怜朱(PJ大俠)

113 **波蘭自助超簡單**
作者／蜜拉．葉士愷

112 **澳門自由行：7條路線懶人包**
作者／梁詠怡

111 **用鐵路周遊券輕鬆玩東日本**
作者／摩那卡．瓦拉比

110 **沙漠國家探索之旅：摩洛哥．埃及．約旦**
作者／陳慧娟

109 **羅馬、梵蒂岡深度之旅**
作者／潘錫鳳

108 **日本中部深度之旅：愛知．三重．靜岡．岐阜．長野．富山**
作者／阿吉

107 **Slow東京**
作者／蔡欣妤

106 **雲南旅行家：昆明．大理．麗江**
作者／甯育華

105 **日本東北深度之旅**
作者／三小a

103 **旅戀日本岡山：附山陰地區**
作者／李思嫻

102 **紐西蘭旅行家**
作者／舞姑

101 **用鐵路周遊券輕鬆玩西日本**
作者／摩那卡．瓦拉比

100 **香港自己的味道**
作者／Esther

099 **義大利尋藝之旅**
作者／蕭佳佳

098 **德國旅行家**
作者／林呈謙

097 **溫哥華深度之旅**
作者／海馬老爸

095 **首爾旅行家**
作者／Helena(海蓮娜)

093 **中國7城創意新玩法**
作者／賴雅婷．王微瑄

092 **東京OUT：橫濱．箱根．鎌倉．江之島**
作者／三小a

090 **澳門食尚旅行地圖**
作者／梁詠怡

089 **倫敦旅行家**
作者／林庭如

088 **美國中西部驚嘆之旅**
作者／許正雄．陳美娜

087 **西班牙深度之旅：馬德里．巴塞隆納．瓦倫西亞**
作者／宋良音

084 **Check in首爾**
作者／權多賢

080 **Check in東京**
作者／林氏璧

077 **Traveller's東京聖經**
作者／許志忠

076 **泰北清邁享受全攻略**
作者／吳靜雯

075 **聖地之旅：以色列．約旦．黎巴嫩．敘利亞**
作者／邱世崇

073 **島力全開！泰High全攻略**
作者／小王子(邱明憲)

067 **真愛義大利**
作者／吳靜雯

066 **野性肯亞的華麗冒險**
作者／黃嘉文．吳盈光

057 **Traveller's曼谷泰享受**
作者／吳靜雯

046 **Traveller's波士頓**
作者／周蔚倫

搭地鐵系列

104 **搭地鐵玩遍大邱**
作者／Helena(海蓮娜)

094 **搭地鐵玩遍紐約**
作者／孫偉家

086 **搭地鐵玩遍曼谷**
作者／葉志輝

082 **搭地鐵玩遍釜山**
作者／Helena(海蓮娜)

079 **搭地鐵玩遍首爾**
作者／索尼客

070 **搭地鐵玩遍倫敦**
作者／李思瑩．英倫懶骨頭

069 **搭地鐵玩遍新加坡**
作者／但敏

062 **搭地鐵玩遍香港**
作者／三木

061 **搭地鐵玩遍北京**
作者／黃靜宜

059 **搭地鐵玩遍東京**
作者／孫偉家

053 **搭地鐵玩遍上海**
作者／葉志輝

夢起飛系列

505 **紐西蘭自助旅行**
作者／林伯丞

504 **騎在天使安排的道路上**
作者／張永威

503 **用馬拉松旅行世界**
作者／劉憶萱(江湖一品萱)

502 **英國開車玩一圈**
作者／Burger Bus英式漢堡店小夫妻Edison & SaSa

501 **走！到法國學廚藝**
作者／安東尼

Day by Day系列

602 **下飛機Day by Day，愛上京．阪．神．奈**
作者／飄兒

601 **下飛機Day by Day，愛上舊金山**
作者／李朵拉

So Easy 095
開始到日本打工度假
作者／高函郁

So Easy 093
開始到英國打工度假．留學
作者／陳銘凱

So Easy 088
開始到美國打工度假
作者／高函郁

So Easy 084
開始到加拿大打工度假
作者／陳玉琳

So Easy 038
開始到紐西蘭打工度假
作者／蔡弦峰

世界主題 096
澳洲打工度假，送給自己勇氣的一年
作者／Lewis．Vivi

世界主題 091
澳洲打工度假：墨爾本．布斯本．雪梨三大城市邊賺邊
作者／黃奧登．艾芙莉

世界主題 081
澳洲打工度假一起Cooking
作者／Soda．Terry

世界主題 065
澳洲打工度假聖經
作者／陳銘凱

So Easy! 年度銷售排行榜冠軍旅遊書系

So Easy 自助旅行書系

亞洲地區

305 **開始在澳門自助旅行**
作者／凱恩(Kahn)

304 **開始在馬來西亞自助旅行**
作者／黃偉雯(瑪杜莎)

303 **開始在日本自助旅行**
作者／牛奶杰

100 **開始在關西自助旅行**
作者／King Chen

098 **開始在土耳其自助旅行**
作者／吳靜雯

094 **開始在沖繩自助旅行**
作者／酒雄

092 **開始在上海自助旅行**
作者／葉志輝

091 **開始到日本開車自助旅行**
作者／酒雄

089 **開始在泰國自助旅行**
作者／吳靜雯

087 **開始在釜山自助旅行**
作者／亞莎崎

079 **開始在越南自助旅行**
作者／吳靜雯

076 **開始在中國大陸自助旅行**
作者／徐德誠

075 **開始在北京自助旅行**
作者／沈正柔

060 **開始在香港自助旅行**
作者／古弘基

035 **開始在新加坡自助旅行**
作者／王之義

023 **開始在韓國自助旅行**
作者／陳芷萍・鄭明在

紐澳地區

073 **開始在澳洲自助旅行**
作者／張念萱

032 **開始在紐西蘭自助旅行**
作者／藍麗娟

歐美地區

307 **開始在冰島自助旅行**
作者／林佩儀

306 **開始在普羅旺斯自助旅行**
作者／曾一純

302 **開始在瑞典自助旅行**
作者／潘錫鳳・陳羿廷

301 **開始在西班牙自助旅行**
作者／區國銓・李容棻

099 **開始在紐約自助旅行**
作者／艾瑞克

096 **開始在愛爾蘭自助旅行**
作者／陳琬蓉

090 **開始在加拿大自助旅行**
作者／沈正柔

086 **開始在北歐自助旅行**
作者／武蕾・攝影／盧奕男

085 **開始在挪威自助旅行**
作者／林庭如

083 **開始在希臘自助旅行**
作者／林少凡

082 **開始在歐洲自助旅行**
作者／蘇瑞銘・鄭明佳

072 **開始在瑞士自助旅行**
作者／蘇瑞銘

034 **開始在荷蘭自助旅行**
作者／陳奕伸

027 **開始在義大利自助旅行**
作者／吳靜雯

026 **開始在美國自助旅行**
作者／陳婉娜

025 **開始在德國自助旅行**
作者／林呈謙、時小梅

024 **開始在英國自助旅行**
作者／李芸德

So Easy 專家速成書系

亞洲地區

080 **遊韓國行程規劃指南**
作者／Helena(海蓮娜)

歐美地區

308 **開始到義大利購物&看藝術**
作者／吳靜雯

097 **開始搭海外郵輪自助旅行**
作者／胖胖長工

078 **指指點點玩美國**
作者／謝伯讓・高薏涵

077 **指指點點玩義大利**
作者／吳靜雯

074 **英國茶館小旅行**
作者／英倫老舖

071 **窮，才要去紐約學藝術**
作者／洪緹婕

069 **記住巴黎的甜滋味**
作者／林佳瑩

065 **荷蘭最美**
作者／楊若蘭

046 **開始到維也納看莫札特**
作者／王瑤琴

031 **開始遊法國喝葡萄酒**
作者／陳麗伶

作　　者　陳怜朱

總 編 輯　張芳玲
發想企劃　taiya 旅遊研究室
企劃編輯　張焙宜
主責編輯　翁湘惟
封面設計　林惠群
美術設計　何仙玲
地圖繪製　涂巧琳

太雅出版社
TEL：(02)2882-0755　FAX：(02)2882-1500
E-MAIL：taiya@morningstar.com.tw
郵政信箱：台北市郵政 53-1291 號信箱
太雅網址：http://taiya.morningstar.com.tw
購書網址：http://www.morningstar.com.tw
讀者專線：(04)2359-5819 分機 230

出 版 者　太雅出版有限公司
台北市 11167 劍潭路 13 號 2 樓
行政院新聞局局版台業字第五〇〇四號

總經銷　知己圖書股份有限公司
106 台北市辛亥路一段 30 號 9 樓
TEL：(02)2367-2044 ／ 2367-2047　FAX：(02)2363-5741
407 台中市西屯區工業 30 路 1 號
TEL：(04)2359-5819　FAX：(04)2359-5493
E-mail：service@morningstar.com.tw
網路書店 http://www.morningstar.com.tw
郵政劃撥　15060393(知己圖書股份有限公司)

法律顧問　陳思成律師
印　　刷　上好印刷股份有限公司 TEL：(04)2315-0280
裝　　訂　大和精緻製訂股份有限公司 TEL：(04)2311-0221

初　　版　西元2018年07月10日
定　　價　420 元

(本書如有破損或缺頁，退換書請寄至：台中市工業30路1號　太雅出版倉儲部收)
ISBN 978-986-336-248-7
Published by TAIYA Publishing Co.,Ltd.
Printed in Taiwan

國家圖書館出版品預行編目 (CIP) 資料

印尼爪哇：雅加達 x 萬隆 x 日惹 x 泗水 / 陳怜朱作 . -- 初版 . -- 臺北市：太雅，2018.07
　面；　公分 . -- (世界主題之旅；114)
ISBN 978-986-336-248-7(平裝)
1. 遊記 2. 印尼爪哇
739.3709　　107006271

黏貼裝訂處(請勿使用釘書針)

(請沿此虛線壓摺)

這次購買的書名是：

印尼爪哇：雅加達x萬隆x日惹x泗水(世界主題之旅114)

＊01 姓名：________________ 性別：□男 □女 生日：民國______ 年

＊02 手機(或市話)：________________

＊03 E-Mail：________________

＊04 地址：□□□□□ ________________

＊05 你選購這本書的原因

1. ____________ 2. ____________ 3. ____________

06 你是否已經帶著本書去旅行了？請分享你的使用心得。

很高興你選擇了太雅出版品，將資料填妥寄回或傳真，就能收到：1. 最新的太雅出版情報 / 2. 太雅講座消息 / 3. 晨星網路書店旅遊類電子報。

填問卷，抽好書 (限台灣本島)

凡填妥問卷(星號＊者必填)寄回、或完成「線上讀者情報上傳表單」的讀者，將能收到最新出版的電子報訊息，並有機會獲得太雅的精選套書！每單數月抽出10名幸運讀者，得獎名單將於該月10號公布於太雅部落格與太雅愛看書粉絲團。

參加活動需寄回函正本(恕傳真無效)。活動時間為即日起～2018 / 12 / 31

以下3組贈書隨機挑選1組

放眼設計系列2本 (隨機)

手工藝教學系列2本 (隨機)

黑色喜劇小說2本

填表日期：______年______月______日

太雅出版部落格
taiya.morningstar.com.tw

太雅愛看書粉絲團
www.facebook.com/taiyafans

旅遊書王(太雅旅遊全書目)
goo.gl/m4B3Sy

線上讀者情報上傳表單
goo.gl/kLMn6g

黏貼裝釘處(請勿使用釘書針)

(請沿此虛線壓摺)

廣　　告　　回　　信
台灣北區郵政管理局登記證
北台字第12896號
免　　貼　　郵　　票

太雅出版社　編輯部收

台北郵政53-1291號信箱

電話：(02)2882-0755

傳真：(02)2882-1500

(若用傳真回覆，請先放大影印再傳真，謝謝！)

(請沿此虛線壓摺)

太雅部落格 http://taiya.morningstar.com.tw

有行動力的旅行，從太雅出版社開始